# 镇 江 山 水

程天龙　著

苏州大学出版社

# 《镇江文化丛书》序

张甫雄

镇江是座历史悠久的江南古城，有文字记载的历史达3 000多年，是吴文化的发祥地。镇江是座山清水秀的园林城市，南山北水，江河交汇，真山真水，山水形胜，自古有“天下第一江山”、“城市山林”的美誉。镇江是座人文荟萃的文化名城，刘裕、沈括、米芾等名人辈出、名闻遐迩，《文心雕龙》、《昭明文选》、《梦溪笔谈》等名作迭现、光耀千秋。镇江是座民间文化的艺术宝库，民间文艺资料库被国内专家称为“中华第一库”，正则绣、竹编、瓷刻等民间工艺品享有盛名，丹徒南乡民歌、丹阳丹剧等地方曲艺特色浓郁。优越的地理位置、独特的山水形胜、悠久的文化传承、深厚的文化积淀，铸就出镇江这座国家级历史文化名城闪亮的城市名片。

文化资源是城市竞争发展的重要资源和不竭动力。今天，我们细数灿烂辉煌的历史文化，品味城市文化的独特魅力，就是要进一步传承、保护和开拓历史文化，推动现代文化的繁荣和发展。为深入挖掘、研究和宣传镇江丰富的历史文化资源，中共镇江市委宣传部组织编写的《镇江文化丛书》正式出版了。“丛书”一套八册，包括史要、山水、诗文、名人、书画、文物、风俗和掌故八个专题，涵盖了镇江文化历史的主要方面，其中有反映镇江文化历史发展轨迹的详实记录，有刻画镇江人文风貌的诗文书画精品，有再现镇江风俗民情演变历程的生动描述，向世人集中展示了镇江的文化特色及深厚底蕴。《镇江文化丛书》的出版，为系统、全面地整理镇江的地域文化开了个好头，是对镇江文化发展的重要贡献。

"丛书"编撰历时三年，参与本套"丛书"编写的各位作者，都是镇江市研究地域文化方面的专家。在编写过程中，他们广泛吸收了近年来镇江市历史文化研究的新成果，增强了"丛书"的权威性和史料性。"丛书"编撰之初，时任中共镇江市委副书记吴树南和市委常委、宣传部长孙燕丽都非常重视，精心审定编撰方案，确定编撰人员，为"丛书"的顺利编撰出版奠定了良好的基础。在此，特向关心"丛书"编撰的各位领导、各位作者和为"丛书"编撰作出贡献的各位朋友表示衷心的感谢。

文化是城市的灵魂，是观照历史、洞见未来的一面镜子。传承、弘扬一个地方的历史文化，培植、宣传一个地方的人文精神，对提升人们的精神理念，提升社会的人文素养，提升经济社会发展的支撑力具有巨大的促进作用。希望通过这套丛书的出版，能进一步带动和推进镇江历史文化的传承和开发，增进广大群众对镇江历史文化的了解和热爱，激发广大群众热爱家乡、建设家乡的热情，积极支持和参与文化镇江的各项建设，为全面达小康、建设新镇江作出更大的贡献。

（作者为中共镇江市委常委、宣传部长）

# 目 录

# 引 子

如果你没有游览过镇江的山水，你就一定要去，因为镇江的山水是那么清新秀丽，充满了活力和灵气。

如果你曾经涉足过镇江的山水，你就一定要再去，因为镇江山水的底蕴深厚且不断更新，非得要反复品味方能得其神韵，每一次新的观赏都会使你常看常新、神思飞越。

登高壮观天地间，大江茫茫去不还。这是浑然天成、气势磅礴的镇江。

一道残阳铺水中，半江瑟瑟半江红。这是美丽多情、妩媚惆怅的镇江。

千岩烽火连沧海，两岸旌旗绕碧山。这是雄姿英发、兵家必争的镇江。

南朝四百八十寺，多少楼台烟雨中。这是深邃迷离、莺啼绿红的镇江。

楼台两岸水相连，江北江南水连天。这是水墨如画、橹声欸乃的镇江。

舳舻转粟三千里，灯火沿流一万家。这是自古繁华、物产丰饶的镇江。

夜来春雨润垂杨，菜花香杂豆花香。这是清新自然、朴实无华的镇江。

向吴亭东千里秋，放歌曾作昔年游。这是无拘无束、悠然自得的镇江。

滚滚长江东逝水，巍巍两岸诸峰青。镇江人将自己山水的优胜特色凝练概括为“大江风貌，城市山林”八个字，这八个字里，饱含了三千年古城的沧桑美、人文美、山川美、园林美……诸美俱陈，能不到镇江？

徜徉于镇江的山水，你能够触摸到中国最古老的文明。镇江不仅是华夏人类最早的繁衍生息地之一，而且还是长江文明和吴文化的重要发祥地。三千年前，周封宜侯，古公亶父的儿子太伯、仲雍就在镇江文身断发，筑城建国，在江南荆蛮的满目荒凉中，胼手胝足，筚路蓝缕，创造了灿烂的先吴文化；曲阿山下，千古一帝秦始皇驱赶着三千赭衣囚徒，凿破长垅、北岗的“天子之气”，以固其万世不易之基；甘露寺里，孙权、刘备联姻拒曹，共商三分天下的大计。许多改写中国历史的一代天骄、煌煌伟业，都曾在这里威武雄壮地演出。走进镇江的山水，仿佛走进了历史的巨幅长卷，随便走进一个村落，就会翻动一页历史；随便移动一块山石，就可能触动一个朝代。

徜徉于镇江的山水，你能够欣赏到最绚丽的山川园林。“何处望神州？满眼风光北固楼。”大江风貌，是泼墨酣畅的大写意；城市山

滚滚长江东逝水，浪花淘尽英雄

枫火流金的城市山林

林，是工笔描绘的小立轴。一水横陈，连岗三面，镇江山水和其他城市的人造景点、人为景观不同，是地地道道的真山真水，是天然图画的园林城市。镇江山水的特点，是由其地域的特色所决定的。地处吴头楚尾，楚的雄浑、吴的妩媚相互交融；位于长江、运河交汇之处，长江之浩气、运河之秀气兼而有之。因此，镇江的山水既有大气磅礴，又有小巧玲珑；既有北方的厚重，又有南方的纤细；既有杏雨江南，稻米莲歌，又有金戈铁马，壮怀激烈。比之宋词，既有苏辛的豪放，又有清照的婉约；比之音乐，既有排山倒海般轰鸣的交响乐，又有丝丝缕缕入梦的小夜曲；比之绘画，既有泼墨淋漓的大写意，又有细致入微的工笔花鸟；比之建筑，既有巍峨高大的殿堂华厦，又有精美细致的玲珑小筑。三山竞秀，梁武帝叹曰："此乃天下第一江山。"一江横陈，陈毅元帅赞道："这就是万里长江画卷。"苏东坡在这里吟中秋词，起舞弄清影；辛弃疾在这里把吴钩看了、栏杆拍遍；王羲之在这里葬鹤勒铭，写下了"大字之祖"；米南宫在这里枕山依流，悟出了中国绘画的"米氏云山"。那么多骄人的"第一"，天下第一江山，天下第一楼，天下第一泉，天下第一福地，定会使你啧啧称羡、流连忘返。

徜徉于镇江的山水，你一定会被浓烈的文化氛围所陶醉。"东南财赋地，江浙人文薮"，自永嘉南渡开启了锦绣江南的先声，镇江就人杰地灵、俊逸辈出，闪耀着不朽的人文光辉，吸引了无数的风流人物。名公巨卿，摩肩接踵；鸿儒硕彦，联袂而至。扳起指头儿数一数，六朝有陶潜、谢灵运；唐有李白、白居易、杜牧、李商隐；宋有王安石、欧阳修、苏轼、陆游；明清有唐寅、郑板桥、文徵明、吴伟业。多少神奇的传说、美丽的故事口耳相传于百姓之间；多少鸿篇巨制、不朽华章枕藉于镇江山水之中。信手拈来一些名句，如"溪云初起日沈阁，山雨欲来风满楼"、"洛阳亲友如相问，一片冰心在玉壶"、"潮落夜江斜月里，两三星火是瓜洲"、"春风又绿江南岸，明月何时照我还"，这些千古名句中的镇江，定会使你无限向往，神驰心怡。

徜徉于镇江的山水，你将领略到全方位的美感和心灵的愉悦。镇江除山水文化之外，其饮食文化、宗教文化、建筑文化、民俗文化都达到了很高的层次。旅途饥肠辘辘之时，有名的长江三鲜会让你大快朵颐，著名的"三怪"让你啧啧称奇。即使是乡村的鸡毛小店，也能将普普通通的菠菜豆腐汤，烧出令乾隆帝垂涎的"红嘴绿鹦哥，清香白玉板"；镇江独特的寺庙建筑，金山"寺裹山"，焦山"山裹寺"，北固"寺冠山"，天下无二，人间奇绝；镇江的音乐也是独步天下，当戴颙在听鹂山房演奏时，还有什么比《广陵》《游弦》《止息》更扣人心弦、动人幽思呢？此外，镇江的科技、镇江的文物、镇江的书画等，无不使人目眩神迷。这些文化都渗透在镇江的骨子里，融化在镇江的山水里。因此，到镇江，是眼福、口福、耳福一举数得，任谁都

闻名中外的水晶肴肉

能够毫不费力地从中寻找到自己感兴趣的东西。

“江左占形胜，最数古徐州”，一生痴绝处，无梦到京口。这古徐州、京口都是镇江古代的别称。康德曾经说过，大美的东西，人们接触到它的时候，往往会感到一种惆怅。这种惆怅，是“寂寞无可奈何之境”，是令人震惊的美，说不清、道不明、抹不去，“相看好处无一言”，是一种难以用语言表达的极致，当笔者用一支拙笔试图描绘出镇江山水的优胜时，实在是妙处难与君说。那浪卷千堆雪，消磨多少豪杰的大江；那青灯黄卷日昏昏，双目失明编《文选》的太子；那临死尚三呼，过河欲杀贼的志士；那“春水碧于天，画船听雨眠”的才子佳人；那弄笛舣舟的缱绻和“寻芳上翠微”的马蹄痕；那晚明士大夫夜泊大江、金山社戏的灯火……这一幅幅天然图画似的美景，这一个个绝代风流的人物，都鲜活地向我们迎面走来。

镇江好，人生只合镇江老。让我们一起穿越时空的隧道，洗去三千年的纤尘，去细细地品味这“大江风貌，城市山林”。

脚步迈向长江，笔端从长江之滨的三山开始……

# 第一章　三峰尽与一江争

大江东流去，乾坤日夜浮。滚滚的长江日日夜夜汹涌着，澎湃着，奔腾着，六千万年如一日地向东海流去，其势不可挡，其流不可遏……

长江从深邃悠久的远古流出，从人迹罕至的青藏高原流出。它的上游是狭细的、湍急的。“仰望山接天，俯看江如线”，它呈带状的急流，翻滚于如巨斧劈开的横断山脉狭缝里，盘旋于巍峨的雪山峻岭间，在历经了沱沱河、通天河、金沙江、川江之后，进入了四川盆地。在接纳了岷江、沱江、嘉陵江和乌江几大支流以后，水量骤增，挟雷霆

三山之一——“寺裹山”的金山

万钧之势,穿三峡、出宜昌,进入了豁然开朗的中游。自鄱阳湖口以下,长江敞开了它宽广的胸怀,舒徐宛转,无语东流,进入了“楚地阔无边,苍茫万顷连”的境界。它好似贝多芬那部横绝海天、扫空万古的《英雄交响曲》,以开曲的沉雄、轰鸣起头,以行云流水般的柔情诉说结束,“开卷当以奇句夺目,终篇当以媚语摄魂”。

镇江紧邻长江下游的起点,又是真正意义上中国最大、最富庶的长江三角洲的起点。长江到了镇江地段别号“扬子”,平川无垠,江面辽阔,宽处达3公里。再往下愈发开阔,到南通江面宽18公里,到上海宽达90公里。长江最终在黄浦结束了万里行程,奔流到海不复回。如果从高空俯瞰镇江到上海的这一段江面,就会发现下游的长江原来是一个巨大的喇叭形状。就是这只巨型喇叭,向着大海唱颂着江南的美景、名城的秀丽和人民的光荣。

镇江受伟大的长江所哺育,依江筑城已有三千年的历史,因江而兴,地展雄藩;因江而美,天开画图。古人云:“山之与水,相胥而后胜。山非水,则石悴而云枯;水非山,则势夷而气泊。”一江横陈的镇江,正是有了金山、焦山、北固山三座名山,才使得大江的雄浑和旖旎有了相颉颃、相匹敌、相辉映的景致;才使得山借水润,水倚山势,山

三山之二——古画《浮玉观涛》中的焦山

水兼备的镇江成为完璧;才使得镇江这座江南名城真正具备了"大江风貌,城市山林"的神韵。

造园权威陈从周先生说:"镇江金山、焦山、北固山三处之寺,布局各殊,风格终异。金山以寺包山,立体交通。焦山以山包寺,院落区分。北固以寺镇山,雄踞其巅。故同临长江,取景亦各揽其胜。金山宜远眺,焦山宜平览,而北固山在俯瞰……各臻其美。"大师斯言极是。

三山之三——版画《江山如画》中的北固山

让我们缘江而行,掀开这三座名山的美丽面纱。

## 第一节　金山,画出楼台云水间

金山一点大如拳,打破维扬水底天。
醉倚妙高台上月,玉箫吹彻洞龙眠。

明·王守仁《金山妙高台》

“镇江好，第一数金山。”镇江山水，首推三山；金焦北固，金山为冠。络绎不绝的中外游客来到镇江，去欣赏、去朝拜的首选，必定是金山无疑。

这是因为金山有着不同寻常的沧桑美。金山虽然高不过44米，周长520米，远不及北固山的险峻、南山的逶迤，但它在江南水乡的起点，位处一望无垠的平畴之上，有着沧桑巨变的造化之功。在清代以前，它在浩荡的长江中“万川东流，一岛中立”，是屹立于扬子江中的一朵美芙蓉。后因为长江易道，江沙淤积，这个“千载江心寺”才成为“打马上金山”，与南岸陆地相连，拔地于江南平原之上，于平畴中奇峰突起，大自然的沧海桑田、鬼斧神工在这里表现得淋漓尽致。

这是因为金山有着难以比拟的视觉美。大如拳的金山上，坐落着蜚声海外的金山寺。金山寺不仅仅因佛法无边、香火极盛而享誉古今，而且建筑风格奇特。整座寺庙依山而筑，丹辉碧映，楼台亭阁，层层叠叠，椽木栋接，栉比相衔，将整个山体裹得严严实实。游客在这里，爬山即是登寺，登寺即是爬山，到了寺顶即到了山顶。慈寿塔耸立于金山之巅，那种“山登绝顶我为峰”的缥缈，越发使得整座山和寺呈现出琼楼玉宇般的神奇。这种在全国寺庙中独步天下的“寺裹山”风格，将天地间的造化之妙和人世间的巧夺天工表现得淋漓尽致。

这是因为金山有着震颤心灵、冲击灵魂的人文美。上了金山，数不胜数的人文古迹即刻将你包围，一阶一石，道不尽的历史故事；一草一木，说不完的动人传说。梁红玉在这里擂过战鼓，岳武穆在这里拜访道月，唐玄奘在这里长大成人，白娘子在这里水漫金山，林则徐和魏源在这里彻夜长谈，张岱在这里唱过社戏。其余如苏子赏月，李白吟诗，乾隆寻父，陆羽品茗……一部《金山志》记载的名人行踪，如山阴道上，目不暇接，几乎就是一部名人的备忘录、活动史，“山不在高，有仙则名”的古训，在这里发挥得淋漓尽致。

游金山，最佳是暮春。莺飞草长，杂树生花，金山此时正是花团锦簇般的世界。从市中心乘车向西北出发，十分钟即到金山寺门。

金山寺，又叫“江天禅寺”，始建于东晋时代，距今已有1 600多年历史。金山寺的冠名，与金山是紧密相连的。历史上金山是漂流于长江中的孤岛悬礁，“萃然天立镇中流，雄跨东南二百州”，所以又称为泽心山、浮玉山、龙游山等。唐时，宰相裴休之子裴头陀在此掘土得金，遂名金山，一直沿称至今。金山寺庙的名称也随山名时有变化，分别名为泽心寺、龙游寺、江天寺，自唐以来，还变换过几个名称，但人们通称其为金山寺。想这“金山”既有“掘金修寺”的典故，又有大家都喜欢的“金”字为口彩，可能不会再变更了，将会万世不易地传下去。金山，口彩好，意味好，全国叫金山的有好多处，但有的是仿金山，有的是学金山，真正唯我独尊的还是镇江的金山。金山好，主要是金山寺的“寺裹山”造园手法极为成功。如果说苏州园林是“柔糯”的代表，扬州园林是“雅健”的代表，那么，镇江园林的特色就是“深秀”，金山寺庙和园林即是其代表作。中国建筑的平面布置，一般以中轴线的对称和讲规则的四合院为基本特征。金山寺依山而建，无法规则，它就巧妙地用结合地形，灵活变换轴线方向的手法，局

依山而筑，金山有着琼楼玉宇般的仙渺

部规划，分层筑台，依高低分梯台，依地势划景区，将金山分为佛殿区、禅堂区、塔楼区等七个景区，以分叉式通道将各景区连成一片。全寺依山而造，逐级升高，沿途台阶相接，殿宇参差。由山脚到山顶，一幢幢殿宇厅堂，一座座亭台楼阁，栉比相衔，将整个金山镶玉嵌金般密密包裹起来，只见金碧辉煌，山寺浑然一体。它们于不对称中求平衡，高低错落，天成画图，充分显示了我国古代劳动人民高超的建筑艺术水平。特别是将殿宇散置于山腰、山底，用廊屋台阶相连，而独将佛塔建于金山之巅，平添了宝塔凌空之势。如果说西方建筑艺术主要体现在个体建筑所表现的宏伟和壮丽上，像罗马的浴场、高尖的教堂，那么中国的建筑，像金山寺就主要是表现在建筑群体组合起来的壮观及和谐上。中国园林权威陈从周教授总结金山的造园艺术有四大特点，即取造化之态，构人工之势，于低丘独峰上得恢弘气势；借上天下水，比例精巧，构纵横交错的景色层次；水随山转，山因水活，山水互融，虚实相得益彰；先抑后扬，明暗开合，空间组织极富变化韵味。北京颐和园人工砌造万寿山，在筑山时就吸取了金山的特点；扬州瘦西湖也修筑了一组被称为“小金山”的玲珑小品；承德避暑山庄有仿金山的“于宇咸畅”一景金山亭。这些国宝级的建筑都从金山中悟出精华，造就出镇江金山“江南诸胜之最”的地位。中国古建筑特有的大屋顶技术和斗拱技术，在金山寺也有上佳的体现。从屋面、屋脊到屋檐，都是优美的曲线弧形，找不出一处僵硬的直线，一个个硕大的屋顶“如鸟斯革，如翚斯飞”，由笨重变得轻灵，极富表现力。而斗拱则层层叠叠，层层挑出，一块块小木头组合起来，居然就挑托起那么沉重、那么深远的屋檐……真是中国建筑艺术了不起的创造。站在金山寺的山门前，首先就感到它的卓尔不群。中国寺庙的山门都是朝南开的，而金山寺的山门却是朝西开的，整座金山寺也是坐东朝西，这是古代建筑师的匠心独运。因为金山寺当初耸立在江心，长江由西向东奔流，因地形山势而寺门向西，可以在寺门口饱览大江东去、群山西来的壮观气势。元代赵天锡有一阙《折桂令·题金山寺》说得最好：

长江浩浩西来，水面云山，山上楼台。山水相连，楼台上下，天地安排。诗句就、云山失色，酒杯宽、天地忘怀。醉眼睁开，回首蓬莱：一半云遮，一半烟埋。

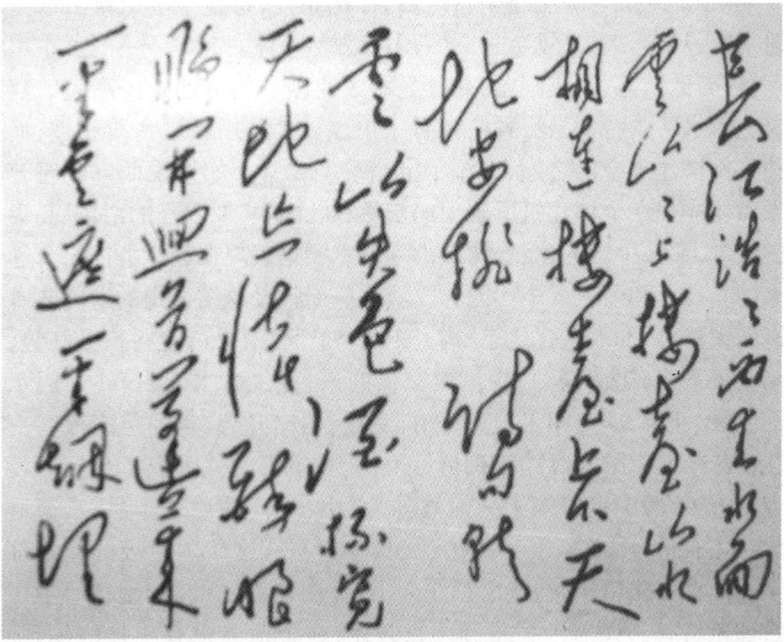

毛主席手书赵天锡《折桂令·题金山寺》

在无数吟诵金山的诗篇中，这阙《折桂令》最恰到好处，淋漓尽致地表现出金山的神韵。一代伟人毛泽东极其赞赏这首词，曾以大气磅礴的“毛体”，笔走龙蛇地书写过这首名篇。赵曲毛书，气势飞动，加之金山确如曲中表达的：有气势、有豪情、有飘渺、有仙幻，读之极富魅力，能不上金山？

走进四柱三门的石牌坊，就看见金山的山门上悬着一块“江天禅寺”的横匾，这是1684年康熙皇帝游览金山时亲笔题写的。康熙帝一生的文治武功俱臻封建王朝的巅峰，其御笔也神完气足。雄踞两旁的石狮，使人不仅感到迎面扑来巍巍然气象森严的气氛，更给这座庙宇平添了许多王者之气。金山和一般的蕞尔小庙不同，它不需要拉上几个帝王贵胄以壮声色，它的大气和王者之尊是与生俱来的。自唐代起，慕名而来的达官贵人、文人雅士就有200多人，历代帝王也有11人来过金山，如吴大帝孙权、宋高宗赵恒、明武宗朱厚照等均来过金山，清朝的康熙、乾隆就来得更为频繁了。野史中一直有一个疑案，就是说乾隆是陈阁老的儿子，其生父就藏在金山寺，所以乾隆来得最勤。真是多少宫廷秘密事，不在宫中在庙中。由于金山“冠盖相望于道”，因此御笔、墨宝满山皆是。西天的佛陀、东土的神仙、人间的帝王，仿佛结亲家似的总是攀缘在一起，全部拥挤到金山寺。在全盛时期，金山寺有和尚3 000余人，参禅的僧侣有万人之多，在佛教禅宗寺庙中有着显赫的地位。

走进山门后是天王殿。金山的寺庙建筑巍峨壮丽，楼台亭阁雕梁画栋、精美雅致，一点不输于杭州灵隐寺、普陀普济寺、开封相国寺、峨眉报国寺等全国顶级古刹，其规模和艺术水平，堪称我国古代建筑的宝库。实际上，在给神仙和上帝造一座宫殿这个问题上，中外信徒在心理上是大同小异的。世界上最好的建筑，非寺庙和教堂莫属。人们总是怀着敬畏有加的心情，把世间能得到的最好东西献给冥冥中的神明。西方盖教堂动辄几十年上百年，把教堂盖得高而敞亮，有隆起的穹顶和五颜六色的玻璃。中国的庙寺则全部按照皇家的气派，既等级森严，又金碧辉煌。金山寺就是如此。天王殿是一座单檐歇山顶的五开间宫殿式建筑，据传是清代曾国藩所重建。天王殿中间供奉的是笑口常开的弥勒佛，背后是佛门的护法神韦驮。弥勒佛袒胸露腹，箕踞而坐，手掐串珠，笑口晏晏，是人缘最好的一个菩萨。弥勒佛名叫阿逸多，在佛教里地位极高。按佛教的说法，他现在还是个菩萨，将来必定成未来佛，是释迦牟尼佛的既定接班人。但是，中国绝大多数庙宇所塑的大肚弥勒佛，并非佛国的未来佛弥勒，而是五代后梁时一个实实在在的中国和尚。当时浙江奉化出了一个怪人叫契此，身材矮胖，肚子奇大，言语无常，四处坐卧，常用竹棍挑着个大口袋在闹市中化缘。他能掐算天气，预说祸福，圆寂时坐在一盘石上偈道：

弥勒真弥勒，化身千百亿。

时时示时人，时人自不识。

人们于是认为契此就是弥勒佛的化身，照他的模样塑成中国式的大肚弥勒佛，供奉在天王殿而妇孺皆知。而佛国中戴金冠、着菩萨装的真正弥勒，反而鲜为人知了，只有在北京广济寺、苏州灵岩寺等少数庙宇中，才难得一见这天冠弥勒。从一座弥勒佛上，也折射出中国文化的兼容并蓄，即使是源远流长、根基浑厚如佛教者，一履东土也改变了模样，无论是内容还是形式都是中国特色了。与弥勒背靠而立的，是威风凛凛的韦驮将军。这位印度血统的韦驮菩萨也被彻底汉化，成为地道的中国古代武将，双手合十，横杵于腕上。两个表情截然相反的菩萨为什么放在一起呢？民间有一种说法，弥勒人缘好，香火盛，但管理不善，小偷常厕其中；韦驮板着脸、太严厉，小偷不敢来了，但香客也吓跑了。如来巡视天下庙宇，让他们两个靠在一起，这也算是扬长避短、优势互补吧。佛国与现实，天上和人间，道理也是一样的。天王殿的主角是“四大天王”，这神威凛凛、杀气腾腾的四座神像，就是佛国名声最响的护法四金刚。常常有小孩躲在父母身后，那种既想看又害怕的神态，足以显示这四大天王的栩栩如生。手持琵琶的叫持国天王，表示要用音乐感化众生；手持一蛇的叫广目天王，蛇又叫赤索，对不信佛教者，用赤索来使其皈依佛门；手持宝剑的叫增长天王，是令众生增长善根，持剑护法；手持宝幡的叫多闻天王，用宝幡制服魔众，保护众生。这四大天王同样被彻底汉化，成为传统的古代大将军形象，另外还对他们进行了分工：司风、司调、司雨、司顺，合起来“风调雨顺”，完全符合国人的习惯和心理。

天王殿后便是新建的“大雄宝殿”。大雄宝殿历来是寺院的中心。金山的大雄宝殿，屡建屡毁，1948 年春的一场大火，又让明代所建的大雄宝殿化为灰烬。现在的大雄宝殿是 1985 年重建，1990 年落成的。“大雄宝殿”四字由中国佛教协会会长赵朴初题写。整个

金山寺的法会非常隆重

大殿歇山重檐，雕梁画栋，黄墙红柱，金色的琉璃屋面，白石柱础栏杆，使整个大殿既有北方寺庙雄浑富丽的气势，又兼有南方园林精美雅致的风格。中国庙宇建筑的最大特点就是采用木结构体系，用木材做柱子、梁枋，比起西方教堂用砖石做立柱、用发券做房顶要便利得多。著名的明代紫禁城，大小房屋近千幢，13 年即全部完工。而同时期修建的意大利佛罗伦萨主教堂，光建一个穹顶就用了 11 年。德国科隆大教堂，造了 600 年之久。这也是中国工匠的聪明之处。大殿为正方形，高 25 米，深 24.6 米，面积 800 平方米，内有 36 根柱子擎立。进入大殿，正中三尊金身佛像并列而坐，分别是释迦牟尼佛、药师佛和阿弥陀佛；两旁站立十八罗汉，形象高大，栩栩如生。金山大殿在中腰阁楼上还供奉着分列两排的共 56 个小罗汉，这是慈舟方丈从五百罗汉中遴选出来的“高级知识分子”，是金山寺大雄宝殿的独特之处。大殿背面为“五十三参”海岛群塑，正中为观音菩萨，左为善财童子，右为龙女，左前方文殊菩萨骑着青狮，右前方普贤菩萨跨着白象。正中顶上为如来佛，正上方地藏王菩萨骑着揭谛兽，四大天王分布下方左右。海岛上下四周，分布着大小不一、形态各异的 53 位菩萨彩塑。佛教中那些火焰、卷草的纹样，和中国传统装饰中的云气纹、水波纹结合起来，更加有如行云流水般的飘逸。

特别引人注目的是，金山寺中的德云比丘、金山寺海岛也在群塑之中。大殿外墙镶六扇檀香木雕圆窗，每一扇画面都是与佛教相关的历史人物和故事，有三扇讲的是与金山寺有关的故事。如果有兴趣研究一下寺庙的环境色彩，也是很有意思的。大殿外黄墙灰瓦，暗红门窗，绿树相间，清幽秀丽，整个环境为黄、绿二色所组成，带有很浓的宗教气氛。大雄宝殿内的佛像是彩色的、金色的，供桌、香案、钟鼓、摆设，梁坊上悬挂的幔帐、吊灯等全部是鲜艳的色彩，加上红蜡烛、红拈香等，组成了一个五彩缤纷的室内环境，象征着佛教天国的繁富荣华。进入大殿，我们仿佛进入了一个美妙的佛国世界。不管是过去佛、现代佛还是未来佛，一律的庄严慈祥，圆润的肌体似乎要冲破缠裹的衣襟，泥草的东西竟然做出了轻纱的质感，色彩流艳到了圣洁，气韵凝汇成了崇高，这就是宗教艺术超越时空、镂铭人心的不朽魅力。中国是一个受佛教影响很深的国家，特别是释迦牟尼的影响，二千多年不减辉煌。佛陀之所以伟大，不是因为传说中所描写的神通幻化，而是因为他看清了世间万法的真实，真正放下生命中的占有与贪求，坚毅无私地走完他智能的一生。例如：

为何美好的事物从不长久？
为何悲痛之事一再发生？
为何所爱之人终将分离？
为何多彩的生命无法永恒？
我从何而来？往何处去？
“生灭”的意义又在哪里？

如此这些缠绕纠葛的生命谜团，佛陀都将自己体悟到的事实，如实地让每一个人分享，为世间指出了一条明确的道路，得到清凉自在的身心解脱，这就是佛的不同寻常之处。在高敞开阔的大殿、高大的佛前，你会为感到渺小、感到惊悚而肃然起敬；在飘渺的海岛前，你又会感叹佛国的无边和美妙。

出大雄宝殿左侧到蕲王殿。这是为纪念南宋抗金名将韩世忠

（封蕲王）而建的。韩世忠是延安人，18 岁投军，勇冠三军，战功无数。但是，他最辉煌的战绩是在金山江面发生的。他和夫人梁红玉率八千宋军，打败了金国名将兀术统帅的十万金兵，扭转了此前宋军逢金必败的颓势，大大振奋了人民抗金的意志，这是历史上宋金对抗的一次重要战役。

从大殿后侧登山，进入夕照阁。阁内有保存完好的乾隆南巡金山时留下的 7 块御碑。乾隆皇帝六下江南，六次来到金山，在金山勒石纪念，内容是对金山胜景的评价和如何继承清室大业的决心。自从韩愈提出“文以载道”以来，借景抒情、借物咏志一直盛行，皇帝也不例外。南朝四百八十寺，多少楼台烟雨中。乾隆为何对金山情有独钟？野史有一个传闻，即乾隆不是其父雍正所生，他的生父到金山寺出家了，他是想到金山寻找自己的生身父亲的。父子之情是天然的感情，皇帝也是不能免俗的。有不少演义、小说都提到了这件事，帝王也有帝王的难言之隐和苦衷。

由夕照阁继续往上，进观音阁。此阁因供奉观音菩萨而出名。端庄美丽、楚楚动人的观音菩萨，是佛国众菩萨的首席。传说她能使盲人复明，不孕者生子，公牛产奶，枯木开花，在世俗中的知名度和影响都很大，特别是在妇女心目中的地位，甚至超过了释迦。何谓“观世音”，是说世上芸芸众生受苦受难时，念诵其名，菩萨就会“观”到这个声音，立即前去解救。“观世音”这个名字本身，就显示了这位菩萨的大慈大悲和无边法力。观世音传入中国后，同样也被汉化，国籍、民族、性别，全部按中国人的意愿脱胎换骨了，甚至被附丽为汉家的公主，是楚庄王的三女儿妙音。在老百姓眼里，帝王神仙都是贵胄，都是值得崇拜的。金山的观音阁，是明代永乐八年太监郑和创建，现建筑是清同治年间重建，不但观音像栩栩如生，而且还是金山寺镇山之宝的珍藏处和东西走道的要冲，它东接楞枷台、妙高台，西连慈寿塔和法海洞。金山寺最精华的部分在这里椽连栋接，连成一片。观音阁所藏的“金山四宝”是周鼎、铜鼓、玉带、金山图。

“周鼎”全称为“周朝遂启祺大鼎”，是 2 700 多年前，周宣王奖给北伐统帅遂启祺的青铜器。商彝周鼎作为青铜文化的代表，是中国历史文化的灿烂源头之一，凝聚着古代人民的勤劳和智慧。一般人认为，像周鼎这样的文物，非专家学者不能领略其美妙。但地处江南水乡的青铜器，向以轻小薄巧、朴素简洁的清新风格瞩目于世，仅从外形上，一般人也能品味出它巧妙的构思、简洁的装饰、无价的铭文、藏礼于器的宗法制度，从而领略到中国青铜器无与伦比的魅力。

"铜鼓"，又称"诸葛亮铜鼓"，这是东汉年代的鼓状铜器，相传是诸葛亮所创制，征南蛮时用的，正面可作战鼓，反面能做饮器。实际上，这是金山和尚为了吸引游人的一种附会，铜鼓是云南少数民族地区出土的明代之物，并非汉器。

"玉带"即苏东坡玉带。苏东坡10多次来金山寺，与当时的住持佛印和尚交游颇深。东坡自是才高八斗，佛印也是得道高僧，两人相处不拘形迹。有一次，东坡进佛印的禅房，佛印开玩笑说，"此间无坐处"，东坡知是佛印和他打机锋了，即说"暂借佛印四大为座"。佛印遂打赌道："山僧有一问，学士道得即请坐；道不得即输玉带。"东坡欣然答应。佛印说："四大皆空，五蕴非有，居士向何处坐？"东坡一时语塞，只好输了玉带，佛印也不白拿，回赠他一件衲衣。东坡有诗记此事：

病骨难将玉带围，钝根仍落剑锋机。
欲教乞食歌姬院，且与云山旧衲衣。

佛印待东坡极厚。东坡爱吃肉，曾云："无肉令人瘦，无竹令人俗。"佛印不顾戒律，每次都烧猪肉款待东坡。有一次，烧好的猪肉被人偷吃了，东坡还写诗戏谑道：

远公沽酒饮陶潜，佛印烧猪待子胆。
采得百花成蜜后，为谁辛苦为谁甜。

这一僧一儒，还有不少故事流传民间。苏东坡玉带缀玉20块，清初金山寺大火，焚毁四块。乾隆到金山寺，命玉工补齐，上刻有乾隆的诗句。后补四玉因色泽不同，细看即可辨别。

四宝最后一宝是“金山图”，“明四家”中著名画家文徵明所绘。也有人考证是清代两江总督端方送上山的，画是清初的仿制品。画中的金山，飘浮在茫茫江水之中，雕栏玉砌，气势恢弘，使今人能重睹金山的历史面貌，慨叹沧海桑田的巨变。画左有文徵明题诗，后有历代名人题跋。文诗曰：

白发金山续旧游，依然绀宇压中流。
沙痕灭没潮侵登，帆影参差日映楼。
江汉东西千古逝，乾坤高下一身浮。
谪仙故自多愁绪，更上留云望帝州。

图文古色古香，弥足珍贵。

由观音阁朝南沿石阶而上，即来到了金山寺的著名两台——妙高台和楞伽台，金山寺独擅胜场的景观和气象万千的风光，在两台得到淋漓尽致的表现。

妙高月儿圆，江上芦荻荻

“妙高”是梵语“须弥”的译名，妙高台是金山妙高峰一平台，由金山高僧佛印在宋元佑年间凿岩建造。此台紧贴着悬崖，离地面有 30 多米，下临无地，面对滔滔的长江。台上有阁，又称晒经台。妙高台赏月，是金山殊胜之处。在这里看月亮，江流宛转绕芳甸，何处春江无月明。妙高台上的月光朗照，最能让人意会到禅宗的“月落万川，处处皆圆”的心境。历史上最出名的一次赏月是在 11 世纪的一个凄清月夜，更漏将残，人声已息，“浮玉山前玉露凉，晚潮微上月洋洋”。

苏东坡乘扁舟一叶,陪友人进寺,上得妙高台。明月在天,江涛吞吐,清辉如水一般泻满了大江,大树的枝叶投影下来,如水藻横斜交错在烁银的江面上,金山如淡墨,塔寺如剪影。苏东坡酒酣耳热、把酒换盏之际,乘兴请歌手袁绹唱怀念弟弟子由的一首词《水调歌头》:

明月几时有,把酒问青天。不知天上宫阙,今夕是何年。我欲乘风归去,又恐琼楼玉宇,高处不胜寒。起舞弄清影,何似在人间。　　转朱阁,低绮户,照无眠。不应有恨,何事长向别时圆。人有悲欢离合,月有阴晴圆缺,此事古难全。但愿人长久,千里共婵娟。

一阙歌罢,袅袅余音挽着如水的月光浸湿了楼台。素月分辉,明河共影,照耀着醉态朦胧的兀傲词人。把酒问天,起舞弄影,东坡在妙高台翩翩起舞,其痴其狂,其仙人风采,升华了这一千古绝唱的意境。在人生如梦的怅惘中,又有多少潇洒出尘和凌云飘逸之气。可惜当年无人拍摄这个瞬间,后人只能在想象中去品味这一幅绝胜的妙高月色图了。

这首词通篇咏月,却处处关合人事,是宦途险恶体验的升华与总结,是自然和社会高度契合的感喟作品。苏东坡是诗、词、文、赋、书、画的全能巨人,他的大名,在中国几乎是无人不知。但是,苏东坡又是一个耿直纯真、绝无心计的人,他自己说:“吾上可陪玉皇大帝,下可陪屠夫乞儿。眼前见天下无一个不是好人!”因为他不通权术,不屈己阿人,“一肚皮的不合时宜”,新党上台贬他,旧党上台也贬他,历尽坎坷,几遭杀身之祸。但是他始终保持坚忍不拔、遗世独立的人格,以超越的精神对待艰难的生活、多舛的命运,所以才能以任天而动、天仙化人之笔,写出“明月几时有”这样的神品。庐山因为有了他“不识庐山真面目,只缘身在此山中”而名动天下;西湖有了他“欲将西湖比西子,浓妆淡抹总相宜”而名扬四海;相信“明月几时有,把酒问青天”这样的绝妙好词,也一定会使妙高台独步古今。苏东坡这首咏月词,是历来公认的中秋词之绝唱。胡仔在《苕溪渔隐丛话》

中评论:“中秋词,自东坡‘水调歌头’一出,余词尽废。”毁誉由世俗,公道在人心,苏东坡也正因为不通权术,才成为任何权术家都无可比拟的千古名人。历史的公平,在他身上得到充分的显现。“妙高月色”也因苏子其人、其词,成为金山寺最具神韵的景点。

妙高台月色撩人,同时这里也敲响过金戈铁马的杀伐之声。“梁红玉击鼓战金山”的故事,就发生在这里。公元12世纪,金元帅兀术第二次率兵南侵,长驱直入,一直打到临安,宋高宗惶惶逃到海上。金兵饱掠一番后乘舟北归,到金山江面时,被南宋名将韩世忠率八千兵围困,打得亡魂丧胆,穷蹙于黄天荡中,最后靠当地一奸民指引,掘通老鹳河逃走了。此战扭转了宋军每战必败的颓势,奠定了南宋偏安之局。据《宋史·韩世忠传》载:“及金兵至,韩兵已先屯焦山寺。兀术遣史通问,约日大战,许之。战将十合,梁夫人亲执桴鼓,金兵终不得渡。尽归所掠假道,不听;请以名马献,又不听。世忠与二酋相持黄天荡者,四十八日,以海舰进迫金山下,预以铁绠贯大钩,授骁健者;明旦,敌舟躁而进,世忠分海舟为两道,出其背,每缒一绠则曳一舟沉。兀术穷蹙,祈请甚哀,不听。会兀术凿大渠三十里遁去。”弱积弱贫的南宋军能获得这样的胜利,是多么鼓舞人心的场面。在两军对决,仗打得最激烈的时候,梁红玉飒爽英姿,在妙高台上亲自擂鼓助阵,战鼓隆隆,鸣镝飞飞,场面是何等的壮观。这个历史故事后来每每被艺人搬上舞台,梁红玉以一代红粉女杰的形象,英风千载,流传后世。据罗大经《鹤林玉露》载,梁红玉是江苏淮安人,因兵乱流落京口为娼。一日入官府,见廊柱下一虎蹲伏,惊骇而走,再往视之,是一卒伏在那里鼻息齁齁然,问其姓名,叫韩世忠,心异之,认定此人非凡人,遂深相结纳,约为夫妇。这个传说带神异色彩,但韩、梁出身下层,以功升迁,则是肯定的。金山战后,梁红玉还有两件事名垂青史,一是上书皇帝,指出金山黄天荡一战未收全功,乃因韩世忠大意,“失机纵敌,乞加罪责”,举朝为之动色,佩服她的不徇私;二是协助韩世忠平定苗刘之乱,皇帝特地下圣旨褒扬她“智略之优,无愧前史;给内中俸,以示报焉”,以功臣妻而有俸禄,这在历史上是没有前例的。妙高台因梁红玉而英名远播，历史上像梁红玉这样助夫成大事业的，实在是凤毛麟角。特别是她金山江上亲执桴鼓，朝廷之上弹骇亲夫，简直就是前无古人，后无来者，惊心动魄，震古铄今。

从妙高台往南，山腰上傍山驳石建有一个平台，叫“楞伽台”。“楞伽”是印度语，意为“不可住”，又可解释为大海中远不可达、高不可攀的一座大山。《楞伽经》是佛教禅宗的主要经典之一，相传苏东坡晚年受佛印和尚相托，在此抄写这部经书，所以此处叫“楞伽台”。可以想见，当年苏子端坐台上，对碧空万里长啸，蘸江天一色为墨，以他特有的“绵裹铁”书法，写下了精妙的《楞伽经》，把景色的空灵、禅学的空灵都结合在一起，这是何等的意境。经写成后，佛印特地派人到钱塘请高手刻印，使得书法、经文、印刷三者俱佳。楞伽台建有三重楼阁，台顶厅外还有长廊，建筑颇为神奇。每上一层，就难寻去路，洞门一开，豁然有级可登，“山重水复疑无路，柳暗花明又一村”，整个台阁迂回曲折，上下错落，往往令人迷其所在，想到达楼顶十分不易，和现代人殚思竭虑造出来的“怪楼”、“迷宫”有异曲同工之妙。最高层有两间宽敞的大厅，清代镇江籍著名画家王文治在这里撰写了一联：

窗前沧海凭开眼，台上楞伽可印心。

厅内古代红木家具、名人书法字画杂陈其间。中央有座玲珑的四方亭，亭内曾放过苏东坡留下来的“雪浪石”，所以叫“雪浪亭”。中国佛教协会会长赵朴初在这里留下诗句：

清风明月本无价，近山远水皆有情。

我们站在台顶长廊上，是否能体验这“清风明月，近山远水”的意境呢？境由心造，有什么样的心情，就有什么样的风景，只要稍有一点禅心，楞伽台就绝对是一个指天笑月、幽远空明的所在。

由楞伽台向北，沿台阶缓步而上，便登上了金山峰顶的留云亭。留云亭是一个普普通通的石柱小凉亭，但它有两个不凡之处。一个是金山视觉最为开阔之处，在亭里观大江、看风景确实妙处难与君说；另一个就是它是皇帝赐碑之处。300多年前，康熙皇帝陪太后到金山游览，在这里看到大江东去、水天一色的壮丽景观时，情不自禁地说："可谓江天一览。"官员们恭请圣上题词，康熙信笔写下"江天一"时，提笔忘字，"览"字写不出来，近侍身后的当朝宰相张玉书，既有才气又有急智，立即上前跪奏道："臣今见驾。"原来，"览"字的繁体字就是"臣、今、见"三个单字组成。张玉书是镇江人，因兴学育人有方，被誉为清代"天下第一抚臣"，著名的《康熙字典》，就是由他担任总阅官，镇江民间有不少关于他的传说。张玉书巧妙地用拆字法提醒了康熙，康熙恍然大悟，完整地写下了"江天一览"这块御碑。由于这四个字不是一气呵成的，所以这"览"字比较细小，不像"江天一"三字神完气足，可见当时执笔人的迟疑和斟酌。不过皇帝就是皇帝，此碑既出，金山寺就被改为"江天寺"，留云亭就被称为"江天一览亭"。

出留云亭北行不远，便到了佛印山房。佛印是著名法师、宋代高僧。他是饶州浮梁人，幼年出家，到各处学佛参禅，曾主持过江州承天寺、庐山开先寺等。他因为佛学高超，名动朝野，宋神宗曾送他朝鲜的磨衲和金钵，以为旌表。佛印到镇江，最终成为金山和焦山两座寺庙的大方丈。由于他和苏东坡系密友，惺惺相惜，两个人常凑在一起吟诗作画，不拘形迹，所以有关这一僧一儒互相戏谑的故事非常多。有人就在金山寺庙的大门上写过一副春联：

有僧皆佛印，无客不东坡。

从佛印山房沿路而行，就来到了金山西侧的金鳌岭。古时这里有七座小山峰，后削山建阁，阁遭火焚，改建为一凉亭，故名七峰亭。相传南宋抗金名将岳飞，在河南前线节节胜利之时，被奸臣秦桧要挟高宗赵构，以十二道金牌召回临安。岳飞路过镇江，拜访金山寺的道月和尚，告诉道月和尚昨晚夜宿瓜州时，梦见两犬讲话。道月释梦说："两犬对言，是个狱字，此去恐有牢狱之灾。"临别时，道月还以诗相赠:“风波亭下浪滔滔,千万留心把舵牢。谨防同舟人意歹,将身推落在波涛。”果如其然,岳飞到临安后,即被害死于风波亭下,而陷害他的人,就是同朝为臣的秦桧、张俊等。后来,秦桧知道了道月和岳飞的对话,着令差官何立到镇江捉拿道月。道月偈词曰:“吾年四十九,是非终身有。不为自己身,只为多开口。何立自南来,我向西方走。不是佛力大,几乎落人手。”词毕坐化而逝。秦桧十分恼怒,又听说金山七峰,代出高僧,于是下令将七峰削平,以此来破坏金山的风水。后人为纪念岳飞和道月,在此建七峰阁,王安石、米芾、沈括等都在这里留下过墨宝。1848 年金山大火毁阁,后人再改建为七峰亭。小亭无语,独立斜阳,竟有着如此不平凡的一段经历。

由七峰亭东行几十步,就来到耸立在金山西北峰上的慈寿塔。“暝色霏微入远林,乱山围绕半湖阴;浮图会得游人意,挂住斜阳一抹金。”慈寿塔,又名金山塔,塔高 30 多米,但它建筑在层层楼台殿宇之上,凌空耸立于金山之巅,一塔兀立,直刺青天,仿佛把整个金山也提高了不少,有一股“刺破青天锷未残,惊回首,离天三尺三”的气势。一部塔史,实际上也是整个金山的建筑史。金山塔最初创建于 1 400 多年前的南朝齐梁时代。宋代时,丞相曾布追荐其母,改建成双塔,称荐寿塔。1472 年日本画家雪舟登游金山,曾绘《扬子江心金山龙游禅寺之图》,上面就有南北相向的两座宝塔,后来双塔毁于火灾。明隆庆三年,明了和尚再建一塔,取名慈寿塔。清代咸丰年间,此塔又毁于战火。光绪年间,金山住持隐儒发誓重建,但清廷正处于内忧外患之际,无暇他顾,慈禧命他自行募捐重建。隐儒踏破芒鞋,沿门托钵,多方募化银两,并得到两江总督刘坤一的支持,经过 5 年多的含辛茹苦,终于建成此塔。过去我们常常仰慕印度“剖肉啖鸟”、“舍身饲虎”、“我不入地狱谁入地狱”的精神,钦佩西方传教士不辞辛苦、深入不毛之地的精神,实际上中国僧人也毫不逊色。金山塔屡毁屡建的历史,就充分显示出东方僧人坚忍不拔的精神。金山

一柱兀立、直刺青天的慈寿塔

塔建成之际，正值慈禧太后60寿辰。两江总督刘坤一特地进京将塔图献于慈禧，贺她60岁生日，并将此塔取名为慈寿塔，在塔外花墙上，请当时的8岁神童李远安写下了“天地同庚”4个大字。慈寿塔为砖木结构，砖塔心而木构外檐，八面七级，有旋式木梯可以上下通行。每一层都有回廊和栏杆，层层飞檐翼角。四面有门，面面有景，每层各有特色。到了七级塔顶，有凌空飞渡、羽化成仙的感觉。站在塔顶，极目千里，吴楚天低，绝佳的风景一览无余。东望长江滚滚东流，郁郁葱葱的焦山立于江心，北固山甘露寺的飞檐历历可见；西眺波光粼粼的鱼池，水光潋滟，金波万顷；北望瓜洲古渡和古城扬州，明灭于云雾缥缈之中；南瞻山林城市和十里长山，峰峦叠嶂，青翠如洗。俯瞰山脚下悬岩千仞，人如芥粒；仰望天际白云飘飘，蓝天可触。大千的气象使人神采飞扬，心旷神怡。宋代名相王安石在此曾写过一首《金山》诗：

数重楼枕层层石，四壁窗开面面风。
忽见鸟飞平地上，始惊身在半空中。

那种感觉和意味，真是非常的神似。





金山塔顶、塔角铺琉璃瓦，悬“铁马”铜铃，微风拂过，风铃丁丁当当的声音，悠扬深远。逢佳节良辰，塔檐四面联缀彩灯，入夜时分，晶莹剔透，璀璨夺目，七层浮图，大放光彩。那种亦真亦幻的美景，笔墨难以描绘。慈寿塔在金山的地位自不待言，它不仅是金山、金山寺的标志，甚至是镇江的标志。无论是名牌广告、旅游广告还是重大会议、招商会标，都有慈寿塔秀丽挺拔的身影，就好似开封的铁塔、延安的宝塔、上海的龙华塔、西安的大雁塔、北京的北海白塔和杭州的六和塔一样，是不可替代的标志性建筑。

出慈寿塔，北行不远，相继就看到金山的四洞，即法海洞、白龙洞、朝阳洞和古仙人洞。这里集中了金山许许多多美丽动人的传说。

法海洞又名裴公洞。洞口在慈寿塔西侧的悬崖上，这是金山寺开山祖师裴头陀（即法海禅师）的苦修之处。现洞口有题额“古法海

白娘子雨中遇许仙

洞”,洞中有法海塑像一尊。法海洞里石壁嵯峨,怪石嶙峋,光线黑暗,周转也不方便,一不小心就撞得头上起包,当年法海在此苦修,条件可想而知。洞外有瓦屋两间,有和尚在此看经念佛,亦向游客化缘并用簿子记录下来,同时也讲讲法海的身世和故事。笔者在孩提时代就多次听过和尚的讲解。在著名神话故事《白蛇传》中,法海是一个多管闲事,破坏许仙、白素贞美满婚姻的恶僧。可历史上的法海姓裴,河东闻喜人,是唐代宰相裴休之子。裴休的夫人长年吃斋念佛,笃信佛教,为保佑夫君平安,曾发愿若生子便进佛门。而裴宰相也深忧官场险恶,“伴君如伴虎”,富贵虚幻不如出家为好,因而夫妇两人决心送子出家。所以法海禅师生就胎里素,不食荤腥,与佛有缘。裴宰相有诗云:“含悲送子入空门,朝夕应当种善根。身眼莫随财色染,道心须向岁寒存。看经念佛依师教,苦志修心报四恩。他日自能成大器,人间天上独称尊。”裴头陀先在庐山学道参禅,苦修八年,后到镇江金山,无屋可居,发现了这个岩洞。《金山志》中就有此洞的记载:“昔有白蟒踞焉,一名蟒洞,唐裴头陀厌胜去之。”法海在洞中参禅打坐,白蟒就避走了。当时的金山,殿宇破落,满目荒凉。法海当时最大的愿望,就是要修复金山寺。他燃指一节,以表决心，率领众僧，披荆斩棘，修葺房舍，种植蔬菜。一日，刨地得金，经官府奏报朝廷，用黄金修复寺庙，这才有了金山和金山寺。相传法海死后，他的弟子为纪念他，把他的肉身装金供在洞中，以供瞻仰。后来肉身坏了，就塑了一个石像，这就是洞中慈眉善目、端坐修行的法海塑像。宋朝名士张商英来此游览，作了一首裴公洞的诗：

半间石室安禅地，盖代功名不易磨。
白蟒化龙归海去，山中留下老头陀。

在法海洞北，有一座玉带桥。据说这玉带桥的形状，就是根据苏东坡留下的玉带而仿制的，当初苏东坡输了玉带，佛印如获至宝，常给人看。看的人多了，又怕损坏，于是请人照玉带的式样，造了这座桥，供人欣赏。玉带桥畔有一个白龙洞，这就是名闻遐迩的“水漫金山”的女主角白娘子居住的地方。

白龙洞湛然幽深，内有白娘子和小青的汉白玉雕像。白娘子的传说，梁山伯的传说，孟姜女的传说，牛郎织女的传说，是中国民间的四大传奇，妇孺皆知，也是中国戏剧、电影等用之不尽、历久弥新的创作素材。有关白娘子的故事，说的是峨眉山修炼千年的白蛇、青蛇，因不甘山中寂寞，化作美丽的白娘子和小青来到西湖。倏忽间，春雨如注，她俩避雨于柳树下，适逢扫墓归来的药铺伙计许仙，于是同舟渡湖。白素贞见许仙忠厚淳朴，顿起爱慕之情，托小青作媒，终成恩爱伉俪，双双在镇江开药铺行医为生。金山寺禅师法海查访到白素贞系蛇精所化，以劝许仙离俗出家为名，破坏他们的婚姻。许仙轻信法海的谗言，于端午节时用雄黄酒将妻子灌醉，致使她露出了蛇形，同时也吓死了自己。白素贞为救夫上仙山取灵芝仙草，与神将苦战不支，南极仙翁被她痴情所感，又念其身怀六甲，慨然赐与仙草。许仙病愈后心有余悸。法海闻讯他们和好如初，又诱骗许仙上了金山。白娘子带着小青去金山寺索夫未果，被迫率领水族水漫金山。其后，她与脱逃下山的许仙在断桥相遇，不料法海又来袭扰，将白素贞镇于雷峰塔下。后小青炼成剑法，率众仙击败塔神，将塔推倒，白娘子终与许仙结成神仙眷属。京剧《白蛇传》、电影《青蛇》、小说《白蛇传》、电视连续剧《白娘子传奇》等，都是演绎这个美丽的故事，只不过有的将情节作了改动。例如，将结尾改成白素贞之子中了状元，状元为救母，来到钱塘江边祭塔，终于将塔祭倒，一家三口有了一个大团圆的结局。这个故事造成了一个冤假错案，法海由一个得道高僧变成了一个残酷无情、顽固不化、维护封建宗法制度的反派人物；而白素贞由一个兴风作浪的女妖，变为一个向往美好爱情、向往自由幸福的代表人物，其善良、正直、勇敢的品质为人们所欣赏，成为一代代青年男女学习的楷模。这反映了千百年来人们反抗强暴专制的理想追求，表现了人们对正义力量的寄托和希冀。人间自有真情，公道自在人心。不过，游人也不必为法海鸣不平，现在两个洞近在咫尺，比接为邻，两洞并存，使白蛇传的故事在金山成为完璧。两洞也相安无事，同样的游人如织。法海的操行大德为后人所景仰，白娘子的坚贞勇敢为后生所学习。特别是那电视连续剧《白娘子传奇》中，《千年等一回》的歌声：

千年等一回，等你回啊；
千年等一回，我无悔啊。
是谁在耳边说，爱我永不变，
只为这一句，断肠也无怨……

歌声低回婉转，反复咏叹，让多少痴情男女为之动容，为之落泪，金山因此而更令天下人所向往了。白龙洞里和法海洞一样，光线很暗，别看里面的石头黑咕隆咚，兴许当年素衣飘飘的白娘子的裙裾还在上面拂拭过呢。洞里供奉着两尊汉白玉雕像，一个就是白娘子，一个是小青。石像后面，还有蜿蜒曲折的小洞，可以容一个人往里爬，看不见，可以点蜡烛、打电筒。有胆大的人曾爬进去过，几米深后，又有歧路，歧路之中，又有岔路。水漫金山时，许仙逃出金山寺，就是从洞中跑到杭州与白娘子相会的，因此洞一直通到杭州西湖的断桥。当然，这种传说并没有得到验证，也没有人去验证。饶有趣味的是，法海洞、白龙洞近在咫尺，寺庙和公园一直是互有争论的。寺庙认为，法海是有德高僧，不能让民间传说来诋毁形象；公园认为，白娘子代表坚贞的爱情，拥有广大的游客，塑像纪念无可厚非。这一桩公案一直没有解决。实际上，神佛都是意念中的产物，有什么可冲突的呢？只是世俗人、僧侣们自己的偏见罢了，让各自的信徒去崇拜各自的偶像，无须庸人自扰。

沿着白龙洞向右上行一段路，抬头就望见了岩壁上刻着明代滕谧所书的“朝阳洞”三个大字。洞顶悬崖上刻有“日照岩”三字，所以又叫日照岩，是金山观日出的最佳处。观日出的胜地到处都有，如泰山观日出，东海观日出，峨眉山观日出，等等。日照岩观日出的奇特之处，在于金山还处在江心的时候。每当旭日东升，朝阳洞南面的一大片石壁，便被映射得金碧辉煌、水天皆赤，那种荡金烁银红彤彤一片的奇景，实在是夺人心魄。

千年等一回的白娘子，就在亭下白龙洞内

离朝阳洞不远，还有一个古仙人洞。依山洞筑有半亭一座，洞深6米多，这是道教的遗存。传说八仙之一的吕洞宾曾在这里观望江面，所以沾了仙气，叫仙人洞。明代程敏政有诗云：

鬼斧穿山骨，明月透一窗。
仙人时举步，竖立一窥江。

过古仙人洞，继续前行，就来到金山北面水边的御码头。当初金山孤峙在大江之中时，乘船上金山便由此登陆。乾隆南巡时，多次来金山，都由此码头上岸。凡世上万物，皇帝一用便与众不同，所以这里被称为“御码头”，一个“御”字，就提高了等级，就沾上了王者的气息。御码头十三级台阶，两边是汉白玉石栏。紧靠御码头，有一大块石头平台，原叫盘陀石，相传是苏东坡钓鱼处，所以又叫钓鱼台。中国是世界上钓鱼台最多的国度，除北京著名的国宾馆钓鱼台之外，山东濮县有庄子钓台，浙江桐庐有严子陵钓台，江苏淮安有韩信钓台，湖北大冶有张志和钓台。历史上因钓鱼而钓出名的人也不计其数，从姜太公渭水垂钓到袁世凯在沧州老家垂钓，其中的深意是外国人看不懂的。有胸怀大志者待明君，如姜尚，“吕望当年展庙谟，直钩钓国更谁如”；有不愿被皇帝差遣的名士，如严光，“万事无心一钓竿，三公不换此江山”；有怀才不遇者的清操自守，如柳宗元，“孤舟蓑笠翁，独钓寒江雪”；有野心勃勃者的以退为进，如袁世凯，“将军欲以巧胜人，盘马弯弓故不发”。御码头旁的这个钓鱼台，主人是苏东坡，以东坡的旷达飘逸，他是绝不会在这里沽名钓誉的。想当年苏子在大江包围中的金山钓台读书钓鱼，一定是“春风扁舟醉，江月钓鱼歌”的情怀。古人曾叹曰：“严陵台下桐江水，解钓鲈鱼能几人。”苏东坡无疑是这少数人中的一个。

由钓鱼台沿大路向西，来到了题有“花洲泠泉”横匾的金泉桥上。这是一座三孔拱形花岗岩石桥，桥长20米，宽10米。桥上有长方敞亭；桥下莲萼摇曳，荷叶田田，微风徐来，清香四溢。远远看，那荷塘如绿云缥缈，是摄影、观赏、小憩的绝佳之处。由此桥出发，就进入了金山风景区的另一片天地：塔影湖、百花洲、芙蓉楼和天下第一泉，靓楼名泉，名动天下，湖光山色，分外迷人。

百花洲上的金泉桥

塔影湖清澈晶莹，碧波荡漾，金山、寺庙、牌楼都一一倒映在水里，宛如水中的宫殿。特别是金山寺顶的一塔冲天，在水中格外挺拔俏丽。一阵涟漪柔波，那塔影就晃悠悠、颤悠悠地活动起来，仿佛有了生命一般。面对这样的湖水，会觉得世间的一切烦嚣都不存在。这时，如果有人行吟湖畔诗人朱湘的诗，那情景一定妙不可言。

小船呀轻轻飘，
杨柳呀风里颠摇；
荷叶呀翠盖，
荷花呀人样娇娆。
日落，
微波，
金丝闪动过小河。
左行，
右撑，

莲船上扬起歌声。

塔影湖畔有一组错落的天然奇石，古称石排山，又名云根岛，因形似笔架，又叫笔架山。岛上建有一座正方形攒尖顶小亭，名为“云根风月亭”，岛上有东晋文学家郭璞的衣冠冢。郭璞是河东闻喜人，据历史记载，他博学多才，词赋为东晋之冠。他还精通训诂、方舆之学，著有《尔雅注》《山海经注》《楚辞注》《葬经》等书。时东晋大军阀王敦阴谋篡夺帝位，时人皆说大吉。王敦问精于风水相命的郭璞，郭三缄其口，结果被杀。后人怜之，为其树碑立传，立衣冠冢于此。“直如弦，死道边；曲如钩，得封侯。”古今皆如此也。

由云根岛沿湖再西行，过九曲桥，就可看到临湖展翅欲飞的“芙蓉楼”。双重檐歇山顶的芙蓉楼，与金山寺隔湖相望。山水相连，凝碧笼罩，明灭天际，烟雨茫茫。古代的芙蓉楼建于东晋孝武帝时期，距今已有1 600年的历史。当时此楼建在城内万岁山上，依山傍水，极有气势。登楼而望，镇江“千嶂所环，中横巨浸，风涛日夜，驾百川而东”，楼阁山水，珠联璧合，锦绣风貌，尽收眼底。芙蓉楼之所以能声名远播，不仅是因为风景绝美，还因为唐代诗人王昌龄的著名诗篇《芙蓉楼送辛渐》：

寒雨连江夜入吴，平明送客楚山孤。
洛阳亲友如相问，一片冰心在玉壶。

苍茫的江雨，孤寂的楚山，凄寒清苦的送别之情，冰清玉洁的操守自励，真是满纸的漫天烟雨，满眼的高远壮阔，其意境和文采，浑然天成，是千古以来送别诗中的绝响。楼以诗名，名诗促成名楼，芙蓉楼成为镇江的一大名胜。特别是经常有日本的游客到镇江来寻访芙蓉楼，原因是日本的中学教科书中，原来选用的中国古诗是张继的《枫桥夜泊》，所以“姑苏城外寒山寺，夜半钟声到客船”很有名，寒山寺成为日本人朝拜的地方。而20世纪80年代末期，日本对教科书作了修改，改为选用王昌龄的《芙蓉楼送辛渐》了，这就使得日本游客甚至其他国家游客，将芙蓉楼作为镇江游的必到之地。现在的芙蓉楼是1992年重新择址后复建的，江泽民亲自题写了“芙蓉楼”横匾。进了一楼就看见六扇银杏木的屏风，东西两侧刻有《重建芙蓉楼记》和三组八块大型壁画，重现王诗的意境，即《千秋江山图》《平

荷叶田田芙蓉楼

明送客图》《蓉楼话雨》《王昌龄送辛渐诗意图》《花卉木芙蓉》《水芙蓉》等。在芙蓉楼两翼，有两座仿古建筑互成犄角，东北是紧贴水面的“冰心榭”，是展示镇江名茶的场所；东南为“掬月亭”，三者之间长廊蜿蜒，曲折相连。湖中一泓碧水，“三塔映月”，由三座形状各异的汉白玉雕刻的石幢象征镇江的三山，中间镂空，亭亭玉立，挺立水中。沿木梯上楼，二楼沿栏杆置有明代风格的红木家具，供游客坐下赏玩景色。身居楼中，八方有声，四面皆景，镇江的湖山水色，风光旖旎。东观金山绮丽，西看一泉宾馆花木繁盛，南眺绿树葱茏的城市山林，北望烟波缥缈的瓜洲古渡。其殊胜处比之王昌龄所见的烟雨辽阔还要超出。现在的芙蓉楼，是镇江人两种情况的必到之处。一是男女新人必到之处。新婚的年青男女要拍婚纱照，往往驱车带着摄像师来，因为芙蓉楼前可以选到最美的景致：楼是红楼，檐角翘起，张势欲飞；草是碧草，丝丝蔓蔓，郁郁青青。楼四周满目翠绿，缎面般宁静的湖水，天鹅绒般的绿地，翠生生的好像一幅还未干透的水彩画。让新郎捧着新娘洁白的婚纱裙裾，在茵茵的碧草之中行进，说不尽的诗情画意。所以这里是新娘、新郎的集中地。另一个是中秋赏月的必到之处。赏月不可无山，赏月也不可缺水，芙蓉楼是镇江难得的山水俱臻妙境之处，已取代金山的妙高台而成为最佳赏月之处。每当中秋

中秋夜幕下的芙蓉楼

夜幕降临，芙蓉楼缀满灯彩，仿佛童话世界里的仙楼琼阁，如梦似幻；又恰似遗世独立的绝代佳人，满头珠翠。这时你登上高楼，一轮明月在天，万斛银华泻地，月光倾泻在湖里，波光粼粼，浮光跃金；月光倾泻在草地，大地镀银，草木含辉。这时，你在楼上面向着四野，向着星空，你会有融入苍穹、揽月入怀、乘风归去、羽化成仙的空灵意境。而对面的金山塔高月小，琼楼玉宇在水墨似的天空背景中影影绰绰，让人看得灵辉渺渺，如痴如梦，使人有心灵洗净、灵魂唤醒、“一片冰心在玉壶”的清澈通明。

出芙蓉楼前行不远，就来到了大名鼎鼎的“天下第一泉”——中泠泉。中泠泉既称天下第一，其声名自有出处（本书在第二章第六节“名泉涓涓出江南”中有详细介绍）。名泉名山名寺，金山景区有第一泉作为终点，就像锦绣华彩的文章有了一段豹子般的结尾，既五彩斑斓，又短促有力。

## 第二节　焦山，砥柱中流涌青螺

万仞悬崖挂紫藤，水晶宫殿碧层层。
江山天下真无敌，登眺平生恐未曾。
三诏香烟藏古洞，六朝秋草没诸陵。
桑田互变知多少，砥柱中流此独胜！

明·陈凤悟《焦山》

领略了金山“寺裹山”的风光后，再来欣赏焦山“山裹寺”的美景，是极富对比和变化、极富观照美感的。金山是层层叠叠的楼台亭阁，缠满了山体；而焦山则是郁郁青青的树荫丛林，掩映了寺庙楼台。金山绮丽，焦山雄秀；金山精巧，焦山伟岸；金山以楼阁取胜，焦山以碑林见长。因此，宋朝周必大在《泛舟游山录》中说：“金山屋里山，焦山山里屋。”清代王士祯在《游山题名记》中，将两山作了比较：“焦山幽冶，金山绮丽；焦山骨胜，金山肉多。骨胜者何？遥见山容苍翠不见寺也；肉多者何？远观楼阁层叠不见山也。”而多次来过镇江，又多次上过金、焦二山的乾隆皇帝，在第三次来焦山时写了《游焦山作歌叠旧作韵》一诗，诗中专门将金、焦二山的风景作了对比。其诗曰：

金山似谢安，丝管春风醉华屋；
焦山似羲之，偃卧东床袒其腹；
此难为弟彼难兄，元方季方各腾声。
若以本色论山水，我意在此不在彼。

乾隆皇帝认为，就山水的本色来说，焦山更胜金山一筹。率土之滨，莫非王土，皇帝游遍了千山万水，眼光自然是高的，评价也不会错到哪里。倒是焦山的和尚和金山的同行们，争奇斗巧，兀自不休。金山有中泠泉，焦山也开凿了一口炼丹井，称为“东泠泉”；金山有四宝，焦山也有四宝；金山有慈寿塔，焦山也砌了万佛塔；金山叫西浮玉，焦山叫东浮玉。一争雄长之心，不仅在俗界，即使是四大皆空的佛界，也一样是起作用的。

焦山，以山水天成、雄秀古朴闻名，其高也不过 71 米，占地 570 亩。因为满山的竹林繁茂，古树葱茏，宛如碧玉浮江，故称为“浮玉山”。在古代，焦山还有过樵山、双峰山、狮子山、海门山等别称，这些名字与其形象、地理位置有关。最终定名“焦山”，是因为东汉末年，大学士焦光在此隐居。宋徽宗时，追赐此山为“焦山”，算是皇家的御赐山名，这也是焦山胜出金山之处吧。凭心而论，金、焦二山，各擅其胜。焦山优胜处有三。其一是飞峙江心、中流砥柱的气势。在水域宽广的长江下游，焦山如磐石般挺立于水中，是浩瀚长江下游唯独可供游人观光探幽的绿色岛屿，所谓“万川东注，一岛中立”，身临其境，作四面环水的神仙游，丝毫不逊于普陀仙岛的缥缈。其二是秀外慧中、文江学海的风流。焦山有“文化山”、“书法山”之誉，博大精深的中国文化，在焦山有深厚的积淀。郑板桥、柳亚子、康有为在这里读过书，王羲之、褚遂良、颜真卿在这里挥过毫。行走于摩崖石刻、碑林墨宝之中，仿佛进入了古都西安碑林。其三是多寺多庵、佛界净域的清平氛围。焦山周遭布满了禅寺精舍，大者如定慧寺，小者如自然庵、玉峰庵、别峰庵、香林庵、海云庵等，走在那几步一寺的山上，你绝对有进入五台山名山佛国、西天极乐的感觉。

登焦山要坐船去。“乘舟上焦山”和“打马上金山”又是一个异趣之处。金山在地理上是弃水登陆，而焦山则是离陆下水。据地质学家考证，焦山与仍在陆地的象山是同一山体，系宁镇山脉褶皱山系。由于地壳内部造山作用的抬升和断裂，其山被裁为几截，象山抬高，现仍然孤峙在江边，悬崖陡峭，壁立千仞，大自然撕裂的痕迹历历在目，成为大江边的另一景观。而焦山下沉，远离陆地陷于江心，成为独峙江中的美丽孤峰。一座骨肉一体的青山成为隔江相望的双峰，因此有人怜称其为“姐妹山”，将她们从形象上、感情上维系在一起。现在，两山之间已有悬索吊车联结，可以从象山坐缆车直达焦山的峰颠，从空中俯瞰大江的浩荡和焦山的葱茏，“江中浮玉”的形象非常突出。不过，看山如玩册页，游山如展手卷，“我见青山多妩媚，料青山见我应如是”。坐缆车虽省脚力，但上下与货运无异，还是乘舟前往徒步上山更有味道，一步步登山悠悠，一步步移步换景。

坐船过江来到焦山南麓的码头，登岸北行 50 米，过汉白玉牌坊，迎面就是庄严典雅、古色古香的定慧寺山门。它建于清康熙四十七年。门前有一对明代的石狮，门楣上有“焦山定慧寺”匾额。山门两旁有一副楹联：

长江此天堑，

中国有圣人。

有人批评这副楹联不合平仄，也不够工整，但更多的人认为此联自然浑成，有大气魄。以长江开头，以圣人收尾，把小小的一座焦山抬到了睥睨天下的地位，有孔夫子“登东山小鲁，登泰山小天下”的气概。再加上山门迎面的照壁上，明代进士胡瓒宗所题“海不扬波”四个大字，有佛学宣扬海内晏清、世界清平的意思，可以视做这副楹联的横批。两者巧妙搭对，倒是构成了一个完整的意境，既雄视天下，又与人无争，很切合圣人和佛陀的宗旨。

照壁是中国园林的特色设计，它的效果是峰回路转，别有洞天，而不像西方园林那样一览无余。所以，中国的园林进门处都不畅通，有的是巨石障眼，有的是砖砌照壁，有的是木隔屏风，以此来挡住人的视线。先抑景，使旅游者心意收敛；再一放，呈现最蓬勃的生机，达到理学家所说的大快活境界。转过照壁，便是双排石桥，两桥上各筑有一亭，右为焦公亭，纪念汉代隐士焦光；左为茗公亭，纪念当代高僧茗山，这两个人都为焦山作出过巨大的贡献。过了这座桥，就可看到

定慧寺前的茗公亭，纪念高僧茗山法师

大名鼎鼎的定慧寺。焦山寺庵很多,以定慧寺的规模为最大。此寺原名普济禅院,始建于东汉献帝兴平年间,距今已有1 800多年的历史。唐代时,玄奘法师的弟子法宝曾来此创建大雄宝殿;鉴真大师的弟子神邕曾在这里主持佛事。清代时,康熙南巡到此,赐名为“定慧寺”。“定”就是去掉一切杂念,思想高度集中;“慧”就是用闻、思、修三条途径来增长智慧。“定慧”两字,是佛家修行的纲领,其涵意是非常深刻的。所以,无论是佛界还是俗界,定慧寺都是地位显赫、声名远播,有“十方丛林”、“历代祖庭”的称誉。

寺门未进,眼前即有两景。一景为“山门松影”,指寺门西首有株古柏,据说是六朝之物,枝干苍古虬结,冲霄而上,柏底四周,围以石栏。寺门口还有一株婆罗树,树叶七出,又称为七叶树。这株树是域外传来的,树干高大,枝叶繁茂,有如亭亭直立的巨大华盖。这六朝古柏和七叶树,浓密的枝丫覆盖了好大一片面积。由于地处大殿门口,它们也接受了世人的礼敬供养,以盎然的绿意,在人心上洒下一片清凉。许多信徒常聚集在树荫下,或坐、或躺,或禅定、或思维,

六朝古柏和七叶树,浓荫覆盖了好大一片面积

或静静地享受着和煦的阳光。另外一景叫“定慧潮音”。过去定慧寺面对大江，焦山、象山，双山夹江，江水受到两山的挤压，流势极为湍急，波起浪涌，很有气势。特别是晨夕之际，江潮大涨，潮打崖石，水拍山门，惊涛骇浪，涛声如雷。但现在泥沙淤积，大潮的声音已不可闻了。

大雄宝殿是寺庙的主体建筑。定慧寺的大雄宝殿雄伟庄严，系唐代法宝禅师创建，虽经历代重修，仍保持原有的唐代宫殿式样。殿内的中梁螺丝结顶，活板凑合，屋顶雕龙描凤，图案精美，不用一根钉子，全部用小方块木头拼合而成。还有飞檐、斗拱等，都是技艺高妙。一盏长明灯高悬在半空，灯油燃烧出淡淡的香气。康熙皇帝所写的“香林”两个大字，闪烁于烛光香雾之中。“一灯能除千年暗，一智能消万年愚”，佛教的悲天悯人，就是这样既充满着庄严肃穆，又隐含着世俗的温情。高坐在大殿正中莲花宝座上的，是释迦牟尼佛、药师佛、阿弥陀佛三尊大佛，面容和蔼慈祥。特别是释迦牟尼像，圆润纯熟，流畅自然。佛陀低垂慈悲的眼，微微上扬的笑，放松自然的双肩，结着法轮的双手……香油柔光下的佛陀如此沉稳静悦，似乎在告诉人们，这就是解脱束缚、大彻大悟后的宁静轻安啊。大殿两旁排列着十八罗汉，脸容不同，姿态各异。释迦牟尼佛的背后，是海岛。海岛实际上就是一种壁塑，正中为观世音菩萨，左善财，右龙女。观音在中国是最有人缘的菩萨，老百姓在她身上也寄予了无限的虔诚和想象，所以各地的观音姿容不一，绝不是一袭白衣和一脸格式化的表情，焦山的观音也是特别的、灵动的、充满生命力的。观音周围还有很多其他神仙。凡是佛教寺庙的海岛图，一般都是根据《华严经》中“善财五十三参”的传说来布局的，内容表现学佛修行的过程，其中还掺杂着不少宗教故事。有的庙宇还将地方上的传说也加进去，使之更加多姿多彩。定慧寺因名气大且香火盛，终日烟雾缭绕，佛事不断，晨钟暮鼓，梵唱声声。站在大殿之中使人如登净域、如入佛界，能感受到摄人心弦的气氛。徐志摩就描写过这样的境界：

这鼓一声，钟一声，磬一声，木鱼一声，佛号一声……乐音在大殿里，迂缓的，漫长的回荡着，无数冲突的波流谐合了，无数相反的色影净化了，无数现世的高低消失了……

这一声佛号，一声钟，一声鼓，一声木鱼，一声磬，谐音盘礴在宇宙间——解开一小颗时间的埃尘，收来了无量数世纪的因果。

进入这个境界，就像进门照壁上所写的“海不扬波”了，你的内心、你的灵魂也静穆下来，被现代生活节奏所压抑的心灵也会得到抚慰、安宁和满足。

寺外，静立着六朝柏、宋槐、明银杏等古树。值得一提的是两棵500余年的古银杏，人称活化石，虽历尽沧桑，却枝繁叶茂。寺东，西侧院里有一口人工井，相传是汉代焦光炼丹取水之处，亦称炼丹井。焦山和尚模仿金山的中泠泉，按井的方位，在金山中泠泉以东挖了一口井，称之为“东泠泉”。其实，焦山自有焦山的风味，一草一木，一砖一石，都浸透在深厚的中华文化之中，有足够的摩挲欣赏的地方，根本无须去模仿什么。所以，陆游在《入蜀记》中就曾说过：“金山与焦山相望，皆名蓝，每争雄长。”焦山有吸江亭，为观大江最佳处；金山就筑了一座吞海楼，以胜出焦山；金山有苏东坡玉带为镇山之宝，焦山也想方设法，求得杨一清玉带为镇山之宝，相肩比美。联想到中国诸多这样的公案，如文武赤壁之争、庄周故里之争、河南安徽包公坟墓之争等，均是无谓争执。名人固然能为故里增光，但真正的名城之光，是要靠现代人去开拓的。

大殿前，还有一座御碑亭。因为是皇帝手书刻碑建亭，所以僧家不敢怠慢，专门在天王殿前造了一座木结构的古式方亭，把乾隆第一次下江南所作的《游焦山歌》刻在碑的下面，将乾隆第三次下江南的《游焦山作歌叠旧作韵》刻在背面。乾隆认为，论山水本色，焦山超过了金山。有了皇帝的赞美，焦山和金山的互争雄长，就有了更多的话题。

出寺东行，到观澜阁。阁子貌看是精致小巧的古雅庭院，但它却是货真价实的皇帝行宫，只是规模上微型罢了。乾隆皇帝曾六下江南，三上焦山，这座观澜阁就建于他第三次下江南的时候。当时阁前还未形成沙滩，阁外惊涛拍岸，波澜起伏，潮声震天，所以称它为“观澜阁”。楼上东、南、西三面明窗若镜。在楼上长廊可以纵观浩瀚的江景，远看江潮汹涌，白云飘逸；近看繁花似锦，山池天然。阁子里兰香竹影，鸟语莺啼。当一抹夕阳斜照窗棂时，香、影、光、声相交织，真是一幅绝妙的图画。如是夜晚独自在窗棂下看月色摇曳的竹影，那直接就是《芥子园画谱》中的同题作品“清影摇月”。

出观澜阁继续东行，就到了焦山的精华所在宝墨轩，即焦山碑林。

茗山方丈既是高僧，又是书法大家

焦山碑林是在一批佛国丛林的遗址上修建的。焦山和金山一寺裹山不同，它是一个多寺多庵多阁的所在。除定慧寺大庙传贤之外，还有一大批家系传徒的小庵小阁。例如，庵有别峰庵、海西庵、海门庵、自然庵、碧山庵、水晶庵、玉峰庵、香林庵、石璧庵、海云庵；阁有观音阁、文殊阁、松廖阁。除这十三家外，古之记载的还有云深庵、护法庵、友竹庵、祖觉庵等。这些庵阁每家有二三人或五六人不等，或兴或废，变化无常，但大都整洁雅致，各具特色。有游客到，都能拿出几件古物，供人观赏。当你沿着高高低低的山路而行的时候，倏忽一座精舍出现在你的眼前；或结庐在茂林修竹深处，一两声梵唱入耳，也顿使人去尘出世，有跳出三界外、不在五行中的感觉。焦山有十六景，大都与这或兴或废的庵阁有关。焦山碑林就是在原有的自然庵、香林庵、玉峰庵、海云庵的旧址上修建起来的。这里珍藏 460 余方碑刻，古碑荟萃，石刻精纯，数量之多，质地之精，仅次于西安碑林。中国文人雅士在欣赏景物方面很有讲究，赏鱼要在玉泉，观潮要在海宁，看庙要在灵隐，听晚钟要在南屏，若要欣赏碑刻，则非西安和镇江莫属。因为有了这碑林，焦山更加雍容大度，气蕴深沉，更加风流倜傥，古朴幽深，成为万里长江的书法岛、书法山和江南第一大碑林。"花雨润时沾翰墨，竹风清处韵琴书"，整个碑林在银杏树林的掩映之下，在小池碧荷的深藏之中。碑刻内容分文苑、艺术、史料三部分陈列，其中汉代蔡邕的《焦君赞》，梁代江淹的《焦山述怀》，唐代王瓒的诗，晋代王羲之的《瘗鹤铭》，被称为"焦山四绝"。这些碑刻镶嵌在回廊亭阁之中，在书法艺术上，楷、草、隶、篆都有，集历代书法之大成。

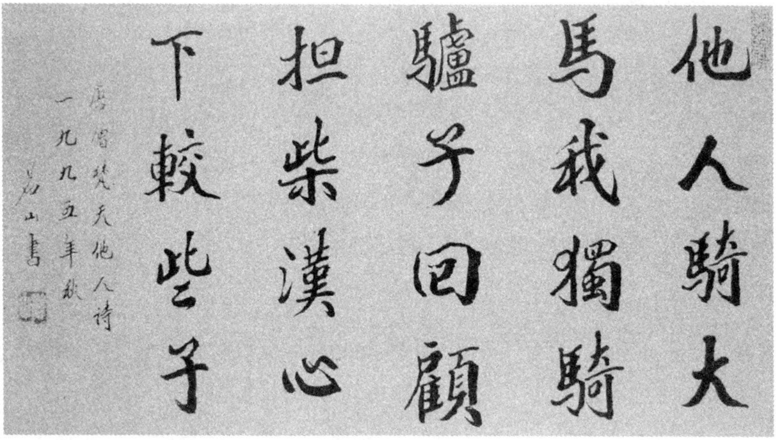


茗山法师书法作品之一

中国书法史上的顶级人物都有佳作在这里表现，每幅作品都有脉搏与呼吸，流动着千年不竭的灵彻神韵。最著名的有东晋王羲之的《破邪论序》，唐颜真卿的《题多宝塔五言诗》30 首共 44 块，宋米芾的"城市山林"横额、黄庭坚的《蓄狸说》、苏东坡的《题文同墨竹跋》，明代文徵明的《钱王先生墓志铭》，清成亲王的《归去来辞》7

块。另有唐朝仪凤二年所立的《大唐润州仁静观魏法师碑》，碑高213厘米，宽87厘米，被誉为初唐妙品，是江苏省境内最大、最完整的唐碑，也是国内罕见、弥足珍贵的唐碑。书法是我国特有的线条和构图艺术，它是根据汉字的字形结构，利用高超的技艺和书法工具写出来的。因此，书法是国粹，它浓缩中国文化于笔墨，张扬个人素养于尺素间。书法的艺术之美，聚于神、汇于笔、形于体，跃然纸上。而碑刻比纸上的书法更传神，更有立体感，因为碑刻更能体现中国书法的力透纸背和神完气足。即使不懂书法的人，也能从这些碑刻中看出中国书法的精髓。

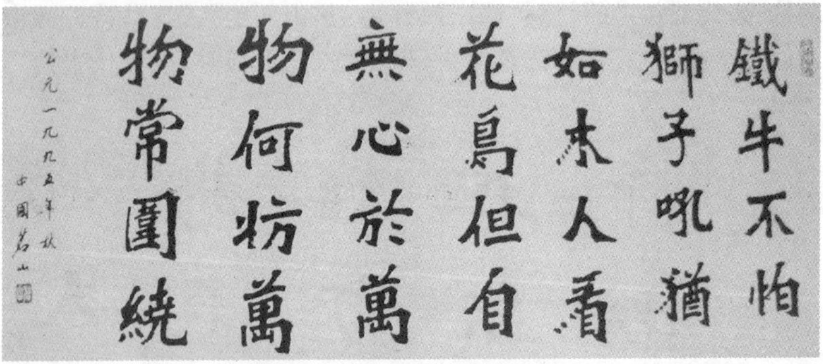


茗山法师书法作品之二

在焦山碑林中，《瘞鹤铭》是拱璧连城的无价之宝。书法界的朋友都知道，中国书法有“两铭”是稀世珍品，即南有镇江的《瘞鹤铭》，北有洛阳的《石门铭》。《石门铭》飞逸奇崛，是北碑中的奇品；而《瘞鹤铭》行笔出入篆隶，驾驭方圆，匠心独运，返朴归真，可谓全碑字字出奇制胜。宗白华先生曾说，中国艺术的最高形式是书法，书法的根本精神在乐，而乐是伴着节奏在跳舞。高超的书法形式，就是一个高妙的舞者。《瘞鹤铭》就是一个天真率意的舞者，曹衣出水，吴带当风，因势而舞，因石成形，其一笔一画就好像仙鹤在翩翩起舞，落笔之间精神飞动，飘飘欲仙，有不食人间烟火之味，充分显示出两晋风流和六朝飘逸的文化气息，可谓是南碑中的神品。对它的书法艺术价值，历代书家顶礼膜拜。北宋大书法家黄庭坚称其为“大字之祖”；南宋学者曹士冕评它为“书法冠冕”；明代学者王世贞在《瘗鹤铭跋》中说它“古拙奇峭，雄伟飞逸，固书家之雄”；清代大诗人龚自珍专门赋诗曰：

从今誓学六朝书，不肄山阴肄隐居。
万古焦山一痕石，飞升有述此权舆。

从刻碑勒石始，《瘗鹤铭》就成为书法界研究的热点。欧阳修、黄庭坚、赵明诚、包世臣都有专论，其中清代学者翁方纲写了 10 多部研究《瘗鹤铭》的文章专著。历代骚人墨客游山，总要观摩此碑，有人甚至踏雪冒雨来看铭，划船冒险去拓碑，远道高价买拓本。《瘗鹤铭》在国际上也闻名遐迩，尤其是对日本的书道影响深远。日本书法名家良宽就对《瘗鹤铭》悉心揣摩，得其笔力。他自述对《瘗鹤铭》的钻研和热爱，已到了“若癫若狂”的地步。因此，《瘗鹤铭》碑前，常常聚集着一堆日本人，有书法爱好者，也有慕名而来的游客。镇江市为光大《瘗鹤铭》的书法艺术，曾在 1995 年和 2000 年两次举办《瘗鹤铭》国际书法展，都获得了巨大的成功。

《瘗鹤铭》前，学习“大字之祖”的人络绎不绝

《瘗鹤铭》如此大名鼎鼎，它的内容是什么呢？瘗是“掩埋；埋藏”的意思，《瘗鹤铭》就是葬鹤的铭文。东晋大书法家王羲之是镇江的女婿，他的岳父郗鉴是京口（今镇江）人，官至太尉。郗鉴看中王羲之的才华，在他弱冠之年即选其为东床佳婿。王羲之到焦山游览，带

来两只仙鹤,不幸两只鹤在焦山夭折,他十分悲伤,用黄绫包裹仙鹤,埋在焦山后山,并在山岩上写下著名的《瘗鹤铭》以示纪念。因其书法绝妙,被镌刻在山岩上。到今天为止,有关解释《瘗鹤铭》的文章很多,现将北宋时期镇江名士刁约整理的"金山本"记录如下:

> 鹤寿不知其纪也,壬辰岁得于华亭,甲午岁化于朱方。天其未遂,吾翔寥郭耶?奚夺余仙鹤之遽也。乃裹以玄黄之巾,藏乎兹山之下,仙家无隐晦之志,我等故立石旌事篆铭不朽词曰:相此胎禽,浮丘之真,山阴降迹,华表留声。西竹法理,幸丹岁辰。真唯仿佛,事亦微冥。鸣语解化,仙鹤去莘,左取曹国,右割荆门,后荡洪流,前固重局,余欲无言,尔也何明?宜直示之,惟将进宁,爰集真侣,瘗尔作铭。

此铭大意是说:仙鹤寿命之长已不知其年纪,东晋咸和七年于华亭得到了它,两年之后仙鹤死于镇江。上天啊不让我的愿望实现,使我不能跨鹤遨游天际,夺去我的心爱太突然了,只好用锦绸裹上它埋于焦山之下。仙家不隐藏生平,立石碑在崖壁间写下了不朽的铭词。铭词的内容是奠念白鹤的悼文,四字一句,韵律铿锵,感情激越直率,饱含着作者的抱负和惆怅的感情。

凡价值愈大者,存之愈不易。《瘗鹤铭》的保存,也是日乖命蹇,非常不易。此铭在唐宋之际遭到雷击,碎裂坠落江中。宋朝时打捞出一部分,放回原处,后又崩塌江中。公元1713年,清代闲居镇江的苏州知府陈鹏年,雇渔工从江中打捞出五块,仅存下86字,其余的已被江水侵蚀,不知所踪了。1937年,日军占领镇江,焦山雪烦法师又秘密地将拼接好的《瘗鹤铭》推倒,碑文向下,窖藏在偏僻处的乱砖碎瓦下面。后日军果然来查问《瘗鹤铭》的下落,有一次还从南京来了一个将军,加紧盘问,但僧人们终究保住了此碑。如今国宝重见天日,并如此被珍视,这也是国运兴而国宝存吧。《瘗鹤铭》的作者是谁?聚讼纷纷,是书法史上的一桩公案。欧阳修认为是唐代顾况所书。黄伯思认为是六朝陶弘景所书,因为铭文通篇是道教口气,时陶弘景隐居镇江句容的茅山，他有驾鹤冲天的理想。焦山方丈茗山也认为，陶既称隐逸，又属仙流，比较符合。程嗣章认为是皮日休所书。但更多的学者认为是王羲之所书，乾隆在看《瘗鹤铭》时也说："非晋人不能。"因此，《瘗鹤铭》被定为王羲之所作。

由碑林东行，来到焦山东麓，看到面对长江排列成马蹄形的八座炮台，灰土粗糙，石块嶙峋，既威武，又沧桑。这就是著名的焦山古炮台。1840 年鸦片战争期间，清政府为了加强长江下游的防线，决定建立焦山炮台，与圌山、象山、江都都天庙三处炮台构成犄角之势。炮台为椭圆形暗堡式，每座最长处为 77 米，最宽处为 55 米，以优质条石为基础，用黄土、石灰、细沙配糯米汁，捣拌成三合土，分层夯实浇灌而成，内设 3 000 ~4 000 公斤重的大炮，是国内保存较完整的炮台遗址。1842 年，英军侵入长江，沿江北上，遭到圌山和焦山炮台守军的英勇抵抗。面对英军 70 余艘敌舰，焦山炮台守军浴血奋战，终

古炮台悲鸣着杀伐声

因寡不敌众，炮台失守，守岛官兵全部捐躯。英军弃舟上岸攻打镇江，镇江军民进行了殊死抵抗，这就是鸦片战争中著名的“镇江保卫战”。这场战争的悲壮程度甚至引起了恩格斯的注意，他在《英人对华新远征》一文中给予镇江军民极高的评价：“如果这些侵略者到处遭到同样的抵抗，他们绝对到不了南京。”伫立在砂石粗砺的古炮台旁，断垣残壁，丘壑独存，苍古之境，有胜藻饰，仿佛看到新疆高昌故城、交河古城遗址一样，苍凉满目，有一种无以言说的凝重。不过，一个是诉说着过去的繁华富庶，曾经的辉煌将永远让人铭记；一个是诉说着昔日的英勇悲壮，英雄的气质将代代薪火相传。

从古炮台北面上山，登上焦山东峰绝顶，有一亭，叫吸江亭。因为亭内四面有木雕佛像，所以又叫做“四面佛亭”。吸江亭与金山的“吞海楼”相呼应，取“吸取江水煮新茗，买尽青山作画屏”诗意。吸江亭几建几毁，现在的亭子是1988年从万佛塔位置移建而来的。亭为两层，底层横额是“江山胜概”，上层横额是“吸江楼”。楼呈八角形，飞檐上挂着铁马铜铃，江风拂过，银铃脆响，宛如天籁之音。亭内有楼梯盘旋而上，楼上回廊四通，八面有景。登楼远眺，大江南北尽收眼底，有《岳阳楼记》中“衔远山，吞长江，浩浩汤汤，横无际涯；朝晖夕阴，气象万千”的味道。吸江亭精妙之处，不在于吸江，而是一个观日出、日落的极佳所在，无论是初升朝阳的灿烂金光，还是夕阳余晖的火红深紫，那种极度的瑰丽都使人感动莫名。如夏日清晨在此观日出，其壮丽的景观会让你终身难忘。形容得古典一点，宋代大诗人陆游在这里看后说：“水天皆赤，真伟观也。”明代高攀龙说：“片片岧峣倚碧空，振衣吾欲御长风。海波晴起千山动，日对扶桑万树红。”清代名士齐彦槐有诗赞曰：

东望海漫漫，扶桑涌一丸。
曾登岱岳顶，不及此楼观。
水气连天白，霞光照壁舟。
遥闻曙钟动，江阔万鹰盘。

他认为吸江亭的日出已经超过了泰山日出。形容得现代一点，焦山日出前那一刻的天空是最美的，仿佛一位美女预感到情郎的到来，脸颊上透出越来越鲜亮的红晕。这红晕不断地渲染，不断地扩散，江岸和波浪的一侧边缘都被旭日照亮，大江点燃了千万支烛炬，一片耀眼的金色和眩目的灿烂……笔者没有在吸江亭看过日出，倒是有一次回去晚了，在这里看过日落，其景刻骨铭心，难以忘怀。当太阳将刺眼的金光变为愈益柔和的玫瑰色时，蓝色的天空越发显得色彩斑斓了。彩霞渐渐抹红了天际，越来越浓，泛滥成橘黄色的江岸早已和天空交融在一起。江水倒映着夕阳，火红色的江山层层叠叠地变幻着色彩。天边一个太阳，水中一个太阳，两个太阳对望看，接近着，恋恋不舍地散发出最后的灿烂，在用尽最后一丝能量后，沉入大江的怀抱中。痴立在大江边，看最后一缕霞光的消失，不禁使人想起俞平伯先生那美得令人心颤的诗：

暗云层叠，明霞剩有一缕；
但湖光已染上金色了。
一缕的霞，可爱哪！
更可爱的，只这一缕哪！

望着暮天的余辉中亮起的满天星斗和万家灯火，自己的心也沦入为一种无言的宁静和愉悦。

这里真是朝日好看，夕阳也好看；新月妩媚，满月更清辉，是一处观景的绝佳去处。

下吸江楼往北，即到了焦山最顶峰万佛塔所在，就看到了新景观“一山绿楼四面水，千年古寺万佛塔”。

万佛塔是明清特色、江南风格的仿古塔，虽然建于1999年，却是焦山古塔的重现。因为焦山在元代以前是有塔的，因战乱被毁。定慧寺住持、当代著名高僧茗山法师，发愿重修此塔，供养万尊诸佛，定名为万佛塔（塔成后共有10 500尊金佛），钢混结构，七级八面，朱栏碧瓦，飞檐彩绘。塔高42米，上有天宫，下有地宫。中国的宝塔，建塔时一般都要建地宫。地宫又称“龙窟”，它的用处是埋藏舍利子。据考察，在印度，舍利并不是深埋地下，只是藏于塔内。传到中国之后，与中国传统的深葬制度结合起来，便产生了地宫这一形式。凡是建塔，首先要在地下修建一个地宫，以埋藏舍利子和陪葬器物，这与中国帝王陵寝的地宫相似。因此，万佛塔的看点，一是上天宫凭栏远眺，看大江流日夜，山色有无中；二是下地宫看舍利子，怀慈悲之情，缅高僧之风。万佛塔塔院设前后门厅、左右碑廊，两侧墙上嵌有“海不扬波”、“中流砥柱”八个苍劲有力的石刻大字。这八个字，实际上是焦山这座名山、定慧寺这座名寺的精髓写照。

万佛塔可登临远眺，在塔内一至七层设有供游人上下的专用楼梯，每层均有四门相通，四廊相连。白天，万佛塔是俯瞰大江和焦山全景的好去处；晚上，塔里还配备了现代化的照明，向天空中放射出八束光柱，直穿夜空，为江上过往的船只指点迷津。这也是焦山十六景之外新添的壮丽一景。

从万佛塔向西，在焦山双峰之阴的别岭上，就是庵小名气大的别峰庵。这是一座小巧雅致的四合庭院。“别峰”指有别于焦山东峰、西峰的意思，别有一峰。到这里确实有山回路转、别具一格的味道。此山坳翠竹环抱，小斋三间，桂花两株，修竹数竿。清代书画家、诗人郑板桥，于雍正年间就住在这里读书。1984 年，艺术大师刘海粟题书“板桥书屋”四字，现勒石于庵左圆门之上。刘海粟号称“艺术叛徒”，曾因第一个引进裸体模特儿在沪上引起轰动。而郑板桥是著名的“扬州八怪”之一，为人狂放不羁，两个人倒是气息相通，惺惺相惜。别峰庵建于宋代，高僧佛印法师有诗云：“绝顶无寻处，何人为指南。回头见知识，原在别峰庵。”明人章诏也有一首诗单道别峰庵的好处：“竹密疑无路，云开忽到门。转看诸院子，独见一峰尊。”现庵内除供奉佛像、菩萨外，还另设书屋、客厅、卧室，陈设竹器家具。门上有“郑板桥读书处”的横额，门背木刻郑板桥手书“室雅何须大，花香不在多”的对联。板桥的书法叫“六分体”，有独到之处，其形如乱石铺路、天真烂漫，和他的为人一样，不落窠臼，洒脱自然。板桥是历史上最著名的画竹名家，深爱别峰庵周遭的满山翠竹，有一首《题自然庵画竹》诗云：

静室焦山十五家，家家有竹有篱笆。
画来出纸飞腾上，欲向天边扫暮霞。

郑板桥是一个好官，虽属七品芝麻，但他关心人民疾苦，嫉恶如仇，赢得人民的普遍尊敬。很多比他大得多的高官显贵都已湮没无闻，他却有许多故事在民间广泛流传。他写的“难得糊涂”、“吃亏是福”的拓片，更为人们争相购买。身居别峰，别有怀抱；特立独行，别具一格，这是郑板桥最典型的象征。

别峰庵下，有一座用砖砌成的方型凉亭，周围有墙，墙头与亭檐之间用瓦片镶成一排古寿文图案，南墙的内壁中间竖嵌着4条块石，刻着100个不同样的篆体寿字，变化巧妙，因而有“百寿亭”之称。相传清末有一个姓范的善人，在游焦山时，发现焦山脚下到别峰庵的山道小径非常崎岖难走，便捐款铺设了一条花岗石山路。庵主为了感谢这位善士，便建了这座凉亭以祝福这位善士。劝人向善，一心向善，人性本善，这也是中国文化中经常宣传的一个基本内容，所以劝善的故事到处都有。“百寿亭”北面的门头上刻有“水云深处”四字，亭内有石凳，游人坐下小憩，望望四处景色，真有“远上寒山石径斜，白云深处有人家”的自得。清风徐来，拂面清凉，坐石凳上，不由得会生出隐逸之心，有超尘出世之感。

由百寿亭蜿蜒南下，就到了焦山著名的“三诏洞”，又名“焦公祠”。游玩到这里，算是切到了焦山的主题。焦山原是无名小丘，有樵夫打柴，百姓称之为“樵山”，后来之所以改称为“焦山”，就是因为出了一位“三诏不起”的焦光。东汉末年，焦光弃官避乱隐居在此。他学术高深，又精通医学，在山中结草为庐，与樵夫、渔民厮混在一起，很受尊敬。汉灵帝、献帝闻其贤，三次下诏请他到朝中做官，第一次他以妻病为由，推托不去；第二次出门远游加以回避；第三次又以年迈多病予以拒绝，在焦山终其一生。实际上，汉末朝纲紊乱，盗贼四起，正如诸葛亮所说，“苟全性命于乱世，不求闻达于诸侯”，出来做官是很不明智的。后来，大名鼎鼎的蔡邕蔡中郎（就是著名才女蔡文姬的父亲），追慕焦光，为焦光写了《焦君赞》，但蔡邕自己却依旧做官，后因哭董卓之尸而招致杀身，可见焦光比蔡邕聪明多了。东汉是一个“国家不兴隐士兴”的朝代，出了好多有名的隐士，如严光、梁鸿、庞公、王霸等等，但遍查《后汉书·逸民传》，却不见焦光的踪影，所以关于焦光的传说就比较多。有的说他是汉魏两朝特立独行之士，是伯夷、叔齐一类人物；有的说他是一个炼丹得道的羽士，类似管宁、左慈一类；还有的将他和另一个名士焦先认同为一个人，几乎是神仙类人物。因为说他有一次睡在家中，草庐遭逢大火，他没有出来。等有人拨开灰烬看时，他居然无恙。焦光生前不见史载，死后倒是备极哀荣。到了九百年后的宋真宗时，皇帝老儿亲自敕封焦光为“明应公”。这就是中国特色的“隐士文化”，是中国政坛特有的一道风景线。如若在西方，强调的是自我，弘扬的是个性，是谁也不愿去当隐士的。在中国，历代隐逸的士人，多是社会制度不合理的产物，是少数志行高洁之士不愿同流合污、为虎作伥，是对统治者的一种反抗。所以，有不少人追慕焦光，甚至在洞边宿一晚也行，也沾一点名气。清代祝德麟宿焦山诗曰：“汉隐祠堂古洞边，梅花如雪草如烟。大江风月三千界，借得僧窗一榻眠。”“三诏洞”内只有半间瓦屋大小，是焦光后裔焦尔昌于清光绪年间重新修建而成的。洞内有焦光塑像一尊，穿隐士服，足履草鞋，右手持书卷，正襟危坐。此外，焦山还有焦公炼丹炉、炼丹井等遗迹，焦山十六景中的“古洞寻仙”就是指三诏洞。吴奔星教授《题三诏洞》诗云：

末代帝王诏，三回不动心。
荣华如粪土，劲节化松筠。

看着焦公清癯的面孔，简陋的洞穴，空自流的滚滚长江，遥想焦光当年僻处江隅，过着耕樵渔钓的原始生活，与民同苦，为民治病，历尽了多少艰辛，付出了何等的代价。隐士并不是好当的，也不是人人都能当的，不仅要经得起物质的匮乏和贫贱的折磨，而且要战胜心灵上的煎熬，将“学成文武艺，售与帝王家”付之流水，这种“隐身容易隐心难”的痛苦，常人是难以克服的。借用范仲淹赞严光的句子，我们也来祭奠一下焦先生的节操：“云山苍苍，江水泱泱，先生之风，山高水长。”焦光是当之无愧的。

自三诏洞向东南走几十米，半山腰上有亭翼然，呈六角状，这就是明代所建的“壮观亭”。李白有“登高壮观天地间，大江茫茫去不还”的名句。在亭内看大江，确实是如此壮观。此亭虽小，但每个亭柱上均刻有楹联，将焦山的美景、气势、内涵表达得淋漓尽致，如“砥柱镇中流，此处好穷千里目；海门吞夜月，何人领取大江秋”；“江天共一览，心迹喜双清”；“金山共此一江水，王母来寻五色龙”。所以，赵朴初在此登亭观景后，啧啧赞曰：“壮观二字应无负，第一江山第一楼。”

壮观亭旁，还有一株千年六朝古柏，生意盎然，苍翠含烟，似蛟龙昂首，升腾苍穹。壮观亭的景色因它而活，因它而动。宋人曾为此题咏道：

一株夭矫六朝松，多是坂埋与石封。
不要点睛亦飞去，前生原是在天龙。

绕过六朝古柏，继续向南下山，我们便可以看到如山阴道上，目不暇接的景观，这就是著名的焦山摩崖石刻。焦山有“书法山”的美名，除了前面介绍的碑林外，还有满山遍野、陡崖峭壁上的石刻。摩崖石刻是最能反映中国书法精髓的手法之一。中国书法最讲究的是势。中国书法家认为，大自然中充满了这种势，要成为顶级的书法家，必须师法自然。流水的冲刷，激起了漩涡，怀素从中悟出了狂草；鹅的脖子在水中灵活婉转地摇动，王羲之因之悟出了行书；枯藤爬树，盘旋向上，吴昌硕缘此悟出了石鼓文的妙处。而这种势说白了就是一种力，内在的力，刀刻摩崖，就在“力”上胜出了书案上的力透纸背。再加上摩崖的斑驳，历史的风蚀，给文字带来了更加独特的美感。中国有著名的泰山石刻、琅琊石刻等，但像焦山这样，汇集 200 多位名家，包括六朝、唐、宋、元、明、清、近代如此长时间跨度，含楷、草、隶、篆多种字体的书法长廊，可称举国无二。其中最珍贵的有：陆游踏雪寻访《瘗鹤铭》留下的石刻真迹，其文精干，其刻有力，兹录如下："陆务观、何德器、张玉仲、韩元咎、隆兴甲申闰月二十九日，踏雪观《瘗鹤铭》，置酒上方。烽火未息，望风樯战舰在烟霭间，慨然尽醉。薄晚泛舟，自甘露寺以归。明年二月壬午，圜禅师刻之石。务观书。"还有北宋大画家米芾观看《瘗鹤铭》留下的石刻。西北临江有一块近代石刻，铁笔银钩，镌刻五言诗一首，这是中国律师协会在 1920 年为废除帝国主义列强不平等条约，到处奔走，路过焦山时留下的，其诗曰："为废不平均，呼号满神州。来此暂偃息，行作世界游。"看大江风浪，读不平之声，真有"金焦风浪滔滔过，皆作中华号角声"之概。这摩崖石刻和焦山碑林，在焦山的一东一西，堪称双璧，为焦山的文化底蕴增添了瑰丽多彩的一笔。

一株天娇六朝柏，苍翠含烟

沿着这摩崖石刻再转向东，我们已经围绕着焦山这座"浮玉"转了一圈。在饱览江山胜迹之后，再来看看焦山最后一处胜迹华严阁。华严阁靠近定慧寺，面临大江，背倚峭壁，是一座两层楼的临水建筑。华严阁以佛教的《华严经》取名，比喻这里是"百花齐放，包罗万象"

目不暇接的精美石刻

的胜境。华严阁楼下是“浮玉斋”素菜馆。楼上厅堂正中挂有“一片浮玉，十分江景”的对联，确实将登楼后看到的景色曲尽其妙。但华严阁最值得称道的是赏月，最富诗意的“华严月色”与金山的“妙高赏月”有异曲同工之妙。如若是金秋之夜，天上是皎皎的月，云边是闪闪的星，月华如水，银涛万顷，华严阁上的月亮如仙、如幻、如出尘世间。僧人们晚课的经声送入耳畔，这是人间还是天庭，是经声还是天籁，已经难以分清了。虽然焦山孤峙大江，但焦山的月色绝不同于塞外的凄清，山中的朦胧，而是那种“江天一色无纤尘，皎皎空中孤月轮”，“斜月沉沉藏海雾，碣石潇湘无限路。不知乘月几人归，落月摇清满江树”的境界。元人郭畀有诗云：

扬子江头风浪平，焦山寺里晚钟鸣。
炉烟已断灯花落，唤起山僧看月明。

古画《海门泛舟》,描绘出焦山的孤寂

这是一种孤寂、清净的月色。现代人生活富足,节奏加快,但也有不知所云的迷失、惆怅。看看这月色,能万虑全消。记得一次大学生聚会,也在此观赏华严月色,微风轻拂,树叶沙沙,寂凉的夜色中月光如水,夜白如昼。华严阁被勾勒出朦胧的幻影,有一位同学吟哦了一首俄罗斯诗人费特的小诗:

我和你一道漫步,
在月亮的清辉里。
我的心都快醉了,
在神秘的沉默里。
池塘像一块闪亮的明镜,
小草在呜咽不息,
磨坊、小河和远处都沉浸
在月亮的清辉里。
能够不悲伤?能够不活着?
在这迷人的世界里。
我们静静地走着,
在月亮的清辉里。

一样的月光，一样的世界，古人的落寞，今人的惆怅，都一样地缠绕心头，久久挥之不去，人生大抵如此。苏东坡在金山妙高台与佛印和尚参禅，曾云“江上清风，山间明月，造物无尽藏”。这“无尽藏”里，包含了多少人世沧桑和哲理，华严月色也是如此。因此，赵朴初在焦山华严阁，挥毫写下了“无尽藏”的题匾。

从二楼下华严阁，看到门北面花墙上嵌有“龙飞凤舞”四个大字，这是清代两江总督徐传龙的手迹。金山有龙舟竞渡，焦山也有赛龙舟，相传每逢五月端午节，为了祭奠爱国诗人屈原，镇江老百姓聚在焦山赛龙舟，人山人海，舟快如飞，“龙飞凤舞”就是对当年热闹场面的描绘。

万木霜天红烂漫，绝对让你游后难忘的焦山秋韵

华严阁东侧有一小山洞，人称“安隐岩”，洞口石壁上嵌有苏东坡的石刻画像和咏赞焦山十六景的诗。这十六景是：定慧庄严、古洞寻仙、瘗鹤铭碑、碑林墨宝、浮玉摩岩、华严月色、吸江观日、镜江夕照、壮观远眺、别峰读书、古树奇观、海门观潮、炮台遗迹、山水佳处、东泠品泉、鹿苑花园。这十六景，我们大都已作介绍，有少量的因地

理变动，如海门观潮已成绝响；有的毁于战火已不复存在。相信游完焦山，这名山佳水的胜景将永远镌刻在你的脑海中。

## 第三节　北固，满眼风光多景楼

枕中云气千峰近，床底松声万壑哀。
要看银山拍天浪，开窗放入大江来。

宋·曾公亮《宿甘露寺僧舍》

宋天圣年间，吏部侍郎曾公亮游北固山，夜宿山上的甘露寺。他在临江的一间僧舍歇下来，发现屋子里充满水气，似云似雾，床下面也是阵阵松涛，像潮水似的呼啦啦地响着。是身处在千峰之上，山中云气扑面而来，还是落到岩壑深处，陷于灭顶之灾？一夜的惶恐不安。早晨打开窗户，不禁猛吃一惊，那十八里阔的江面涛起云涌，一望无际的大江，仿佛一下子扑进窗子里来，只见乱石穿空，风水相激，波澜翻卷，云气浩荡，犹如一座银山当头压下。大江是怎么涌进来的呢？是自己开窗放进来的？诗人简直看呆了。

曾公亮在一刹那间，领略了北固山的雄浑和气势。

北固山位于镇江市东北江滨，坐落于金山和焦山之间，高53米、长2公里，北临长江，山壁陡峭，形势险固，因名“北固”，向以“天下第一江山”著称于世。又因为山上甘露寺等寺庙院落都集中在山巅，一长列青灰深黛的建筑，给山峰镶上一圈深沉的冠冕，因此，继金山“寺裹山”、焦山“山裹寺”之后，北固山又有了“寺冠山”的特色。

北固“寺冠山”，一长列青灰深黛的建筑，给山峰镶上一圈深沉的冠冕

北固山雄姿英发，风流蕴藉，是多姿的，多彩的，多侧面的。

它是一座帝王山，有大家风范、王者之气。蜀汉昭烈帝刘备在这里招过亲，他见这里江天开阔，赞曰："此乃天下第一江山也！"吴大帝孙权在这里试过剑，定下了赤壁大战的方略；宋武帝刘裕和梁武帝萧衍曾多次登临北固山，与群臣唱和作诗，纪其盛事；明清两代的帝王更是多次在这里登临送目，抒发自己的王霸伟业。

它是一座英雄山，豪气干云，气冲霄汉。北固山是面北的坚固堡垒，因此历来是兵家的必争之地。自从李白在这里写下《永王东巡歌》以后，那"丹阳北固是吴关，画出楼台云水间。千岩烽火连沧海，两岸旌旗绕碧山"就更使北固山升腾着英豪之气。韩擒虎、贺若弼由此登陆灭陈；韩世忠、梁红玉在此江面上大战金兵；郑成功船舰三千，蔽江而上，在这里攻打镇江；晋祖逖誓扫胡羯，在这里慷慨渡江，击楫中流，其铮铮之音至今犹在江上回响，"祖逖不能扫清中原而复济者，有如大江"。到了近代，这里曾是太平天国的战场，是国民党残酷杀害数百名共产党员和革命志士的刑场。可以说，北固山上的一草一木、一碑一石都浸透了英雄豪气和丹心碧血。

它是一座沉郁的山，英雄气短，悲愤相续。北固山又名"北顾"，是英雄们北望神州路的最前沿阵地。辛弃疾在这里把吴钩看了，栏杆拍遍，揾英雄泪，只能发出浩天长叹，"凭谁问：廉颇老矣，尚能饭否"；陈亮在多景楼有心杀贼，无力回天，只能仰望苍天，"危楼还望，叹此意，今古几人曾会"；刘过在这里仰天大恸，直指南宋小朝廷，"壮观东南二百州，景于多处最多愁。江流千古英雄泪，难掩诸公富贵羞"。正是北固山下长江水，中间多少行人泪，多少新亭挥泪客，谁梦中原块土？北固山是一座英雄拭泪、报国无门、悲愤填膺的遗憾之地。

它是一座文化山，文采遍地，风流倜傥。一条大江书写千古文章，北固山的壮丽山河，给无数文学巨匠以喷泉般的灵感和创作欲望。唐代诗人王湾，在《次北固山下》中写出了"潮平两岸阔，风正一帆悬，海口生残夜，江春入旧年"的名句；仲殊写下了北固山的妩媚，"北固楼前一笛风，断云飞出建康宫。江南二月多芳草，春在蒙蒙细雨中”;潘陆在《北固山下柳青桥酒家》中,写出了北固山的俏丽,“春风烂漫百花朝,山上红芳江上潮。过尽游人看不厌,日斜半醉柳青桥”;《桃花扇》圣手孔尚任在《北固山看大江》中,写出了北固山的壮丽,“孤城铁瓮四山周,绝顶高秋坐落晖。眼见长江趋大海,青天却似向西飞”。名篇迭出,各臻其妙,有的端庄杂流丽,有的风流高格调,有的清奇别有天。南宋以后,北固山更是成为文人墨客、达官显宦的宴集歌咏之地,苏轼、陆游、萨都剌、赵孟頫都留下了诗词篇章。大量的诗词歌赋,使北固山周身华彩,达到了一步一韵的程度。

它是一座多情的山,春花烂漫,霜天清秋。山上山下,不尽的是燕子、杨柳、杏花、小船。那一卷烟,一片山,几点云彩;一道水,一条桥,一支橹声;一林松,一丛竹,翠绿纷纷,无不充满着迷人的神韵。孙尚香在这里泪洒江天祭奠过刘备;苏东坡在这里解除过两歌妓的教坊乐籍,那“停杯且听琵琶语,细捻轻拢,醉脸春融,斜照江天一抹红”的词曲,使得山川草木也脉脉有情;倚红偎翠、落拓不羁的柳永,写了那么多歌妓们欢迎的词曲,最终还是离却了“羌管弄晴,菱歌泛夜,嬉嬉钓叟莲娃”,在北固山下找到了他的埋骨之所。魂牵梦绕的故事,缠绵悱恻的传闻,北固山的风情最易拨动游子深藏的心弦。

这就是北固,有着说不尽的壮美、凄美的北固,在千年的时间里静默着同时也是灿烂着的北固,等待着一双双发现的眼睛、一份份理解的北固,让我们像一个有约的宾客,走进它的心扉去吧。

“金焦两山小,吴楚一江分”,北固山在金焦两山之间,原是一个狭长的半岛,东西北三面皆水,犹如水上蓬莱。后来沧桑变迁,东西两边的江水逐渐退去,变为陆地,仅剩北面临江,成为半岛式的胜境。北固山有前峰、中峰、后峰。三峰之间,有一条长长的山脊相连。山脊称甘露峰,又叫龙埂,因为它把北固三峰串联起来,逶迤突兀,宛如一条昂首、翘尾、拱背的巨龙。龙埂下面,古代是一片汪洋,如今是深涧峡谷,往下一看,摄人心魄。人们将其与浙江天台山上的石梁相媲美,号称天下“三险”之一。去过浙江的人可能知道,石梁飞瀑是天台山最著名的景观,这“石梁”是指横跨在溪谷两岸的一条天然巨石,

串联三峰、矫若游龙的北固龙埂

长7～8米，宽仅20～60厘米，上窄下宽，背似龟，身如龙，有“龟背龙身”之称。石梁险则险矣，但只有区区7～8米，比起北固山龙埂100多米，则相差远了。因此，蜿蜒而上，矫若游龙，龙埂是漂亮多了。龙埂串联的三峰中，前峰又称鼓楼岗，三国时孙权在这里建过宫殿，周瑜曾在这里建过帅府。抗日战争中，被日寇轰炸成一片瓦砾，现已经辟为烈士陵园，处于郁郁青青的苍松翠柏之中。中峰又称北果岭。明嘉靖年间，倭寇突袭镇江，地方官兵仓促应战，为了便于防守，将连接前峰和中峰之间的龙埂截断，使得三峰连贯的北固山分为两截。现两截之间已成东吴大道。中峰、后峰仍称北固，集中了北固山绝佳风景的精华，而前峰则永远离开了北固山的怀抱。后峰是北固山的最高峰，悬崖绝壁，高悬于江上，所以又叫别岭。后峰因为壁立千仞，惊涛拍岸，北固山的英雄之气，镇江山水的雄奇瑰丽，大抵就集中在这后峰上。如果从北固山大门进去，可以直奔它的后峰精华所在。

进入大门，左侧一汪池水，有一个好听的名字，叫“凤凰池”，池中有个亭叫“凤凰亭”。中国把景观名为“凤凰”的地方太多了，因为古时候人们把凤凰比做吉祥鸟，是祥瑞。凤凰栖梧桐，有凤来仪，象征着人才济济、王朝兴盛。凤凰池景色清幽，池水碧绿，风过池塘，水光瑟瑟，若逢微雨时分，则雨打清池，充耳沙沙。清北固山房住持如愚道：“清池但使灵源在，犹待丹山彩凤来。小构茅亭池上住，山窗日向镜中开。”朱元璋打下镇江，自称吴王，他常到凤凰池来，曾临池召选儒生，物色可用之才。他对镇江的儒生很重视，听说镇江学者秦从龙有学问，就派徐达去访问致意，还请到南京去不时咨询。他还在凤凰池召见镇江耆宿丁拱照等，告诉他们要“守成、守法、守业”。想当年凤凰池上选才的场面一定是群贤毕至，异常热闹，现在已是人去池空，成了“凤凰台上凤凰游，凤去台空江自流。吴宫花草埋幽径，晋代衣冠成古丘”的所在。

在凤凰池右边，有一块平直一分为二的巨石，这就是著名的“试

试剑石旁，欲联欲拒、各怀心机的刘备和孙权

剑石”，又名“恨石”。石为两块，高的一块约1.5米，矮的一块减半，中间都有裂缝，平整如削。为什么要恨石头，这里面有来由。相传当年孙权进妹固好，演一场“联姻”的好戏，请刘备联手抗曹，不料弄假成真，便软禁刘备，不使其回荆州。这一天，孙权和刘备同游凤凰池，刘见池边有巨石，即拔剑默祷：“天若佑我回荆州，成霸业，剑下石裂；若老死此地，劈石不开。”手起剑落，巨石应声而裂。孙权惊问刘备：“何恨此石？”刘备虚与委蛇道：“我年近五十，不能兴汉除贼，心中愧恨。现蒙国太招我为婿，乃我一生大幸。我向天问卦，破曹兴汉，愿裂此石，果一击而成。”孙权说：“难得皇叔如此志向，我也来探探天意，如能破解，一石两半。”心中却暗想：“刘备此话岂能瞒我，我若能取荆州，旺东吴，石头也裂为两半。”随手挥剑，另一石也应声裂为两半。后人丁士佺有《试剑石》诗记载此事：

江滨峻岭青岹峣，秋深草木寒不凋。
想见英雄尚豪气，剑光拂试天为高。
有时把酒颜色赤，壮心陡起提三尺。

腰间隐隐闻雷鸣，一声斫地裂白石。
石如掌劈露古痕，至今一片苍云屯。
袖鞭流血惊复见，飞箭没羽讵足论。
英雄大去剑亦失，青山未改当年色。
欲寻旧迹心茫然，君不见，石上苔斑半侵蚀。

试剑石旁，有石雕刘备、孙权立像，两人长袖宽袍，手执利剑，线条简洁有力。特别是两脸相向的表情，虽是写意性的粗粗几笔，但欲联欲拒、各怀心机的深沉却表露无遗，很是让人玩味。其实，根据地质专家考证，试剑石的形成来源于地质的演变。距今约一亿多年前的白垩纪时代，因岩浆喷溢地表形成火山岩，这些岩石多裂缝，再由风化剥蚀成现今形状，并非是什么钢刀利剑所能劈开，即使是“龙泉”、“太阿”重现，也是断断劈不开火山岩的。

精铁铸成、雄浑瑰丽的宋代铁塔

由试剑石上山，走北固山后峰的东南道，有亭如仪，很漂亮，很妩媚，叫“清晖亭”。但它的清丽完全被身边一座黑黝黝的铁塔所掩盖，如关西大汉挈着韶龄女孩一同卖艺，铁板一敲就难有牙板稚嫩的声音。铁塔又名“卫公塔”，它不仅是北固山的镇山之塔，而且也是江苏省境内唯一的铁塔，是我国仅有的六座铁塔之一。宋时北固山有过一次大火，寺庙都化为灰烬，唯独铁塔和米芾的住宅海岳庵幸存下来。米芾在《润州甘露寺》诗中，留下了“神护卫公塔，天留米老庵”的诙谐诗句。铁塔的结构呈平面八角形，塔的须弥座底部刻铸出水纹波浪等图案，束腰部分每面刻铸壶门和佛像。须弥座上置塔身，八面四门、四假窗。塔身上铸有佛、菩萨、飞天、莲瓣双雀、游龙戏珠等各种花纹图案，极为精美。塔檐仿木构铸出斗拱、柱枋、椽子、瓦陇，比例尺度完全依照宋代法式铸造。铁塔是北宋时代建成，已有900多年的历史。原来有九级，明万历年间海啸，毁去上部七层，重修时改为七级铁塔。清光绪年间又遭雷击，毁去五层。到解放时已破烂不堪，仅存两层。1949年以后，对铁塔多次维修，成为现在的五级铁塔。在清理铁塔下面的地宫时，挖出一大批文物，内有金棺、银棺、舍利子，以及唐代著名宰相李德裕书写的题记石刻等，成为轰动镇江的大新闻，人们倾城出动，去一睹极为稀罕的金棺、银棺。中国的塔是很多的，但铁塔并不多见。有些很著名的，如开封铁塔，其实并非铁铸，而是以红、褐、蓝、绿各色琉璃砖砌造的。因主要是红褐色调，远望似铁，所以误称为铁塔，相讹几百年，成为不是铁制的铁塔。而北固山铁塔是真正精铁铸成，塔身雄浑瑰丽，显示了我国古代高超的冶铁技艺。相传乾隆皇帝专为铁塔作诗一首：

长江好似砚池波，提起金焦当墨磨。
铁塔一支堪作笔，青天够写几行多。

此诗带有打油性质，不像是皇帝的手笔。北固山没有金山、焦山那样的“四宝”，而由铁塔来充当镇山之宝，则是毫不逊色的。

从铁塔拾级向西走，前方有块《望月望乡》诗碑，碑上的诗文系日本使臣阿倍仲麻吕所作。诗曰：

翘首望东天，神驰奈良边。
三笠山顶上，想又皎月圆。

阿倍仲麻吕即晁衡，他自幼聪明好学，于公元717年被选为遣唐留学生，次年从日本大阪来到中国。晁衡在长安读书，考中进士，与唐代著名诗人王维、李白等交谊甚深。唐太宗对他的才华非常器重，先后任命他为唐王朝秘书监卫尉卿、镇南都护等职。公元753年，晁衡受命为唐使，与鉴真大师及日本使臣东渡，途中船泊扬子江畔。夜晚，月光皎洁，晁衡思绪万千，想到36年未回故乡，遂情意切切地写下了这首著名的《望月望乡》。这首诗不仅被收入《全唐诗》中，而且在日本家喻户晓，广为传唱。晁衡后来去日本途中遇大风，传说被溺死，李白闻之悲痛万分，写下《哭晁衡》一诗：

日本晁卿辞帝都，征帆一片绕蓬壶。
明月不归沉碧海，白云愁色满苍梧。

李白是性情中人，哭是真哭，可老天实在是和他开了一个玩笑，晁衡海上遇难，并未溺死，他随风飘至海南，辗转回到长安，继续仕唐，后卒于长安。诗碑上的日文碑文，由日本书道院院长田中冻云执笔；中文碑文，系中国书法家协会主席沈鹏所书，著名书法家赵朴初为诗碑题写了碑额。每到暮春三月，碑刻周围樱花烂漫，中外游人如织，特别是日本游客多，往往里三层，外三层，围观如堵。那场景，仿佛不是在北固山，而是在日本的富士山周围。

由《望月望乡》碑西行不远，迎面一座圆拱门，拱门上有"南徐净域"的题额。南徐就是指的镇江。西晋末年，五胡乱华，北方人士纷纷南下，东晋在镇江设置了徐州，相对于北面的徐州，定名为"南徐州"，后来南徐就一直成为镇江的别名。"南徐净域"四字写得拙劲有力，在意境空明中自有一股遒劲的气势。拱门两旁有一副楹联：

地窄天宽江山雄楚越，
沤浮浪卷栋宇自孙吴。

喜欢欣赏楹联的人可以从中得知，它既表达了北固山的雄奇气势，又叙述了建造年代。此联是清末镇江书画家苏涧宽用篆书所写。

"南徐净域"的对面，有一个壁廊。一块长方形条石上，刻着雄浑有力的"天下第一江山"六个大字。江山敢称天下第一，这是得到两个皇帝认可的。首先是刘备到东吴来招亲时，孙权陪他观江景，刘备看到大江如龙，海天壮丽，叹曰："此乃天下第一江山也！"南北朝时，梁武帝登北固山，为北固山壮观的景色所折服，挥笔写下了"天下第一江山"六个大字。一个金口，一个御笔，北固山这个天下第一遂成定论。到了南宋，润州（镇江）刺史、著名书法家吴琚，将这六个字重新写出来；清康熙年间，由镇江府通判程康庄临摹勒石，将这项荣誉永远固定在这长方条石上。

两个皇帝认可的"天下第一江山"

过"南徐净域"门洞，沿陡峭的砖阶往上行，即到北固山后峰之巅的甘露寺。由于"甘露"这个词有点神秘和玄机，又仿佛包含着上天的旨意，所以中国有不少甘露寺。如佛教名山九华，就有一座甘露寺，是九华佛寺院的所在；湖北黄陂有一座甘露山，相传山上建寺时有甘露降，寺成后称为甘露寺；陕西华县有个甘露场，甘露场里也有一座甘露寺。众多的甘露寺中，最声名远播、耐人寻味的，还是北固山上的这座甘露寺。

甘露寺得名不是来自地理，也不是来源于传说，而是出于年代。

它始建于东吴甘露年间，距今已有1 900多年。“甘露寺”三字，据传是三国张飞的亲笔。燕人张翼德，豹头环眼，手持丈八蛇矛，在《三国演义》中有极夸张的描述，书中第四十二回有诗赞他：

长坂桥头杀气生，横枪立马眼圆睁。
一声好似轰雷震，独退曹家百万兵。

实际上，历史上的张飞并不是一味鲁莽，而是通文墨的。这“甘露寺”三个大字就很有水平，写得神完气足。现在山上的甘露寺，是唐代润州（镇江）刺史李德裕所重建，规模宏大，特色明显。它与金山、焦山不同，采用了“以寺镇山”的手法，将寺庙长长的一列紧贴着山巅，面对绝壁，飞阁凌空，形成了“寺冠山”的显著特点。甘露寺建成后就是名刹，宋代时有僧侣500多人，明清是全盛时期，寺宇、殿堂、僧屋计有200多间。康熙、乾隆二帝曾在寺内建有行宫，作为他们下江南的驻跸之地。多少文人墨客、达官巨卿在甘露寺中留下了诗篇。明杨一清诗云：

北固山头甘露寺，乱藤深竹几多年。
江南江北两岸景，城外城中万井烟。

夜宿甘露寺，可聆听古画里的《北固晚钟》

霜露不凋栖鹤树,风波陡羡打鱼船。
向来山水留题处,此是人间第一禅。

山高月小,独对大江,让人神思逸飞,心宇茫茫

至于夜宿甘露寺,“甘露夜话”,几乎已成了文人们争赶着的一个时尚:一钩新月挂在飞翘的檐头,天上鳞鳞的云片都镶着金色的边框。月光照满山谷,像有一抹淡淡的蓝色轻烟罩在树杪上,稍远山峰一层层轻淡下去,渐渐化合在白雾似的游气冥茫之中。这时站在高山绝顶之上、禅房精舍之中,山高月小,独对大江,确实让人神思逸飞,心宇茫茫。曾公亮有《宿甘露寺僧舍》,袁中道有《初至甘露寺夜坐》,张先在甘露寺夜赏孤月,“潮上水清浑,棹影轻于水底云……今夜相思应看月,无人,露冷依前独掩门”;张乔在甘露寺僧房则夜不能寐,“远岫明寒火,危楼响夜涛。悲秋不成寐,明月上千舠”;罗隐雪夜上甘露寺访友人,“光薄乍迷京口月,影交初转海门风”;郑谷非常想在甘露寺住一宿,“长欲燃香来此宿,北林猿鹤旧同群”。孙鲂、黄庚、高启,他们都是当时的著名诗人,都记下了夜宿甘露寺的意兴。

孙鲂在《甘露寺》诗中云:

寒暄皆有景,孤绝画难形。
地拱千寻险,天垂四面青。
昼灯笼雁塔,夜磬彻渔灯。

最爱僧房好，波光满户庭。

黄庚在《宿甘露寺》诗中云：

山险疑无路，萦回一径通。
钟声寒瀑外，塔影夕阳中。
窗出茶烟白，炉分葑火红。
禅房遇耆旧，清话数宵同。

高启在《甘露寺》一诗中则多了一些茫茫夜色中的清丽：

胜地江山壮，名林岁月遥。
刹藏京口树，钟送海门潮。
月黑龙光发，天清蜃气消。
何当寻狠石，闲坐话前朝。

如此迷人的甘露寺，能不令人向往之？

但是，甘露寺在国内外鼎鼎大名，不仅仅是"寺冠山"的建筑和韵味无穷的夜景，更突出的是它的三国文化和孙刘联姻的故事。京剧《甘露寺》（又名《龙凤呈祥》）中孙尚香光彩照人的形象，使得北固山这座须眉气息很浓的名山，又具备了一股巾帼红颜的英豪之气。这段故事，是根据《三国志》《资治通鉴》的记载演绎而成的。《三国志》载："琦（刘琦）病死，群下推先主（刘备）为荆州牧，治公安。权稍畏之，进妹

四角翘然若飞的相婿楼，吴国太在这里为女儿相中了刘备

固好。先主至京(京口,现镇江)见权,绸缪恩纪。"《资治通鉴》则记载得更有故事性,"权以妹妻备。妹才捷刚猛,有诸兄风,侍婢百余人,皆执刀侍立,备每入,心常凛凛"。以这寥寥几行字的记载,《三国演义》以浓墨重彩、波诡云谲的笔法,写出了一章非常好看的"吴国太佛寺看新郎,刘皇叔洞房续佳偶"。大意是,三国时,孙权因刘备占据荆州不还,与周瑜设计,假称以妹孙尚香嫁刘备,诓刘过江做人质来换取荆州。诸葛亮识破其计,使刘备博得乔国老和吴国太的赏识后,在甘露寺相亲,弄假成真。孙尚香和刘备成亲后,夫妻俩潜逃回荆州,使得"周郎妙计安天下,赔了夫人又折兵"。这段故事是信史还是戏说,几千年下来已很难说清,但老百姓对这种美谈,是宁可信其有的。再加上马派名剧《甘露寺》这一出戏,生、旦、净、末、丑均有上佳的表演,几乎使得"甘露寺刘备招亲"的故事家喻户晓,深入人心。连外国人登北固山,访甘露寺,都想看看"一位将军的妹妹和一位皇帝结婚的地方",都想坐坐"刘备结婚的大殿"。当初李德裕重建甘露寺,就将三国时孙刘结盟、孙刘联姻的传说和遗物搬上山来,以纪念镇江曾做过东吴都城的历史。因此,从山下的试剑石、山中的跑马涧,到山上的相婿楼、祭江亭等,满山遍野,到处是三国的故事和传说,一座北固山,也就是一个三国风光的胜境。所以,在甘露寺,没有多少金碧辉煌的殿宇,没有几尊装金塑彩的佛像,只有到处流传的三国故事。应该放置四大金刚、五百罗汉的地方,没有金刚怒目、菩萨低眉的塑像,而是孙刘联姻的人造场景,有看着佳婿频频点头的吴国太;有弯腰施礼、心中窃喜的刘玄德;有面若桃花、含羞遮面的孙尚香。其艺术价值当然远远比不上英国的蜡人馆,但那一份热闹,那一份喜庆,那一份酽酽的生活气息,老百姓爱看,老外们也喜闻乐见。游客中的高鼻子蓝眼睛,也常常披上凤冠霞帔,着新郎服,在这个场景中拍一张"龙凤呈祥"照。

穿过甘露寺,向西,看到一座石柱方亭。亭不大,造型也不起眼,四角翘然若飞,形制古朴沉实,这就是"江山无限景,都聚一亭中"的天下第一亭。作为古迹,此亭最早是西晋的蔡谟修建的。到了东晋,著名大将军、大诗人谢安又重修过。当时，中国分裂为南北朝，在山上建亭不是为了观景，而是作为军事上的瞭望、侦察用。后来，此亭越来越多地与传说、景观联系在一起，一座小小的亭子竟有了北固亭、祭江亭、凌云亭、摩云亭、临江亭、江山第一亭、天下第一亭等7个美名，且每个名称都有一番来历。北固亭是因山而名。凌云亭、摩云亭是因为该亭位于北固山的最高点，近靠蓝天云彩而得名。此亭又因为建造在面江石壁之巅，故又名“临江亭”。“祭江亭”的得名，还是接着甘露寺刘备招亲的故事进行。相传刘备和孙尚香逃到荆州，孙权觉得上了大当，于是谎报吴国太病危，用计召回孙尚香，并强行将其留在江东。后来孙刘联盟破裂，彝陵大战，刘备病死白帝城。孙尚香悲痛欲绝，便登上此亭，设奠遥祭后投江自尽。为纪念这位有情有义的孙夫人，此亭改叫“祭江亭”。“江山第一亭”则是出自“戊戌六君子”之首的康有为。有一次，康有为来观赏甘露寺夜景，在星空月夜中登上北固山这个亭子，他看到北固山“峰峦隐出烟雾，山光月色相吞吐”的胜境，亲笔挥毫题下了“江山第一亭”。

现存的亭子建于明末崇祯年间，石柱上刻有楹联两副：“客心洗流水，荡胸生层云”；“此身不觉出飞鸟，垂手还堪钓巨鳌”。亭内设石桌、石凳。亭下石壁悬江，虽然这里并不是北固山之巅，却拥有最撼动人心的视野。登亭放目，四周的山光水色极其壮丽，看堤如痕、舟如芥、人如米粒。其海天之辽阔，江潮之汹涌，天与云、与山、与水，浑然一体，上下一白，使人有藏须弥于芥子、蕴宇宙于胸襟的深沉，有心潮激荡、块垒顿消的快意。南宋著名词人辛弃疾曾站在这里，一首《南乡子·登京口北固亭有怀》，将这种景致推到极致：

何处望神州？满眼风光北固楼。千古兴亡多少事？悠悠，不尽长江滚滚流！　　年少万兜鍪，坐断东南战未休。天下英雄谁敌手？曹刘。生子当如孙仲谋！

辛弃疾是中国历史上少有的文武全才，他生活在积贫积弱的南宋，家乡历城早就被金人侵占，他年纪轻轻就参加抗金的义军，后来成为

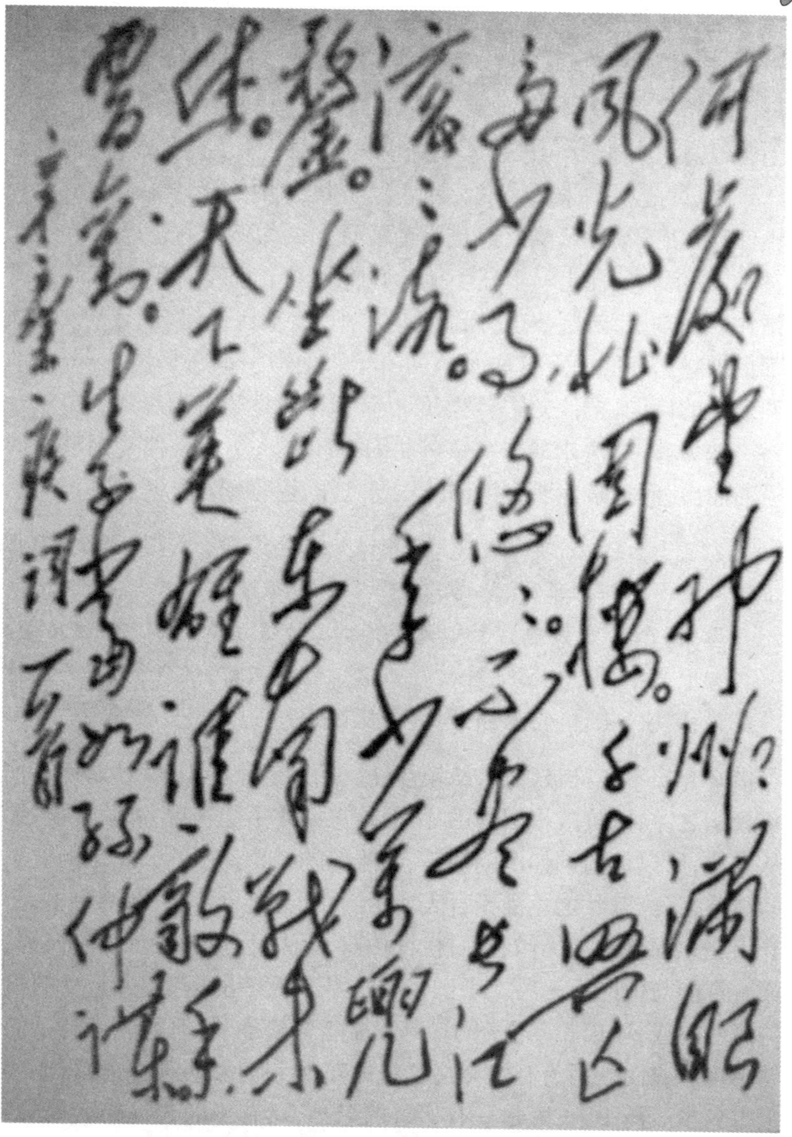

毛主席由南京飞往上海途经镇江上空时，手书辛弃疾词，“何处望神州？满眼风光北固楼”

“壮岁旌旗拥万夫”的将领，仗剑跃马，转战南北。他曾经单骑袭敌，活捉叛徒，威震敌胆。他抱着收复山河的雄心壮志，却不断遭到昏君奸臣的猜忌、排挤，使得他人未老、泪空流，消磨掉几十年大好光阴。他曾叹息：“却把万卷平戎策，换得东家种树书。”到了晚年，他已经六十岁，朝廷中主张北伐的力量占了上风，他终于得到一项任命，到镇江任知府，掌握这个已经成为前线重镇的军政大权。辛弃疾老当益壮，豪情满怀地走马上任。他一心收复国土，布置军阵，同时，经常站在北固亭上，瞭望故土，慷慨长吟。所以，他比任何一个诗人、词人都更加眷恋北固山上这座小小的亭子。他写了那么多情绪深沉、韵调劲健的诗词，把他爱国、爱家的壮怀激烈表达得淋漓尽致。

他另有一首《永遇乐·京口北固亭怀古》，不但是他爱国激情的喷涌而出，而且是他所有诗词的压卷之作，堪称千古绝唱。其词曰：

> 千古江山，英雄无觅，孙仲谋处。舞榭歌台，风流总被，雨打风吹去。斜阳草树，寻常巷陌，人道寄奴曾住。想当年，金戈铁马，气吞万里如虎。　　元嘉草草，封狼居胥，赢得仓皇北顾。四十三年，望中犹记，烽火扬州路。可堪回首，佛狸祠下，一片神鸦社鼓！凭谁问：廉颇老矣，尚能饭否？



可惜辛弃疾不久又被弹劾，从镇江任上回到老家铅山，忧愤而死。他负管乐之才，以抗敌报国为己任，但理想始终不能实现，满腔忧愤，无从发泄，所以他的词如沉闷的雷、嘶哑的呐喊，有骏马嘶鸣、雄狮被困的情感，苍凉悲壮之色溢于言表。想当年，在落日楼头，断鸿声里，辛弃疾在北固亭中把吴钩看了，栏杆拍遍，无人会登临之意，彼时彼地，又有谁能与他同声一哭。中国是一个亭子极多的国家，由于亭的建构简约易成，所以长亭更短亭，到处都能看到亭子，但能成为名亭的并不多。北固亭因为有辛弃疾这样的英雄和词家的垂青，得以成为千古名亭。历史上，既是享有盛誉的名亭，又有传诵久远的名篇的，只有三座：绍兴的兰亭、琅琊山的醉翁亭和镇江的北固亭。王羲之的《兰亭集序》、欧阳修的《醉翁亭记》、辛弃疾的《北固亭怀古》至今都是中学语文课本上的范文，作为公认的千古名篇，将永垂史册，北固亭也和兰亭、醉翁亭一起，进入中国名亭三甲之列。

沿北固亭往前走，在甘露寺背后，有一座画梁飞栋的楼阁，叫“多景楼”。楼名取自唐代名相李德裕的诗句，“多景悬窗牖”。意思是景色太美了，一幅幅就像挂在窗户上一样。多景楼并不高，两层建筑，回廊四通，四面景色如画。它由于身处北固山的最高处，壁立临江，和滔滔东去的大江相得益彰，自有一种气势恢弘、凌空飞翔的王者之尊。因此，多景楼自建成后，就和洞庭湖畔的岳阳楼、武汉三镇的黄鹤楼一起，成为古代万里长江三大名楼。多景楼是北固山景区的中心景点，是游客上北固山必到之处。登上多景楼凭栏远眺，山光水色，多景多姿：西面金山的塔影山河，东面焦山的万顷碧波；楼下的长江烟波浩淼，对岸的扬州依稀可见。楼四周嶙峋的山崖藤缠葛绕，古木参天，壮丽之外又添几分肃穆之美。宋人刘过在《题润州多景楼》诗中云：

金山焦山相对飞，挹尽东流大江水。
一楼坐断水中央，收拾淮南数千里。

明人王渔洋在《登北固绝顶多景楼》中云：

金焦一棹乘风下，放眼来登北固楼。
梁帝旌旗寒浪没，孙郎勋业瓮城秋。
千层台阁凌云起，万叠江山拍座浮。
自到三山清兴极，便乘暇日坐销忧。

清人鲍皋在《多景楼远眺》中云：

多景楼前景不同，六朝人远思何穷。
云山晚变江光外，烟井秋寒树色中。
满地波涛空北固，一天禾黍自西风。
萧梁旧事分明在，返照千寻石壁红。

陈毅元帅当年登临时也感慨地说：“不要看画了，这里就是万里长江画卷。”

多景楼在历史上还叫过“北固楼”、“春秋楼”、“相婿楼”、“梳妆楼”等。相婿楼、梳妆楼的由来,都与刘备招亲有关。当年,吴国太就是在多景楼相女婿的。吴国太见刘备有龙凤之姿,天日之表,谓乔国老曰:“真吾婿也。”并当堂骂得埋伏的刀斧手鼠窜而去,就此化干戈为玉帛,遂使周瑜的美人计破产。而郡主孙尚香也是在多景楼上布置洞房,梳妆打扮。由于她既爱红装、又爱武装,楼下枪刀森列,侍婢皆佩剑,吓得刘备不敢进洞房。管家婆报之孙夫人,夫人笑着说:“(刘备)厮杀半生,尚惧兵器乎!”令侍婢解剑服侍,是夜刘备与孙尚香在多景楼成亲,两情欢洽。这“相婿楼”、“梳妆楼”就作为美谈流

“吴国太佛寺看新郎,刘皇叔洞房续佳偶”的故事就发生在这里

传下来。民间的传说是美好的，生命力是强大的，连篇累牍的信史，常常敌不过民间传说的伟力，从这个方面说，人民创造历史倒是很准确的。如今，多景楼里还摆设着明清风格的桌椅、梳妆台之类，让后人来想象刘备、孙尚香龙凤呈祥的美好时光。多景楼由于壮丽的风光和多彩的传说，引来了无数文人墨客竞折腰，他们从不同的角度，因不同的心境，写下了多姿多彩的诗篇。

唐宋八大家之一的曾巩，从山川壮丽的角度，描绘出他眼中的多景楼：

欲收嘉景此楼中，徙倚阑干四望通。
云乱水光浮紫翠，天含山气入青红。
一川钟呗淮南月，万里帆樯海外风。
老去衣襟尘土在，只将心目羡冥鸿。

苏东坡以他命运多舛的一生和世间少有的旷达，写出他眼中的多景楼：

多情多感仍多病，多景楼中。尊酒相逢，乐事回头一笑空。
停杯且听琵琶语，细撚轻拢。醉脸春融，斜照江天一抹红。

米芾以他画家的浪漫和释道的眼光，描绘他看到的多景楼：

华严兜率梵天游，天下江山第一楼。
坐想明庭万灵授，莫谈仙峤六鳌愁。

黄淮笔下的多景楼，瑞气弥漫，祥云笼罩，更加具有神奇的色彩：

满目江山独倚楼，乾坤俯仰思悠悠。
扶桑日出千峰锦，天籁风来万壑秋。
缥缈祥云瞻北极，微茫烟树辨扬州。
何当跨鹤游三岛，挟取群仙来唱酬。

袁梅明为写楼，暗中讽人，鞭挞那些偏安江南、不图统一的士大夫：

明月曾随多景楼，幅巾长袖是清流。
金焦山势原相望，不掩诸公富贵羞。

周权以往事莫提起的沧桑，写下了淡淡哀愁的多景楼：

北固峰高翠色浮，断崖千尺障东流。
谁言宇宙无多景，今见江山第一楼。
云气晓含檐箔雨，涛声夜落海门秋。
客来莫问孙刘事，狠石苔深万古愁。

铁笛道人杨维桢则把多景楼写得奇诡，眩人眼目：

极目心情独倚楼，荻花枫叶满江秋。
地雄吴楚东南会，水接荆扬上下流。
铁瓮百年春雨梦，铜驼万里夕阳愁。
西风历历来征雁，又带边声过石头。

写得最好，雄浑豪放、流丽绵密，最符合多景楼本色的，是陆游的《水调歌头·多景楼》：

江左占形胜，最数古徐州。连山如画，佳处缥缈著危楼。鼓角临风悲壮，烽火连空明灭，往事忆孙刘。千里曜戈甲，万灶宿貔貅。　　露沾草，风落木，岁方秋。使君宏放，谈笑洗尽古今愁。不见襄阳登览，磨灭游人无数，遗恨黯难收。叔子独千载，名与汉江流。

还有南宋陈亮的《念奴娇·登多景楼》非常著名：

危楼还望，叹此意、今古几人曾会？鬼设神施，浑认作，天限南疆北界。一水横陈，连岗三面，做出争雄势。六朝何事，只成门户私计？　　因笑王谢诸人，登高怀远，也学英雄涕。凭却江山，管不到、河洛腥膻无际。正好长驱，不须反顾，寻取中流誓。小儿破贼，势成宁问强对。

词中心忧天下、五内如焚的情怀力透纸背。据曾为毛主席做眼科手术的唐由之先生说，主席在手术后读了这首词，在医生们面前禁不住痛哭出声。如今的多景楼，修葺一新，古雅华丽，任你生花妙笔，也写不尽“百年戎马三分国，千古江山一倚楼”的风姿。笔者以为，上北固山，登多景楼，四季皆宜，各臻其妙，“春见山容，夏见山气，秋见山情，冬见山骨”，但以冬见山骨为最佳。冬雪之日登多景楼，则另有一番彻骨的冷寂和空灵的意境。“数峰太白雪，一卷陶潜诗”，山川寥寂，一片银白，飞雪无垠，人鸟灭迹，颇有柳宗元《江雪》的诗意：琉璃世界，一片静寂，深心独往，孤意自飞。眺望雪野茫茫的大江，指点皑皑白雪的山峰，一种亘古未有的宁静和洁无纤尘的净界，会深深地攫住你的心。

孙、刘两人，曾骑在石羊背上共商赤壁之战

由多景楼下山向西，可以看到一只石羊，无角，左侧腹部刻有“狠石”二字。石羊四腿作跪伏状，砌在一方砖台上，游客从这里经过，都喜欢用手抚摸，孩子们特别喜欢爬上去骑骑，把个石羊蹭磨得玉石般的锃亮。石羊为什么叫“狠石”？因为古人认为羊不仅仅是温顺的，它还有倔强、不屈服的性格，“狠”就是倔强的引申义。据说，当年曹操率八十万大军下江南，刘备和孙权曾骑在石羊背上共商破曹大计，定下了赤壁之战的策略。唐罗隐有诗云：

紫髯桑盖此沉吟，狠石犹存事可寻。
汉鼎未安聊把手，楚醪虽满肯同心？

邓拓在游览镇江遇石羊时，也题诗一首：

孙刘结合战阿瞒，策略从兹一例看。

狠石至今供佐证，惊涛犹自拍江滩。

可见这个故事从唐代一直流传到现代。现在的石羊，已经不是三国时代的旧物了，而是被后人坏了换，换了坏，修过好多次了。陆游在他的《入蜀记》中就记载过："二十三日至甘露寺……有狠石，世传为汉昭烈吴大帝曾据此石共谋曹氏。石亡已久，寺僧辄取一石充数；游客摩挲太息，僧及童子辈往往窃笑之。"宋代就是如此，更不用说今天了。现在看到的这块狠石，是清光绪年间从镇江绿竹巷移来的石头，经过工匠的雕制而成。不过旅游不是考古，新物充旧物也罢，和尚神其说也罢，有那么一点点痕迹，就耐人咀嚼，耐人寻味，就能赋予人们以无限丰富的想象。

由狠石下山，山下石壁上刻着"溜马涧"三个红色大字。溜马涧位于北固山后峰的峭壁上，两面崖石嵯峨，夹峙着一溜小道，一直延伸到山峰的顶端，地势甚是险要。相传这里是孙权与刘备赛马的地方，又叫"驻马坡"，以下一段文字，全部录于《三国演义》第五十四回：

（刘备、孙权）二人共览三次，江风浩荡，洪波滚雪，白浪掀天。忽见波上一叶小舟，行于江面上，如行平地。玄德叹曰："南人驾船，北人乘马，信有之也。"孙权闻言自思曰："刘备此言，戏我不惯乘马耳。"乃令左右牵过马来，飞身上马，驰骤下山，复加鞭上岭，笑谓玄德曰："南人不能乘马乎？"玄德闻言，撩衣一跃，跃上马背，飞走下山，复驰骋而上。二人立马于山坡之上，扬鞭大笑。

至今此处名为"驻马坡"。后人有诗曰：

驰骤龙驹气概多，二人并辔望山河。

东吴西蜀成王霸，千古犹存驻马坡。

下得山来，北固山后峰临江山麓，还有一个观音洞，洞深6～7米，内有一碑，上刻有"风房云窟"四个大字，是明代庞明雍所写。观音洞也是一个常见景观，全国各地不知有多少个同名的洞穴，此洞的特点是濒临江水，凉气袭人，在洞内观江上风帆往来，听江涛澎湃击岸，那一份潇洒和自然，别有一番风味。

在北固山旅游行程即将结束之际，以三座名人墓作为这一江山胜迹的收尾。

太史慈墓在北固山中峰的西南麓。太史慈是三国名将、孝义英雄。史书上称他“猿臂善射、弦不虚发”。他对父母极其孝顺，对朋友非常义气。他先投奔扬州刺史刘繇。小霸王孙策攻刘繇，他与孙策的一场大战打得精彩万分，《三国演义》第十五回“太史慈酣斗小霸王”中这样写道：

> 太史慈高叫曰：“哪个是孙策?”策曰：“你是何人?”答曰：“我便是东莱太史慈也，特来捉孙策!”策笑曰：“只我便是。你两个一齐来拼我一个，我不惧你！我若怕你，非孙伯符也!”慈曰：“你便众人都来，我亦不怕!”纵马横枪，直取孙策。策挺枪来迎。两马相交，战五十回合，不分胜负……慈兜回马再战，又到五十合，策一枪搠去，慈闪过，挟住枪；慈也一枪搠去，策亦闪过，挟住枪。两个用力只一拖，都滚下马来。两个弃了枪，揪住厮打，战袍扯得粉碎。策手快，掣了太史慈背上的短戟；慈亦掣了策头上的兜鍪。策把戟来刺慈，慈把兜鍪遮架。

这一场让人眼花缭乱的厮杀，非常好看。孙策骁勇，类似项羽，他曾在阵仗中挟死一将，喝死一将，但遭逢太史慈，也只能打个平手。后来刘繇兵败，孙策义释太史慈，英雄相惜。太史慈要去招抚部下，约定第二天日中时回来，大家都不相信，认为他会乘机遁逃。孙策独信任他，并于次日设酒食，立竿视影，日中而慈至，果不爽约。后来太史慈立战功无数，因合肥之战中箭致伤，回镇江医治无效去世，临终前大呼：“丈夫生世，当带七尺之剑，以升天子之阶。今所志未从，奈何而死乎!”孙权将其厚葬于北固山下，标明是“吴孝子建昌都尉东莱太史慈子义之墓”，这倒很符合他重孝友、尚信义，勇迈超群的性格。

太史慈墓早已荒圮,1872 年修筑镇江城墙时发现,后屡次修建。抗战前曾修葺一新,后因塌山被埋没。现墓于 1985 年重建,高 1.7 米,直径 3 米,静静肃立在一个石平台上。京剧中有一出《神亭岭》,说的就是孙策和太史慈的故事。今人丁欣有一首诗题太史慈墓:

剑气枕山阿,秋风惊薜萝。
长弓开北海,短戟斗南坡。
满箧当归意,平生未竟歌。
丈夫余一叹,千古费消磨。

青山埋骨,英雄寂寂,斜阳草树,西风凋敝。站在太史慈墓前,怎不令人有"出师未捷身先死,常使英雄泪满襟"之叹。

太史慈墓的东侧,有东吴名臣鲁肃墓。鲁墓占地约 100 平方米,坐北向南,依山而成。墓碑的正面书"吴横江将军鲁肃之墓"。鲁肃是临淮城东人,生而失父,与祖母居,家富于财,性好施予。《三国演义》中为了突出诸葛亮和周瑜,将他描绘成一位忠厚无能的长者。其实历史上真实的鲁肃,是一位胆识过人的东吴开国元勋。他初出茅庐时,就向孙权进言:"夫荆楚与国邻接,水流顺北,外带江汉,内阻山陵,有金城之固,沃野万里,士民殷富,若据而有之,此帝王之资也……"一席长谈,对天下大势的精辟分析,和诸葛亮的"隆中对"是何其相似。后来曹操大军压境,众将领都劝孙权归附曹操,唯有鲁肃独排众议,力主抗战,始终坚持"孙刘联盟,同心拒曹"的正确策略,对魏蜀吴三分天下,起到了重要的作用。所以,尽管张昭等权臣多次诋毁鲁肃,孙权还是对鲁肃重用不疑。鲁肃去世时仅 46 岁,孙权为之举哀,亲自出席他的葬礼。诸葛亮亦为鲁发哀。当时吴、蜀已成敌国,一个能得到敌方尊敬的人,可见其人格不凡。后来,孙权当上皇帝后,曾感慨地对大臣们说:"当初只有鲁肃预料到今天,他是一个明于事理、掌握大势的人才啊!"清代张崇兰作《鲁肃墓》诗曰:

年少粗疏未可轻,榻边规画最分明。
直将诸葛同心事,空被张昭识姓名。

大业竟从身后定，丰碑自向墓前横。
指囷风义人争说，细故何能概一身。

与文鲁肃、武太史慈鼎足而三的，还有一座柳永墓。柳永落拓不羁，在政治上、军事上没有什么作为，但在中国文学史上，却有其不可磨灭的地位。他的词在北宋时期极负盛名，达到凡有井水处，都能听到歌唱柳词的地步。柳永字耆卿，排行第七，出身在儒学仕宦家族。他的人生道路应该是由一位“读书相公”进而成为正统的士大夫。可是他屡试不第，后来好不容易考中时，却被宋仁宗在发榜时特意黜落，说：“此人风前月下，好去浅斟低唱，何要浮名？且填词去！”功名路上受挫的柳永，只好放浪形骸于歌妓舞女之中，将感情倾注到风尘女子身上，将精力花在词的创作中。这在当时看来是不务正业之举。可是他却摆脱了仕宦子弟高高在上的优越感，和下层平民布衣相交，熟识、吸收市井俚语，以直白、口语化的风格写出大量新词，往往一脱稿就有人传抄、教唱，天下争相咏之。当时就有“柳七词多，堪称鼻祖”，“诗当学杜，词当学柳”的说法。特别是那些歌妓们，见到柳永，即央求他填词。连最负盛名的苏东坡，也动了和柳永比试的念头，其幕僚回答说，“柳郎中词，只合十七八女子，执红牙板，歌杨柳岸，晓风残月。学士词，须关西大汉铁绰板，唱大江东去”，可见柳词当时已到了不输于苏词的地步。柳永坎坷终生，最后贫困以死，那些秦楼楚馆的歌妓舞女们怜其不幸，凑钱将其埋葬在北固山下，还成立了一个“吊柳会”以纪念他。明王渔洋说柳永死在扬州仪征，其真州杂诗谓：“残月晓风仙掌路，何人为吊柳屯田？”又有人考证说柳永死在襄阳，襄阳的妓女们将他葬在了花山。不过叶梦得在其《避暑录话》中明确指出，柳永死在润州（即镇江）。叶是宋人，其说应该是可靠的。不过，北固山下柳墓现已湮没无闻，青山荒原已听不到柳永的吟声。缅想起那些“吊柳会”的妓女们逢年过节，来追悼柳卿，正应了那一句“斯文每每多败类，仗义每每屠狗辈”的古语，从这些下层女子的身上，我们看到的不是香艳藻丽的浮浅，而是底层人民质朴的、令人感怀的真情。

青山依旧在，往事越千年。北固山之旅至此画上句号。北固山景点多、名人多、故事多,每个寺庙、楼阁、山石、草木仿佛都凝聚了历史的瞬间,刀光剑影,无语凝噎。在阅尽千帆之后,是不是有一种伤感?舟旅匆匆,风雨春秋,是不是也容易产生一点疲倦?若说要道尽北固山的历史况味和人间沧桑,《三国演义》的开篇词是最好的注脚:

> 滚滚长江东逝水,浪花淘尽英雄。是非成败转头空,青山依旧在,几度夕阳红。　　白发渔樵江渚上,惯看秋月春风。一壶浊酒喜相逢,古今多少事,都付谈笑中。

当同名电视剧中杨洪基浑厚的男中音在长江波涛画面中唱起时,能不使人感慨万端,独怆然而涕下?!

# 第二章　千古江河开画卷

如果从高空俯瞰锦绣江南，长江和运河正好在镇江交叉成一个“十”字。长江是刚健有力的一横，运河是阴柔秀美的一竖，这一横一竖构成绝妙的“十字黄金水道”，两大水系在镇江拥抱交汇，孕育了镇江人民，孕育了名城文化，孕育了吴楚山水，孕育了镇江黄金般的地位。

沙鸥翔集、锦鳞游泳，长江赋予镇江长廊般的百里画卷

人们说南京时，常用的一句话是“一代鸿图开建业”，如果用来说镇江，则可改为“一江一河兴京口”。长江运河不仅使镇江民富物丰，而且赋予镇江长廊般的百里画卷。镇江山水雄秀的特色，雄系于长江，秀归于运河，两者交融，才是镇江山水特有的神韵。两者缺一，镇江的山水就会平庸不少。长江的波涛和运

河的垂柳,赋予镇江山水既阳刚又妩媚的禀性,从而完全有别于南京的六朝金粉、无锡的太湖烟雨和苏州的如幽如兰,使镇江在苏南的一片缠绵之中有着迥然不同的特色。

长江是运河的兄长。他从昆仑的绝域浩歌而来,走一段就留下一个名字,沱沱河、通天河、金沙江、川江、荆江、蜀江、浔阳江、楚江、扬子江。镇江的长江,就是扬子江的起始部分,也是长江最负盛名的江段之一。整个镇江城就像腰带一样依江而居、沿江展开,长江岸线长达270多公里。因此,无论在镇江的哪一个地段,都能看到长江如画图般的美丽风光。

运河是长江的小妹。运河是柔媚的、温顺的,她也一路上洒下了自己的芳名,通惠河、北运河、南运河、鲁运河、中运河、里运河、江南运河。从镇江到杭州的这段运河,就叫做江南运河。这600余里长的一段,虽然只占大运河总长的六分之一,但"一样江南好山水,如何到此便缠绵",江南的运河,就一直在妖娆的情意中娉娉婷婷地流着,或苍黛、或萧疏,或浓妆、或淡抹。

一样江南好山水,如何到此便缠绵

大运河在镇江穿城而过，正好将城区一分为二，柔柔糯糯，为镇江城镶了一条绝美的腰带。

长江和运河在镇江携手了，交汇了，激情的兄长和温顺的小妹都如此眷爱着镇江，他们分别赋予了镇江两种不同的气质，即江山气度和风月情怀。对于这种独一无二的结合，我们实在应该感谢造物主的神奇，感谢上苍的全能和伟大。

## 第一节　长江不墨千秋画

你从雪山走来，春潮是你的风采；
你向东海奔去，惊涛是你的气慨；
你从远古走来，巨浪荡涤着尘埃；
你向未来奔去，涛声回荡在天外。

《长江之歌》歌词

慷慨的长江一路浩歌，头也不回地奔向大海。它由唐古拉山发源处的涓涓细流，到穿越横断山脉时的狭窄急流，再从四川盆地和荆楚地域吸纳百川，出宜昌，下湖口，汹涌的江流豁然开朗，到了镇江的扬子江段时，水量丰富，江面宽阔，已完全进入“楚地阔无边，苍茫万顷连”的境界。

还是在隋朝大业年间，镇江的古渡称西津渡，扬州的古渡称扬子津。因此，镇江的这段江面被称为扬子江，江面的宽度达10公里。于是，天苍苍，水茫茫，舒徐平缓，洪波万里，樯桅如林，烟波浩瀚的大江风貌就形成了。站在大江之滨，那种大气磅礴天然浑成的美，那种让人澎湃让人激动的美，真使人深切地体会到大美不能言的况味。她出于天然、出于天工、出于天意，是大自然对镇江的厚爱和馈赠。

大江风貌的第一伟观是广陵潮。6 000年前，长江是在镇江入海的。隋唐之际，镇江、扬州之间的江面尚有40余里之宽。镇江的焦山附近，就是长江奔向东海的“海门”，海门以东就是大海了。唐代诗人刘禹锡站在焦山上吟道：“烟散隋宫出，涛来海门吼。”焦山上有海门庵，宋代诗僧释了元《海门庵》诗曰：

九派长江会海门，海门开口等闲吞。
汪洋万顷吾庵外，一任鱼虾作水浑。

直到清代，很多诗人仍将焦山视做海门，虽然当时江面已越来越狭，只有近十里许，但当时长江的入海口，可能仍离镇江不远。乾隆皇帝也到这里来观海潮，以《海门庵》为题，作了好几首诗，这里仅选两首：

东向江连大海溶，丸泥那得此门封。
扶桑晓旭红云涌，泰岱何殊日观峰。

海门东望接扶桑，不拟求仙路渺茫。
此地古今无别虑，一心遥缱浙江塘。

可见当时的广陵潮仍然十分壮观。乾隆帝一面观赏，一面联想到钱江潮。如今“到海宁观潮去”已是一个大家都熟知的热门广告词了。钱江潮那如同千军万马奔腾而来的滚滚巨浪，观之确实扣人心弦。金庸大师在《书剑恩仇录》中是这样描述的：

蓦然间寒意逼人，白线越来越近，声若雷震，大潮有如玉城雪岭，际天而来，声势雄伟已极。潮水越近，声音越响，真似百万大军冲锋，于金鼓齐鸣中，一往无前。

而广陵潮比钱江潮是毫不逊色的。当时镇江江面的入海处，是一个巨大的喇叭形海口，两岸及江面以下有很多沙洲，受太阳、月亮的引力作用潮水大涨时，互相拥挤，能量集中，左冲右突，又被沙洲似的门坎拦住，前浪受阻，后浪又起，潮水涌积，夺路叠进，这就形成势如洪雷的大潮。枚乘在《七发》里描述道：

波涌而涛起，其始起也，洪淋淋焉，若白鹭之下翔，其少进也，浩浩皑皑，如素车白马帷盖之帐。其波涌而云乱，扰扰焉如三军之腾装……

三国时，曹丕伐吴，到扬州，见镇江的江面波澜壮阔，洪流砰訇，澎涛大作，只得望江而叹："嗟呼！天所以限南北也。"

金庸的祖先查慎行也在镇江看过广陵潮，他这样形容道：

十里江风一霎间，海门晴色带潮还。
白头浪里参差影，看尽江南雪后山。

可见其喷珠溅玉、泻雪吐霰的气势，一点不逊于浙江的"十万军声半夜潮"。当年能感受这吞天化地之奇景，与惊涛同起伏、与骇浪相进出的人，是何等的三生有幸。后来由于泥沙堆积，江岸束狭，镇江江面缩至4里多宽，涌潮随之消失，代之而起的是舒徐深沉的江水，芦花荻荻，无语东流。再往后沧海变成良田，绿意盎然，葱茏一片，江中形成了许多块风光优美的三角洲。

昔日喷珠溅玉的广陵潮，已成为静影沉璧、浮光耀金的美景

大江风貌最美的是一江连三山的旖旎。金山、焦山、北固山是镇江的风光之最，陆上看三山固然不错，但从水上看三山则另是一个绝

妙的角度。从三号码头上游船，沿江缓行，金山、焦山、北固山、西津渡、蒜山、铁翁城、圌山等，都沿江而立，如入画屏。一层一层眼波似的水，一叠一叠眉峰似的山，绿的绿，青的青，浓的浓，淡的淡。船航行在粼粼的波光上，山川如画，让人神思飞越，仿佛看到镇江诗人闻捷，以长江般的磅礴气势与歌喉，吟哦《长江万里》，为家乡的壮美而歌唱：

长江啊！
我们的船队满载着青春的欢乐，
正在你粼粼的波光上向东航行。
航过刘玄德拔出那三尺青锋劈开的试剑石，
航过孙仲谋雄心勃勃地登临的北固楼，
航过苏东坡纵目远眺那大江东去的凌云亭，
航过辛弃疾满怀豪情瞻仰的定慧寺，
航过松寥石，航过鹰山口，
啊，我们的船队已驶进江心滚滚的激流。
这时候一阵及时的信风从背后吹来，
吹响了殷红的桅旗，吹鼓了雪白的帆篷，
也吹动了我们年轻的心灵……





情发之由衷，情溢于江海，镇江美丽的山川仿佛都有了鲜活的生命。这时候，你找不到更适合的词汇，找不到更好的语言，只能老老实实，让嗖嗖的江风吹着，让滔滔的江水流着，让迷乱的眼睛睁着，让想要狂呼的嗓子哑着，在回顾历史的惊心动魄中，让生命一次次受到惊吓和冲击。

如果是晚上登船，参加旅行社组织的水上纳凉、夜赏三山，那月色撩人的江上夜景令人如痴如醉。在江岸一线的灯火灿烂中，三山只剩微茫可辨的一抹青黛。月亮刚出时，春江花月夜般的绻缱，愈接近中天愈小，直至挂在天上如烂银般的一团。这时，坐在甲板上，迎面吹拂着湿润的江风，过了金山慈寿塔、焦山万佛塔的剪影，过了阳光世纪别墅群的斑斓灯火，再绕焦山的一周折回看润扬大桥的雄姿，城市喧嚣的渐远和郊野愈发的宁静，只剩下渔火的明灭和江水呢喃的低语。这时候的静谧就像禅宗灯录中所说的，“孤轮独照江山静，自笑一声天地惊”。天上的月和心中的月同此孤圆，凉月播下的清辉，使人通体透凉、物欲尽涤。如静极思动，上游船顶，点一支烟，站在苍天与江水之间，上有粉月一规，下有雪浪千条，“江天一色无纤尘，皎皎空中孤月轮。江畔何人初见月？江月何年初照人?”在哗哗的江水拍打甲板声中，苍茫辽阔的无尽黑暗成了长江真正的颜色，于是游客们又各怀心事，像古人那样，叹一声“吾长啸，把一杯在手，好个江天”。

为让更多的游客欣赏到“一江连三山”的美景，镇江市正倾力打造“北湖景区”，用一泓碧水环抱三山，组成一幅“江、湖、山、城”的美丽长卷，届时，这里将成为镇江旅游的首选之地。

大江风貌最激动人心的是它的古战场。镇江的这段江面，“当南北之要冲，控长江之下游”，一直是兵家必争之地。再加上镇江城古称铁瓮，临江倚山而建，是名副其实的东南锁钥。唐人杜佑在《通典》里就说：“江南有事，以京口为襟要。”因此，镇江的江面，血流漂杵、江水尽赤的悲壮场面经常叠现。清朝陈钰这样描述：

山势蟠京口，雄关压上游。
夕阳空战垒，渔翁起孤舟。
霸业齐梁尽，江声日夜流。
凭高无限意，愁倚仲宣楼。

楼是不必登了。壮志未酬的陆游，曾登上金山顶北望中原，只能是双袖龙钟泪不干；有心杀贼的辛弃疾，在北固楼上抚剑长叹，也重整不了破碎的山河。有思古之幽情者，只需乘扁舟一叶，顺江而下，就能深切地体会到一江南北，消磨多少豪杰的慨叹。

船到高资。高资作为长江要津，曾发生过数次大战。北宋大将曹彬曾在此渡江灭后唐；清代这里驻重兵把守，江面上有战船数十；

太平军在此血战数日，迫清军江苏巡抚吉尔杭阿自杀，然后又渡江进逼六合，彻底打垮清政府苦心经营的江北大营。

船到渡口。渡口是到苏北最快捷的地方，楚霸王项羽在此率八千子弟兵北上灭秦。“项王熊豹姿，气欲吞天下。大呼渡江来，山岳如崩瓦。”那是何等的伟力！后来项羽和刘邦逐鹿中原，失败后羞见江东父老，自刎乌江。夕阳下，古渡旁，深深叹惜，人们对这位再也没有回头的失败英雄，寄予了无限的同情。渡口是几次改朝换代的重要战场，隋统一南北，大将贺若弼就是先占镇江，由渡口过江灭陈的。贺在江中曾酹酒作誓：“弼亲承庙略，远镇国威，伐罪吊民，除凶剪暴。上天长江鉴其若此。如使福善祸淫，大军利涉；如事有乖违，待葬江鱼腹，死且不恨。”元末，朱元璋兴起义师，消灭了苏州张士诚后，由徐达率领大军从渡口过江，长驱直入元大都，打得元顺帝仓皇北遁。

船到征润州。古时金山就在此孤立江心，宋代在这段江面上发生过两次大战。第一次是被称为“中兴武功第一”的黄天荡大捷，韩世忠的八千水师和完颜宗弼的十万水军在江面激战，梁红玉亲执桴鼓，激励宋军，结果金兵大败，狼狈而逃。第二次是虞允文在此抗击金主完颜亮。虞在采石已经胜过一仗，但完颜亮还想最后一搏，以六十万大军对二十万宋军，想在镇江渡江。虞造了一种有脚踏推进器的蒙冲舰，在江中进退自如，金兵十分害怕。完颜亮为震慑军心杀了数人，结果金兵内哄，杀死完颜亮北溃。

船到蒜山。这里过去有蒜山渡，是沟通南北的要冲，晋代孙恩、卢循起义，由海路入江，“战士十余万，楼船千余艘”。刘裕率精锐的镇江籍北府兵，将孙恩的军队全部从蒜山赶进大江，为日后称王打下了基础。

船到北固。北固山滨江地带是东吴孙权的水军营塞，战胜曹操八十万大军的东吴水军，就是在这里练成的。曹丕承父志两次伐吴，都在北固山为大江所阻。他站在江北望着汹涌的江涛，无法飞渡，恨恨叹息道：“嗟呼，天所以限南北也！”晋代祖逖在此江中誓师北伐，击楫中流。他敲着船桨大声吼道:“祖逖不能清中原而复济者,有如大江!”行此江面,仿佛这冲天一吼还震动着耳膜。

船到焦山江面。这里是宋元焦山水战、明清大战的主战场。焦山水战宋军大败,直接导致了都城临安的陷落和南宋王朝的覆没。元军见宋军“舳舻连接,旌旗蔽江”,决计用火攻,结果宋军烧死溺死不计其数,江面上烟焰蔽天,篷樯俱焚。想当年惨状,真有“胡马去后,犹厌言兵”的长叹。清顺治十五年,郑成功率17万大军,实施其“进入长江,捣其心腹”的战略计划,抵焦山后与清军大战。郑军砍断水下锁江铁链,焚毁江上清军木城。江面上弹矢乱飞,江水沸腾,清军4 000余众只逃出百余。郑军占领镇江53天。

当年的水上古战场,已成为渔民插围捕鱼之地

船过三洲——世业洲、江心洲、高桥洲。宋武帝刘裕曾率北府兵在江心洲渡江勤王,消灭了桓玄并最终登上了帝位。想当年,这支气吞万里如虎的队伍,在渡江时是何等的威武雄壮。至今,江心洲里还有刘裕的饮马池和走马堤。高桥洲是江上的著名通道。西晋末年的永嘉南渡和北宋末年的靖康南渡,众多难民纷纷由此逃走。当初这江面上的大逃亡有个好听的名字,叫“衣冠南渡”,即北方的优秀文化在游牧部落的铁蹄下不保,幸亏有了这个通道,将中原文化保存下来并在南方发扬光大。

过了三洲即到圌山。圌山江面是韩世忠抗金的另一处战场,至今圌山附近还有韩军用的陶壶,称为“韩瓶”;韩世忠造的桥,称为韩桥;韩住的宅子,称为"蕲王花园"。更出名的是这里曾是鸦片战争中抗击英军的主战场。当英军大小军舰及运输船八十余艘出现在圌山关时,守军英勇奋战,直至弹尽粮绝,全部壮烈牺牲,恩格斯曾撰文高度评价镇江的抗英保卫战。可以毫不夸张地说,镇江市区,几十里长的江面,就是一场场战役组成的,就是一个个战斗故事连结的。在江滩上、沙洲里,常常可以挖到断箭残矛,渔民们也会打捞出一些锈迹斑斑的兵器来,正所谓"折戟沉沙铁未销,自将磨洗认前朝",使人不免有江山交替、人事古今之叹。

大江风貌最令人悲咽的是杜十娘的千古之恨。杜十娘是北京教坊院的绝色名姬,她聪明美丽,不甘心沦落烟花,和李布政之子李甲相爱。两人从京城乘舟南下,行至瓜洲、镇江之间的江面,驻舟夜泊。清江明月之际,杜十娘取扇按拍,呜呜咽咽,为李甲唱了一曲《小桃红》,其托身之情已到极处。不料懦弱自私的李甲,既怕因纳妾忤父,又被浮浪子弟孙富的一千两白银所打动,竟欲将十娘转让于孙富。五更天明,杜十娘挑灯梳洗,《警世通言》这一段写得尤为精彩。只见杜十娘"花钿绣袄,极其华艳,香风拂拂,光采照人",等李甲、孙富交易完毕,乃取出自己的描金百宝箱,将万金珠宝投入大江,痛骂负心的李甲和卑鄙的孙富,其词几乎是向苍天的血泪控诉:"妾自遇郎君,山盟海誓,白首不渝。谁知郎君相信不深,惑于浮议,中道见弃,负妾一片真心。妾椟中有玉,恨郎眼内无珠。命之不辰,风尘困瘁。今众人各有耳目,共证明,妾不负郎君,郎君自负妾耳。"说罢,抱匣跳入大江。现在,从镇江渡口往扬州瓜洲去的江面,就是杜十娘香消玉殒之处。云暗江心,凄婉而平静。杜十娘投江已几百载,但她的深情和刚烈却永远留在了人们心中。望着无语东流的江水,自是人生长恨水向东。大家都痛惜这样一个弱女子,以死保持了爱的圣洁和尊严,以死控诉了这个不平等世界的势利与污秽。《杜十娘怒沉百宝箱》的故事,在中国几乎是家喻户晓。杜十娘也一直是痴情男女心目中的最爱,她悲婉的故事常常被搬上影视,写进戏曲,甚至有一首流行歌曲就叫《杜十娘》,其辞哀婉欲绝,令人不忍卒读:

孤灯夜下，我独自一个坐船仓，
船仓里有我杜十娘，在等着我的郎。
忽听窗外，有人叫杜十娘，
手扶着窗杆四处望，怎不见我的郎。
郎君啊，你是不是饿得慌，
如果你饿得慌对我十娘讲，十娘我给你做面汤。
郎君啊，你是不是冻得慌，
如果你冻得慌对我十娘讲，十娘我给你做衣裳。
郎君啊，你是不是闷得慌，
如果你闷得慌对我十娘讲，十娘我给你解忧伤。
郎君啊，你是不是想爹娘，
如果你想爹娘对我十娘讲，十娘我陪你回家乡。
郎君啊，你是不是困得慌，
如果你困得慌对我十娘讲，十娘我陪你上竹床。
十娘啊杜十娘，手捧着百宝箱，
纵身投进滚滚长江，再也不见我的郎。

此恨何时了，此爱何时绝，这首歌也是现代男女对这传奇女子的一种纪念吧。“世间好物不坚牢，彩云易散琉璃脆。”人们就是在爱恨交织中一代一代地延续下去。

大江风貌最欣欣向荣的是滨江建设。一条长江路，一座润扬大桥，已赋予大江风貌更多的绚丽色彩。风景优美的长江路，滨江而建，宽阔平坦，树木常绿，花卉争妍，是一条园林景观式的干道。凡是去过青岛的东海路、烟台的滨江大道的人，站在长江路上就能欣赏到类似的第一流沿江道。面江的一边是一色的雕花白玉石栏杆，江鸥飞翔状造形的路灯；15～40米宽的绿化风光带，种植着松树、杉树、杨树、广玉兰、芍药、蔷薇、栀子、瑞香、菊花等，翠绿夹着殷红，非常惹眼。精美的建筑小品、雕塑小品点缀其间，传统文化广场、茶文化广场、春江潮广场等区域有机间隔，还有林林总总布局的饭店、大酒店，游客尽可以“江涵秋影雁初飞，与客携壶上翠微”。长江路路面有40

米宽，由绿岛分割成快慢车道，与“一江连三山”相呼应，它是三山的陆上快捷通道。漫步长江路，可以一眼望尽三山，金山慈寿塔影、北固甘露寺群、焦山青螺如黛，全部历历在目。早晨，这里有许多晨练者，江水和着鸟鸣，群蕾露华正浓，在这种氛围中晨跑，说不尽的心旷神怡。白天，这里有许多放飞者，湿润的江风阵阵拂面，遮阳的花伞似一顶顶巨大的蘑菇亭亭玉立，三五成群的人在江边上放风筝。因为这里风大，视野开阔，以江天辽阔为背景，形态各异的风筝飞起来就更潇洒、更好看。他们称此为“快乐放飞”。有独个儿奔跑的，也有三五个人配合放的。小的在天上如米粒般的渺小，大的大到百米

一江连三山，美哉长江路

多拽不动，什么如意啊、蝴蝶啊、鲢鱼、燕子，还有108节的蜈蚣。“老夫聊发少年狂”，满头华发的老翁在这里也乐呵呵地。因此，在长江路上，你最能理解什么叫江天一碧，什么叫蓝天的快乐。

如果是晚上去长江路，灯火一路璀璨。白天这条既有文化内涵、又有园林特色的绿色长廊，在江天的夜色里成为一条光彩夺目的珍珠项链，衬得三山美人更加妖娆多姿。这时你走在珍珠项链的尽头，就看见矫若游龙般的润扬长江大桥。这座桥是江苏省“四纵四横四联”交通骨架的重要组成部分，也是我国第一座由悬索桥和斜拉桥构成的现代化桥梁。南汊钢悬索桥主跨1 490米，是目前中国第一、世界第三；北汊斜拉桥主跨406米。全线双向六车道，是我国桥梁史上罕见的宏伟工程。桥建成后，大江南北连成一体，镇江和扬州的旅游资源可互相借重，由春兰秋菊，各擅胜场，变为鱼和熊掌，两者兼得了。

我国第一座由悬索桥和
斜拉桥构成的长江大桥

一桥飞架南北，镇江和扬州瞬息可至，你在镇江饱览大江风貌、三山美景之后，只需在车上闭眼小憩40 分钟，然后倏地醒来，哇，“二十四桥明月夜，玉人何处教吹箫”的扬州已经到了。

## 第二节　运河无弦万古琴

南徐好，桥下绿波平。
画柱千年尝有鹤，
垂杨三月未闻莺，
行乐过清明。
南北岸，花市管弦声。
邀客上楼双榼酒，
舣舟清夜两街灯，
直上月亭亭。

宋·释仲殊《忆江南·绿水桥》

吟诵大运河的诗篇，自古以来何止万千。之所以选这首《忆江南》作为题头，是因为这阙词非常生动、非常亲切地描绘出了运河两岸迷人的风情。如果说长江以其雄浑的江山气度，系家园之美、山河之壮，与中国历史上最有名的封建帝王、宏图大业连在一起，而大运河则是一条最平民本色、最世俗生活的长河。它对老百姓意味着灌溉之源、舟楫之利、浆衣淘米以至于爱情产生之地。她是一种生命的鲜活、默默的滋润，充满了农业文明特有的古意和温馨。你看，诗僧释仲殊偶然从镇江绿水桥下走过，虽是僧人，他还是被运河两岸的世俗生活所陶醉了：烟花三月，垂柳依依，市井喧闹，酒旗高挑，舞衣歌扇，轻拢慢捻，“梨花似雪草如烟，秦淮明月照婵娟”，直至斜阳一抹，圆月初上，浆声灯影，碧水涟漪，一幅多么令人心旌摇动的迷人画面。

大运河北起北京，南至杭州，全长 1 800 公里。如果拿世界上几条最著名的运河来比较，其他运河就太小儿科了。苏伊士运河只及大运河的十分之一；巴拿马运河全长81公里，不到大运河的二十分之一。地理学家将大运河分为七段，分别叫通惠河、北运河、南运河、鲁运河、中运河、里运河、江南运河。流经镇江到杭州的这一段叫江南运河。镇江是江南运河的起点，释仲殊站在桥下所看到的景象，就是江南运河起始段的状况。

运河像血脉一样连向远方，让镇江城滋润起来

流淌千年的大运河，穿镇江城而过，正好把镇江一分为二，在镇江境内全长42公里。世界上大多数美丽的城市都有河水相伴，巴黎有赛纳河，罗马有台伯河，维也纳有多瑙河，法兰克福有美茵河。它们就像舒缓神经的乐曲，让城市里的人们放松一下紧张的情绪；它们像经脉一般连向远方，让城市滋润活络起来；它们仿佛城市的眼睛，日复一日地将白昼的活泼带进灯火明灭的朦胧。大运河就是这样和镇江古城相伴，它与镇江城内的京口老河、新河、关河、护城河、护仓河、壕河纵横交错，水水相连相通，浑然一体，构成了绿水绕城、穿城，

运河由京口闸入长江

山水相映的优美画面。运河在镇江历史上有5个入江口，即大京口、小京口、甘露口、丹徒口、谏壁口。镇江人习惯将京口闸至谏壁闸的原河段称为“古运河”。它从北到南贯穿市区，途经老城区12条主次干道，途经9桥3闸，长17公里，形成独特优美的城市景观。特别是老城区的5公里河段，宛如绿色玉带，镶嵌于古城的腰部。漫步在古运河畔，就像释仲殊看到的优美风情，恍若画中游。

当年隋炀帝下江南，“千里长河一旦开”，走的就是这条路线。

当年康熙帝六巡江南，乾隆帝六下江南，走的也是这条路线。

特别是乾隆帝下江南，主要是游山玩水，其排场和声势之大，史上无二。浩浩荡荡的船队，首尾联接达400余艘，用河夫3 600人拉纤，分6班轮流守值。随从的王公大臣、侍卫官员、仪仗兵丁，多达2 500余人。还有大量的御马、轿舆、乐器、更钟等，以至于乾隆晚年也自我检讨说：“朕在位60年，并未失德，唯六次南巡，劳民伤财，作无益，害有益。”

江南运河究竟有何等魅力？我们就顺着乾隆的路线走一回。

从长江进平政桥，就进入老城区的古运河段。古运河在老城区分为五个风光带，平政桥、京口闸、迎江桥这一带是古商市井风光带，也是释仲殊看到的大运河上最热闹、最繁华、最忙碌的一段。这里是黄金十字水道的起点；是南北漕运的咽喉；是市场繁荣、商品丰富，手工业、商业、钱庄兴旺的"银码头"。大运河"舳舻转粟三千里"，自隋唐至明清的漕运，都经江南运河水道从这里渡江北上。唐宋时，镇江水路中转的苏浙漕米，占全国四分之一以上。到南宋时每年中转漕粮319万斛，占各路漕粮的68%以上。到明代，漕运船有一万多艘，押运官兵12万人。不但运粮，又准许漕丁随船附带土产，沿途可以自由买卖，这一开放政策，使镇江迅速成为繁华的江南都会和通商大埠。河面上，"南去挟吴丝，北来收果实"的漕船，一艘接着一艘，篷帆为之塞路。在这段河岸上集散、中转、销售的大宗商品有米、谷、布、帛、丝、绢、盐、鱼、海货、青瓷和其他日用品，贵重的则有金银器、玉器和玻璃器皿等。河两岸商贾群萃，店家林立，"临流灯火十万家"。古运河两岸酒楼、茶馆、码头、货栈、仓库以及大小钱庄鳞次栉比，海外和外省各地的客商也纷至沓来，在河两岸行庄经营，还成立了协调同乡利益的广肇公馆、江西会馆、广东会馆、福建会馆、泾太公所、芦州会馆等等，使镇江成为江南木业的鼻祖，长江下游最大的桐油市场和米市。这些带动了镇江古代的冶铁业、造船业、绸织业、酿醋业、酿酒业、五洋业、煤铁业、药材业，也带动了近代的发电、自来水、火柴、面粉、碾米、缫丝、造纸业。由于交易纷繁，服务业也应运而生。岸上的钱庄多达32户，舞榭歌台，夹岸而立，如京口的回宾亭，规模宏大，梁武帝在此国宴，一次就宴请数千人。"万岁楼边谁唱月，千秋桥上自吹箫"、"桥畔杏花村店酒，水边红袖画楼人"、"二十四桥千岁柳，春风十里上珠帘"，就是当时这一段河岸繁荣的写照。由于漕运的结束和现代交通的变迁，这里的辉煌已渐为暗淡。不过，繁华的遗迹还在，昔日的行踪可寻。京口闸一带，船只依旧繁忙，店铺依旧林立，只是业务变了，主要经营木材、桐油、麻绳、铁锚和铁钉。在河上，仍然可以看到《清明上河图》般的市俗风景画：河面上舟船首尾相衔，街市上车马行人不绝，挑担摆摊，卖鲜果花卉、五谷杂粮、南北杂货、日用器皿的满街都是，驴车、骡车、马车、推车，还有小轿车，挤成一片。那高声的吆喝和热情的招徕，都使人感到十分亲切。如果你弃舟登岸，到京口闸东的新河街转一转，那因河得势的古街留下的痕迹就更多了。旧时的招商局码头和大阪码头，还分峙在运河的两岸。著名的三阳栈、大观楼、万亿楼、六吉园、佛照楼等十多家客栈、茶坊、酒楼，虽已改造作他用，但旧址还历历在目。直到清末民国时，新河街还是行栈林立，商贾云集。这里不仅是米粮、木业的交易中心，而且是油麻、糖香、南北货的集散重地。如果你碰到一位热情的老者，他会指给你看各行各业的自办会堂，如米业的"赐福会堂"，木业的"龙亭会堂"，江广业的"万福会堂"，杂货业的"金炉会堂"，京广百货业的"降福会堂"，油酒业的"敬香会堂"，煤铁五金业的"用端会堂"，等等。虽经过漫漫岁月的磨灭，但古街的风貌依稀尚存。尤其是一些过去享有盛名的晚清建筑，如江广业公所、米业公所、龙亭会馆、烃太公所、同善堂等，还有一些闻人的住所，如陈公馆、黄公馆、徐公馆等，均系砖木结构、门题石额、雕花门楼，保存较好。那些龙凤呈祥、五福捧寿、和合美好、多子多孙的图案，还在无声地炫耀着它昔日的辉煌。

漂亮、娴熟的撒网，抡起一朵硕大的水花

从迎江桥沿河边行，过老西门桥、新西门

桥，直至中山桥，这一段是运河的城市风光带，也是色彩斑斓、妩媚多姿的一段。城市何处绿最多，数来应是古运河。摇动一只小船，舟摇摇以轻漾，风飘飘而吹衣，沿着悠悠的河水，最能品味出大运河千树桃花万条柳，欸乃一声山水绿的韵味。只见两岸绿岛草木葱茏，满目苍翠，好似一溜天然的青篱。篱侧是一溜边的白石长栏，沿河势起起伏伏，三弯九曲，宛若游龙般地一眼望不到尽头。最可爱的是白石栏上爬满了青翠的藤萝，如少女般的长发披挂下来，风致楚楚，依依惹人怜爱。长栏下面是石岸和挡墙，苔藓斑驳，野花迷离，这就使古运河夹杂着妩媚和沧桑的韵味。如果仅是这些，那就平淡了，素洁了，因为只有岸上的碧绿和河里的青黄。运河的色彩绝不是这样的单调，它还有遍植两岸的桃柳，那高柳侵云，长条拂水，柔情万千，饶有风姿；那成千上百株桃花沿河盛开，有的殷红，有的粉白，有的红白相间，喷云蒸霞一般，非常的惹火和抢眼，在运河素洁的底色中更显得艳丽之极。泛舟行，桃花相映，轻粉浅红，比那美女的腮红更为诱人；缘岸行，最宜赤足，柳丝拂面，土润苔青，一切都显得淡雅恬静。花影、树影、云影，水声、风声、鸟声，构成一幅幅阴柔幽秀的美丽水粉画，古运河就是这样充满韵味，汩汩流进你的心田。这种韵味只能领悟，只能体会，只能想象。躺在船上，它使人想梦，想家，想母亲；想万

看看这背着葫芦的孩子，使人想梦，想家，想母亲

物的萌动，想灵魂的颤抖，想静夜的轮转，想岁月的悠悠……

这一风光带有黄花亭、京口驿、寄奴居、河滨公园等沿河景点。黄花亭现在已是既无黄花也无亭了，凭名字可以想象它当年的清丽。过去也叫皇华亭，有长排照壁，来往文人、官员等可在亭内休息，也可以在墙上挥毫作诗，因此为镇江留下不少脍炙人口的佳作。京口驿也是一处遗址，曾是誉满江南的大驿站，也是过客望江景的好去处。驿站专司传递政府文书、贡品和迎送使客，清乾隆年间规模最大，有马夫、水手、轿长约500人，70多匹马和50艘船只，如今人去驿空，只能对着地名发思古之幽情了。寄奴居就在新西门桥边，是以宋武帝的小名寄奴命名的一个傍水酒楼。刘寄奴少小无依，打柴捕鱼的营生都干过，曾在这一段河岸捕过鱼。寄奴居原是一座纪念性的楼阁，后将经济效益和社会效益结合起来，改成了一座酒楼。刘裕虽雄才大略，但本质上是一介武夫，对于寄奴居的呼朋唤友、把酒买醉，可能也不会介意。寄奴居楼前有石碑一方，上有文字记载着刘裕的生平经历。整个建筑是仿古式的，飞檐翘角，枕河而居，有运河的风韵和野趣。特别是二楼，推开万字木格花窗，就见河水悠然而过，拣靠窗的干净桌椅坐下，温一壶地产的百花酒，上几尾鲜鱼，三五知己，不醉不归，其光景决不亚于宋江在浔阳楼上饮酒尝鲜的快意。寄奴居的对面，是被称为“城市小客厅”的河滨公园，淡雅轻灵、精致秀气，面积虽小，却“占尽风情向小园”，很见中国园林以小见大的精髓。我国造园法有“壶纳天地”的手法，即不必华丽楼阁，不必一望无垠，引一湾小河，置几条幽径，起几处亭台，俨然构成一自在圆足的世界。河滨公园就是这样一个小巧玲珑、城市园林味特浓的所在。从清晨到黄昏，仨仨俩俩，三五成群，公园里遛鸟的、打拳的、散步的、做操的、下棋的、玩牌的、练歌的、操琴的、跳舞的，各自有约定俗成的时间段，你方唱罢我登场，从不间歇。公园里还有“英语角”、“棋牌室”、“说书场”、“儿童娱乐场”、“茶社”、“镇江市老年活动中心”等，既有市俗的热热闹闹，也有学习、求知的浓浓氛围。公园的建造虽由人作，但宛若天成，亭、园、石、树、台浑然一体，傍水而建，“亭台虽小情无限,别有缠绵水石间”。再加上林荫葱郁、河柳婀娜,有一种古朴典雅、无曲亦深的意境。特别是薄暮时分,天色淡黄,落日斜映,整个一片凄迷朦胧的景色,直至华灯初上,运河两岸犹如一串璀璨的宝石。老西门桥、新西门桥、中山桥一片荧荧闪烁、灯火通明。漾金的微涟上飘着夜歌,河房的雕窗下响着箫音,朗白月色映着波影上的桥身。河滨公园里则是影影绰绰,灯火在枝叶婆娑中摇曳,那杜鹃、四季海棠、八角金盘、红叶小檗、金叶女贞、龙柏、天竹、细叶麦冬等花卉丛中,对对俊男靓女,喁喁而谈。这份特有的温馨,只怕神仙也要慕煞,使古老的运河在诗情画意之外,又充满了爱情的活力。

小小的童心一直飘悠到外面的世界

这一段河岸,又是城里孩子们的天堂,是过去孩子们的游泳池和天然浴场。少年时的景象还鲜活如新,历历在目。那时到了夏天,这河边的孩子是不用洗澡的。把衣服藏在草丛里,挺着肚子露着脸,浮在河面上顺水飘浮,从老西门桥下去,凫水浮到中山桥上来,这三五里路的惬意和快活,给个元宝也不换。还有玩水漂儿,拣大小适中的薄瓦片,贴近水面用力一削,只见那瓦片在水面上刷刷地飞行,激起一个又一个水涡,随即就响起一阵紧似一阵的欢呼声。还有码头,靠新西门桥有丹阳码头,靠老西门桥有溧阳码头,每个码头有三四米宽,上下有数十个台阶,供旅客和货物上下。站在码头上,目送南来北往的船一直到天尽头,小小的童心也一直飘悠到外面的世界。那时河里挤满了北从宝应、高邮，南由溧阳、金坛等地赶来的船，有运桃梨、西瓜、莲藕等时鲜瓜果来上市的，有运河边竹器厂竹篾家具，如竹床、竹桌、竹椅、竹席的。如果老远看到船被压得沉甸甸的，纤夫赖着屁股，一步步拼命背着，那一定是装窑货的船来了，大缸小罐，层层叠叠，大老远的从宜兴运来。“世上三桩苦，撑船打铁磨豆腐。”撑船排在第一苦，运河边上的孩子早就知道了。最快乐的是扳罾，这一带河沿上竖立着许多扳罾，从清晨到黄昏，从黄昏到深夜，都有人在起罾落罾，待潮涨潮落，守水待鱼。到了晚上，古运河上船灯渔火闪闪烁烁。倘若到了发水的黄梅季节，大大小小的扳罾便会一字儿排开，在运河边成为一串长长的

镇江最早的地名叫“宜”，这是运河边上的宜亭

队列，扳罾起处，人欢鱼跳，更有孩童们的欢呼雀跃。孩子的零花和家中的油盐，沿河人家是靠扳罾得来的。往事的碎影，宛如闪动的波纹晃漾于水光间，那苦中有甘、贫苦且又快乐的岁月啊，像悠悠的运河水一样逝去不回头了。

运河过了中山桥到解放桥，这是花鸟林荫风光带。这一带有20万平方米的绿地，河道两侧共栽植乔木5 000株，花灌木18 000株。沿河有吴家门绿岛、滨河路绿带、京河路绿地等，满目都是绿，入眼皆胜景。绿化以河湾分段，与园林小品结合起来。有两座亭子很有特色，一座叫“红亭”，精巧，细腻，似一个沾着露珠的鲜菇亭亭玉立在解放桥旁，“小红桥外小红亭，小红亭畔，高柳万蝉声”；一座叫“宜亭”，宜亭中展示“宜侯夨簋”模型及其铭文，纪念镇江最古的地名“宜”和悠久的历史。晨昏之间，这里是镇江人最乐意的去处。正所谓，有人宜唱青春曲，有人喜赋《黄昏颂》。东方既白，河两岸是万人晨练曲，载着粼粼波光的运河静卧在橘红色的朝晖下，河畔鹤林女神雕塑旁的广场上，舞影翩翩。太极拳、太极剑、红绸舞、腰鼓舞，虽然大多是华发苍颜的老者，但不老的精神和笑意写在脸上。白天，这一段河沿是镇江的花鸟市场和盆景市场，虫鱼满眼，鸟声啾啾。晚上，这里是名闻遐尔的“情人路”，在河滨、在亭台、在假山、在曲径，到处是相依相偎的情侣，偶尔有一对老夫妻相互搀扶着散步，那种银发黄昏的爱意，看了真让人羡慕。

从解放桥到南水桥，这里是运河的历史风光带。影影绰绰一大片粉墙青瓦跳入眼帘，民风淳朴的群居，一拱如月的石桥，桨声四起的流水，青瓦灰墙的人家。大运河古色古香的韵味，不是其他小河所能模仿的，完全是出自它走过隋唐、走过宋元、走过明清的气质。这一段运河，沿河的名园名楼多，学宫书院多，牌坊碑刻多，古井古道多。过去这里的名桥就有绿水桥、清风桥、梦溪桥、虎踞桥。傍桥依水，有许多名园，如绿水桥畔的青苔寺，清风桥畔的藏春坞、郧林园，梦溪桥畔的梦溪园，虎踞桥畔的石淙精舍、乐志园等。河畔有一座叫千丛楼的，与成都的散花楼等同为天下五名楼之一，唐代就名扬天下，现已湮没无考。特别是从南水桥段，逸出一条叫做关河的支流，关河两旁为古运河再添许多名楼。其中最有名的是万岁楼和芙蓉楼，两楼坐落在月华山上，均为晋刺史王恭创建，非常壮观。唐孟浩然曾在万岁楼上作诗，“万岁楼头望故乡，直令乡思更茫茫”。清朝时万岁楼还在，清人毛奇龄曾提及此楼：

每渡吴关增客愁，江山无恙古徐州。
万岁楼前云乍合，千秋桥下水争流。

万岁楼现已不存。芙蓉楼因王昌龄的两首《芙蓉楼送辛渐》而名动天下，现已移建到金山公园。

万岁楼下有千秋桥，屡建屡毁，明代又作了修复，大学士杨一清还专为这次修建作记。千秋桥虽小，但名气却大，因为桥四周的运河景色非常宜人，宋诗僧释仲殊诗云：

万岁楼边谁唱月，千秋桥上自吹箫。
青山不与兴亡事，只兴垂杨伴海潮。

千秋桥南，又有一座镇江名楼，叫“喜雨楼”。宋戴复古在楼落成之际曾赞它，“京口画楼三百所，第一楼名喜雨楼”。离喜雨楼不远，还有一座宋代的望海楼，关河行经这里，已接近长江，史书称望海楼为城中最高处，旁视甘露寺、金山寺如屏障画出。后来，望海楼被改建为“连沧观”，宋杨廷秀应邀为连沧观题诗：

开窗纳尽大江秋，天半飞楼不是楼。
独立南徐鳌绝顶，下临北固虎回头。

千秋桥西，有绿水桥，唐宋时是热闹非凡的繁华地段，“桥边车过香生路，楼外船归月满津”，风流倜傥的杜牧曾在这一带流连，并留诗道：

向吴亭东千里秋，放歌曾作昔年游。
青苔寺里无马迹，绿水桥边多酒楼。
大抵南朝皆旷达，可怜东晋最风流。

月明更想桓伊在，一笛闻吹出塞愁。

到了清代，绿水桥畔已由盛而衰，变热闹为幽静了，清诗人唐庸有一首《绿水桥》诗，记载了这个变化：

一湾春水绿摇波，不见桥边画舫过。
毕竟家家种杨柳，令人还忆酒楼多。

此外，还有清风桥、虎踞桥等，已在“石桥潇潇烟雨暮”中作了介绍，不再赘述。现在，这段河岸的历史风光正在修复之中，自然和历史将携手重放光采。

青山隐隐，绿水悠悠，像这样的船娘现在已难得一见了

从南水桥过去往宝塔山，进入了运河的田园风光带。“红雨棹边迷远近，绿萝荫里见桑麻”，这一带已是城郊，视野开阔。站在河畔，览塔山之景，观河水之波，看农家的土墙，爬满了豆角秧和喇叭花，一派乡村式的太平岁月。运河在这里明媚得如同农家少女，反映着澹淡的天光，溢放出醉人的泥土香，真是遮不住的青山隐隐，流不断的绿水悠悠，有说不尽的天朗水清之感。若到了清明前后，农田青青，有桃花红，李花白，菜花黄。特别是油菜金黄，那成片成片的耀眼金色，流光溢彩，无边无际，一如梵高名画《向日葵》般的如火如荼；又似地中海金色的波浪和西西里灿烂的阳光，其色彩的鲜活与叠加极其眩目与辉煌，直扑我们的

眼睛，令人心颤，令人心动。两岸的树也不再是美化装饰用的，而是农家适用的榆、槐、桑、枣、梨。清代探花王文治，镇江人，他有诗道及家乡的田园风光：

夜来春雨润垂杨，春水新生不满塘。
回暮平原风过处，菜花香杂豆花香。

在过去，城里的孩子会不辞劳苦跑到这里来，在河两岸摸螺蛳、掘萝卜、摘蚕豆，那萝卜是赛梨般的脆嫩，那嫩蚕豆嚼在嘴里是甜丝丝的一汪水，那五香煮的螺蛳，放在嘴中一吮一咂，那其乐不可支的鲜美，绝非现在的“肯德基”所能代替。

在恬淡之中也没有丢弃厚重，这是运河比之于其他河流的伟大之处。这段河岸就散落着南水关石闸遗迹、唐宋罗城遗迹、僧伽塔和都天庙、丁卯桥许浑别墅等，使平平淡淡的河岸，也时时闪耀着历史文化的光辉。

运河过了宝塔山，就出了城郊，摇头摆尾地流向镇江的重镇谏壁。谏壁是镇江市东郊的工业区，当年南宋名将韩世忠曾屯兵在此阻金兵南下，为激励士气，曾建造四面墙壁，供士兵们张贴谏文，谏壁镇因此而得名。运河由此一面入江，一面又连接三汊河，折向丹徒辛丰镇。辛丰又名新丰，在隋唐年间是著名的水陆码头，李白诗曰：“南园新丰酒，东山小妓歌”，指的就是这个辛丰。这一段景色也非常优美，远方山影一抹青苍，近处的田野上，紫云英的绯红、豌豆叶的鲜绿、油菜花的金黄，合着河面飞来的船歌，足可当画。由辛丰再经镇江丹阳的大泊、陵口、折柳，大运河在丹阳河段再现“母亲河”的本色。“城以水兴，市以水旺”，“四民乐业，百货流通”，丹阳市因而成为“六郡之咽喉，吴越之门户”。丹阳六大集镇的兴旺，如吕城、珥陵、延陵、埤城、丁桥、丁庄等，都是运河孕育的结果。大运河最后在镇江丹阳的吕城结束。吕城创建于三国，因东吴大将吕蒙筑城而得名，因运河的原因，被称为“日粜万石粮，夜收百斗金”的粮市大镇。

大运河在吕城结束了它的镇江段旅程，折向东南，流向武进的荷园里，大运河的常州段由此开始……

大运河孕育了镇江人民，镇江人民也为大运河付出了许多。大运河常患浅涩，古有“淤泥一日厚一钱”之说，几乎是无岁不浚，无岁不阻，“年年一小挑，六年一大挑”已成定制。大诗人李白曾在镇江亲眼看到河工船民的艰难困苦，他满怀同情地写下了拟南朝乐府的《丁都护歌》：

云阳上征去，两岸饶商贾。
吴牛喘月时，拖船一何苦。
水浊不可饮，壶浆半成土。
一唱都护歌，心摧泪如雨。
万人系磐石，无由达江浒。
君看石芒砀，掩泪悲千古。

一代名臣如唐朝的刘晏，清代的陶澍、林则徐，都亲自在镇江组织过大运河的疏浚。历朝黑压压的浚河大军，有时10万，有时20万，最多的一次，是南宋嘉定年间，疏浚河工高达37万人。可以说，千年大运河，是成千上万的河工挑出来的；千里大运河，是一代又一代河工的汗水淌成的。

十里运河，十里画廊，镇江的运河水上游

大运河悠悠流淌，它是镇江城的

母亲河，镇江人的生命河；是镇江历史的文化河，镇江未来的希望河。扬州古运河开辟了“乾隆水上游览线”，十里碧波，二十四景。镇江如今也开辟了运河水上游，十里运河，十里画廊，风光足以和扬州并肩比美。

## 第三节　西津古渡沧海田

金陵津渡小山楼，一宿行人自可愁。
潮落夜江斜月里，两三星火是瓜洲。

唐·张祜《题金陵渡》

金陵渡即镇江的西津渡，它已经由唐代的屹立江边全部移至岸上，再也不见烟波浩淼；对岸的瓜洲受江水的冲刷不断坍塌，于清代光绪年间已全部塌入江中。现在的瓜洲原叫四里埠，是刚发展起来的新镇，只有百年的历史。

这就是历史的沧桑和大自然的伟力。

张祜一生布衣，没有做过官。他到长安时，被元稹排挤。元依附宦官，大权在握，

连过四道砖砌的卷门，就到了西津渡的待渡亭

张祜于是跑到镇江来，在丹阳隐居以终。他的宫词写得极好，当时的才名不在白居易之下。他过西津渡时，失意和羁旅之愁涌上心头，于是将这首诗题写在渡口的墙壁上，为无数的过客所赞赏，认为此情此景，写尽了待渡的客愁、乡愁和羁旅的意绪。钱仲联先生认为，在写景上这首诗也是第一流的，清美之至，宁静之至，那“斜月”和“两三星火”的用词，写尽了夜江明暗、斜月朦胧的意境，一幅浑成无迹的夜江图如在眼前。

一个古渡口，规模不会多大，建筑也不可能恢弘，它能成为一处名胜，一定是与所处的地理环境有关，与待渡的客人有关，特别是与客人所表达的复杂思想感情有关。西津渡就是一个极典型的例子。

西津古渡已经阅尽了千年沧桑

由当年的濒江石级五十三坡爬上来，走过四道砖砌的券门，就来到渡口处的待渡亭。这五十三坡也有个说法，就是五十三个台阶喻示敬佛要有五十三参的礼数，爬过五十三坡，即表示五十三次的参拜。偌大名气的一个古渡，就一个平平常常的半亭，亭内有一方石碑，还有下渡船的几级石阶，此外别无他物。由于长江北移，古渡口与新港口已有十里之遥，因此，渡口下面已是房屋林立的街区了，再也不见银涛拍岸、桅杆林立的景象，不见商贾云集、酒肆茶楼、车水马龙的场面，不见熙熙攘攘从渡口上船或去江心金山寺烧香的香客。但长街古渡，散落着古人太多的凭吊和追忆；风雨故人，倾注了那么多的幽幽情愫。三国时，刘备到镇江来相亲，就是在西津渡上岸的。唐宋以来，从西津渡经过的帝王将相、达官显宦、骚人墨客，多如过江之鲫，李白、孟浩然、苏东坡、王安石、陆游、米芾、康熙、乾隆都从这里上岸。外国人也来了，意大利旅行家马可·波罗就从这里登岸到镇江。就像一千个观众心目中就有一千个不同的哈姆雷特一样，同一个古渡，由于造访者背景、身份、境况、心情的不同，就呈现出完全不同的风貌，且看他们的表达：

京口瓜洲一水间，钟山只隔数重山。
春风又绿江南岸，明月何时照我还。

这是宋熙宁二月，王安石第二次拜相，奉诏进京时，由西津渡过江时所作。全诗笔调轻松愉快，古渡的风光也是明媚怡人的。你看春风拂煦，百草始生，千里江岸，一片新绿。这与诗人的喜悦心情相契合，因为宋神宗下诏恢复王安石的相位，表明决心要把新法推行下去。王安石也希望凭借这温暖的春风，驱散政治上的寒流，开创变法的新局面。因此，笔下的古渡清新可爱。再看唐代诗人卢纶所作《泊扬子津》：

山影南徐暮，千帆入古津。
鱼惊出浦火，月照渡江人。
清镜悲双鬓，沧波寄一身。
空怜芳草色，长接故园春。

卢纶虽然位列“大历十才子”，但是他屡次考进士不第，到了一把年纪时，投奔“中兴名将”浑瑊，在帐下做了一个小官，所以他笔下的渡口，有“暮、惊、悲、怜”的字眼，是一个落魄、失意、茫茫难以寄身的处所。同朝的诗人孟浩然也是这样，屡考不中，充满失望，有诗曰：

北固临京口，夷山近海滨。
江风白浪起，愁杀渡头人。

有的则是饱蘸对家乡的深情，如镇江丹徒人杨棨，极力推荐渡口的山光水色：

扬子津头水接天，徒江浦外乱峰连。
他乡怎及家乡好，第一江山第一泉。

有的则是写出了渡口的喧闹和繁忙，如清人于树滋的诗曰：

粮艘次第出西津，一片旗帆照水滨。
稳度中流入瓜口，飞章驰驿奏风宸。

有的则带有作者的职业特色，如清代潘恭寿的《蒜山渡口送别》：

山寺梅开明月楼，春风江上木兰舟。
前宵欢宴今宵别，不为多情也白头。

潘是镇江丹徒人，著名画家，蒜山渡即西津渡，渡口在他笔下有“红梅”，有“白发”，色彩是很鲜明的。

“宾来客去天地老，潮生潮落古今愁。”古渡虽不存在了，它伴着历史的沧桑离我们远去了，但古色斑斓的墙还在，古色古香的路还在，古老曲折的巷子还在，这个巷子叫“西津渡小码头街”。新鲜的太阳照在古老的青石板路上，也照着依然如故的两层街楼，仿佛空气中都弥漫着一种古董味儿。如果不想出汗爬五十三坡，从大西路这边过来，可直接上小码头街，直接进入这古董味儿。迎面一道青砖的券门，券门上有赵朴初题写的“西津渡街”。这里已初具了文化一条街的雏型，街东古玩，街西字画，雕花窗棂、八仙桌、条凳、古色古香的

当年的普陀庵与救生会一起，保佑待渡者共渡慈航

店面装饰，很怀旧，很有一点沧桑的古意。卖古玩的有一溜边儿的古董摊子，青瓷花瓶、古铜钱、鼻烟壶、玉如意、青铜摆件等林林总总，吆喝声不断，殷勤地向你兜售，有西安的味儿。卖字画的有“三味画屋”、“西津画院”、“醉墨山房”，一幅幅陶渊明诗意、红楼梦人物的写意水墨画，散发着阵阵墨香。继续前行，便看到一方“救生会”的石额。古时西津渡江面辽阔，每遇风浪常会令舟毁人亡。宋代时，镇江好善乐施的人就成立了这个救生会，专门救助江中的溺水者，这个完全靠民间捐款运作的慈善机构代代相传，一直到渡口消失，才结束它的使命。

过了救生会，又有两道券门，券门的门楣上都有石刻一方，分别是“同登觉路”、“共渡慈航”，这是佛家的祝福，用以保佑渡江的人。走不了两步，还有两道券门，上刻“层峦叠翠”、“飞阁流丹”，取自《滕王阁序》的名句，现在看景不符实，当年的景致确实有滕王阁之风。券门走完后，就可以看到小码头街的标志性建筑昭关石塔了。

昭关石塔屹立于古街的中央。据中国文物学会会长罗列文等专家考证，它是我国现存唯一完整、时代最早的喇嘛式过街石塔，建于元代，弥足珍贵。塔置于四根立柱的石台上，塔基上有“昭关”二字。南北砌塞，东西可通行人。塔高约 5 米，分塔座、塔身、塔颈、十三天、塔顶五个部分，全部用青石分段雕成。塔座两层，以“亚”字形叠涩法凿成，角均翘起。塔座是复莲座，塔身扁圆，成钵形。再往上是亚字塔颈，又置一复莲座，莲座上是十三天，十三天上是仰莲瓣座，再往上就是塔顶了。塔顶呈瓶状，取“平”的谐音，就是“平定干戈”的意思。那时镇江战火连年，设计者就搞了这么一个瓶状的顶。塔身还刻有八宝纹饰，使整个塔在简朴之中又显精细。塔是过街石塔，路过之人川流不息，按照佛经解释，塔即是佛，从塔下走过，就是向佛顶礼膜拜了一次。有如此功德，小码头街的人都将此塔视为镇街之宝。

“同登觉路”是佛家对渡江人的祝福

塔旁有一个观音洞是由天然洞穴稍加扩凿而成的，宋代时这里建了庙宇，供奉观音菩萨，现上面还有“观音洞”石额一块。洞穴不大，但过去一直是个香烟缭绕的地方。

我国现存唯一完整、时代最早的喇嘛式过街石塔

青石板，麻条石，每一块路石都被岁月打磨得光滑照人

昭关石塔和观音洞静静地耸立在街心，守望着千百年来过往的行人。当初建造它们，是为了“礼佛”，供行旅之人朝拜用。因为面对汹涌的江涛，吉祸难料，人们需要精神的支柱，在这里祝祷一下观音和佛祖，把出世和入世的境界一起融入过街的脚步声中，给人以心灵上的安抚和慰藉。

塔、洞过后，就是待渡亭和西津渡。无数的名公巨卿、诗人墨客都在此歌吟过它，金陵渡、蒜山渡、蒜山津都是它的别名，站在小小的待渡亭里，你会惊讶它载得动这么多的诗文和心曲。

渡口往西，即是小码头街，这里曾经是繁华的商业街，店铺林立，行人摩肩接踵。脚下这条青石板上的辙印就是最好的证明，它是被来来往往的小商贩们用独轮车压出来的。一年年一代代，石板被赤脚、草鞋、布鞋、胶鞋、皮鞋踏磨得光可鉴人。直到如今，小码头街很多人家仍然有经商的传统，家家户户做点小生意，如什杂店、木器店、锡匠店、南货店、油烛店、豆腐店、古董店等，还有一些没有店面的摊子，如剃头担子、豆腐花摊子、糖麻花摊子等。街也不宽，实际上仅仅是个巷子，一根晒衣竹竿就可以搭在两头的屋脊。民房古朴，其建筑多为两层，瓦顶，砖木结构，飞檐雕花窗栏，一律油漆成丹红色。由于年代久远，大都成为深褐色了，而山墙则用白石灰粉刷。临街屋的正面除了门窗是由木头做成的外，墙壁也是由一尺多宽的杉木板，一扇一扇沿门槛拼起来的，外刷一层桐油，年代久了，也都变成灰褐色了。格局大多是前挑的阁楼、雕花的牛腿、苏砖的门楼、飞扬的翼角、方正的匾额，颇具古意。地面还是青石板、麻条石，如果落一点雨，则黑油油的，每一块路石都被岁月打磨得光滑照人，和古街的年纪非常般配。现沿街还可以清晰地看到“民国元年春长安里”、“古瑞里西街1914”、“德安里”等题字，提醒着人们注意到它的历史。空气中，似乎也有一股尘味，仿佛伸手一抓，就是一把古代的空气，神秘的悠远中透着沧桑的厚重。古街的黄昏时分是最美的时候，它特别让人就着夕阳怀旧，温暖的阳光投射在黑黝黝的石板地上，静寂的石板上溅起了点点金光，金黄色的光辉和黑色溶合成一种酡红，遍街浮动着迟暮之美和韶华已逝的轻愁。如果是一个微雨黄昏，某个雕花门窗里传出委婉而孤凄的二胡声，那湿湿的声音似诉古街的昔日繁华，似诉平生不得志，则足以使人黯然神伤、辗转反侧了。不过，这种回忆和伤感是淡淡的，微风轻拂就散了，古街上的人们生活得悠闲安逸，似乎沉静于、满足于这种静悄悄的淡泊。他们的日子就这样年复一年地在青石板上走着，在叫卖吆喝声中踱着，在一串串腌菜萝卜干中晾晒着……

小码头街的最西端，过去还有一座超岸寺，意思是“超渡众生，同登彼岸”，山门墙上有清末状元陆润庠题的石额。现庙已不存，但还有一些偏殿、藏经楼等建筑尚在，这里的人对佛祖还是非常敬重的。

“大江横万里，古渡渺千秋。”古渡、古街是老了、旧了，但人们还是欣赏它的古朴、它的沧桑、它的典雅。它所显示的，仍然是非常鲜活的生命，是没有被风干、没有被打折、没有萎缩的千年不灭的生命。文化学者、考古专家、民居研究者，还有更多的中外游客，纷纷跑到古街来，一阵阵从大旅行车中涌出的聒噪人群，常常把古街塞了个人满为患。目前，这里正在重新规划和开发，将保护古文明和建设新生活更加完美地协调起来。

考古专家罗列文说："渡口是中国古渡博物馆。"

美籍华人女作家韩素音说："漫步在这条古朴典雅的古街道上，仿佛是在一座天然历史博物馆内散步。这里才是镇江旅游的真正金矿！"

## 第四节　一岛中立太平洲

大江奔腾欲何至？天落三岛集于此。

放眼烟波千万事，太平地处太平时。

费孝通《扬中岛》

1984年的一天，太阳刚刚偏西，阳光柔和地撒向江心一块绿意盎然的大地，温暖而有色泽。著名社会学家费孝通从长江登上了扬中岛，对这个现代版的"世外桃源"进行了首次考察。他看到了大江之奔放、绿洲之缱绻，一个独具魅力的新扬中，如水中明珠、江洲璞玉般地展现在他的眼前。老人诗情勃发，写下了这首题头诗，并且以后每年都要兴致勃勃地来扬中一次。

扬中古称太平洲，是以太平洲为主岛，雷公嘴、西沙、中心沙为三座附岛组成的年轻江洲。在拥有3 000年历史、具有太祖母级的镇江古城面前，扬中岛只能道一声"余生也晚"了。它建制不满百年，是长江之水挟裹着大量泥沙，从上游千里迢迢奔到镇江东段后，沉淀下来，形成了沙洲。东晋时，沙洲刚露水面；隋唐时，小沙洲连成一片；宋代时，沙洲呈"如意"形，洲上始有人烟。岳飞在洲上驻扎过部队，有"岳飞扬鞭指小沙"之说；明清时，沙洲大片相连，形成了仅次于崇明岛的长江第二大岛。

清代末年，扬中称为太平洲、太平县。它是名副其实的太平，因为四面环江，易于控制，只要过江渡口一封，任谁也插翅难逃。后来，为了区别安徽的太平县和浙江的太平县，改称扬中，取地处扬子江中之意。从此，这个建制不满百年的江洲岛就叫扬中岛了。

现在上扬中，我们不必像费老那样借助舟楫在江中颠簸了，而是从丹徒圌山脚下的大路直插过来，由扬中大桥长驱直入。到岛上游，首先映入眼帘的就是扬中大桥，并引发出扬中人引以为豪的“三大”，即扬中大桥、扬中大道、扬中大堤。

扬中大桥，是一道长虹卧江的美丽风景线。过去的扬中，只能靠舟楫与外界交往。浩荡的长江，创造了扬中岛的肥美沃土，也留下了独岛孤洲“隔江千里远”、“望江兴叹”的艰辛。每遇狂风暴雨或大雾迷漫，舟橹停搁，渡口停航，全岛便与世隔绝。1994 年，扬中人民自筹资金 1.62 亿元，建造了全国第一座“民办”长江大桥，圆了扬中人祖祖辈辈魂牵梦绕的“大桥梦”。捐款者中，有幼儿园的稚童，也有拄着拐杖的老翁；有勤劳致富的农民企业家，也有囊中羞涩的普通群众，点点滴滴、款款深情，场面非常感人。通车的那一天，万人空巷，成千上万的扬中人从四面八方涌向大桥，目睹大桥的雄姿，亲身感受用双脚走出孤岛、走过长江的喜悦。大桥全长1 168米，宽 16 米，31 个墩台座，5 个通航孔。大桥的建成，不仅结束了扬中“孤岛”的历史，而且给镇江的大江风貌又增加了一个秀美的风景区。大桥似飞龙，横跨大江，桥下是波光粼粼、闪金烁银的江水；圌山似卧龙，逶迤不断，山头上是报恩塔，如戴桂冠。双龙曼舞，碧波青山，江面上白帆点点、汽笛声声，扬中岛绿树翠竹、小楼掩映。站在大桥上，你能不感慨扬中人众志成桥的精神，能不感慨中国农民自费造长江大桥的首例？现在，投资更大、跨度更长的扬中长江二桥已开始兴建，扬中这颗江中明珠，将很快由“一龙含珠”变为“二龙捧珠”的局面。

扬中大道，是贯通全岛的绿色通道，四季常绿，四季花香。人车行在路上，仿佛徜徉、穿行于城市园林之中，绝对是一种享受。在城区，路两旁的高楼大厦相继矗起，鳞次栉比。一块接一块的园林式绿化带和建筑小品，带有鲜明的江南水乡风格，令人心旷神怡；在郊外，

芳草鲜美,落英缤纷,扬中梨花盛开了

满眼的水绿、花红、油菜黄,“芳草鲜美,落英缤纷,阡陌交通,鸡犬相闻”,《桃花源记》中描写的景象,就是扬中农家风光怡然自得的写照。这条大道历时5年,投资3亿元建成,其中扬中人民捐资2 000多万元。在建设过程中,曾有过50万人次参战,10天时间,一气完成160万土方的壮观场面。扬中大道是一个几何中心,在干支交叉的节点上是一个个亮丽迷人的城市广场,其中迎宾广场被称为扬中南大门第一景。广场中心是花圃和草坪,点缀着园林、河塘小品。以4根豪华柱灯为中心,周围植以银杏、合欢、蜀桧、黄杨,后部还有1 200平方米的圆形河塘。整个广场再以香樟环绕,白天绿荫浓郁,花木扶苏;入夜彩灯齐亮,枝叶摇曳。尤其是河塘里倒映的星光点点,再加上流萤的闪烁和蛙声的唱和,充满着迷人的田园诗意。江洲广场则是意境独特,特别是雕塑小品、绿化的布置具有象征意义:波浪形的绿化代表江河之意;抽象的鱼形暗示鱼米之乡的背景;广场上的水池是长江和财源的缩影;弧形的连廊和白色的张拉薄膜象征着长江的风帆和扬中的进取精神。翠竹园广场几乎就是一座多功能的城市客厅,集人防、绿化、观光、健身等作用于一体。有下沉式广场区,人防工程建筑面积达5 100平方米,战时可掩蔽人员2 000人,平时休闲娱乐和经商,如此大面积的地下广场,堪称全国少有、全省之最。有观光休闲区,广植合欢、银杏、桂花、小叶女贞,繁花似锦。四周围以香樟、广玉兰等高大乔木,浓荫蔽天。有广场活动区,以主景雕塑"世纪欢歌"为中心,采用抽象性的现代表现手法,以明快的节奏感给人以无尽的联想。雕塑四周为音乐喷泉,入口两侧为现代风格的四方休息亭,殷红的瓦屋非常惹眼。三个区域的组合,为扬中市民提供了一个非常舒适漂亮的客厅。明珠广场,是扬中大道上规模最大的标志性建筑。广场中心建有直径为30米的音控喷泉,由9圈喷头和彩灯组成,能喷出圆形组合、和平鸽组合、旋转花篮等11种水型,集光、水、声、景为一体。广场有绿岛6 540平方米和5个功能分区,四季常青,"春有花,夏有荫,秋有果,冬有绿"。广场灯源丰富,到夜晚华灯初上时,流光溢彩,美不胜收。记得拿破仑在威尼斯圣马可广场登陆时,这位征服者立刻被美丽的广场征服了,他禁不住赞叹道:"啊,这是全欧洲最美的客厅。"要是他有幸登上扬中岛,看看中国农民建造的这些广场,也一定会大为惊叹的。如果将扬中大道喻为项链,那么这一个个广场就是璀璨的珍珠,是扬中现代城市气息与文化风貌的体现,也是大江风貌中的重要景观。

扬中大堤,是扬中人视若生命的绿色长城。地势低凹的扬中与江面落差5米,每到汛期,长江水位便高于岛内农家平房的屋脊,所以有"头顶一江水,脚踏一只盆"之说,患洪水甚于患蛇蝎。因此,扬中人举全岛之力,建设绿色环岛工程。他们根据地形地貌,将环岛分为滩涂自然区、江堤防护林区、堤身经济防护区、堤顶交通绿化区、堤内生态农业区5个区域,千年始一建,一建保千年,每年不惜投入巨资。如今已经形成环岛120公里,集防洪、种植、观光为一体,社会、生态、经济三大效益相协调的百里长堤。堤外滩涂上的挡浪防护林由杨柳和芦苇组成,垂柳依依,芦花蔟蔟;堤的外侧是坚固的混凝土护坡,风吹浪打,巍然不动;堤的内侧种满银杏、杜仲、竹子,郁郁青青,秀色可人;堤顶坦途荡荡,是环岛的大道,可作逍遥游,信马由缰。扬中绿色环岛工程的建成,永远结束了洪水泛滥、岛上汪洋的历史,而且形成了蔚为壮观的一道"水上长城",百里江堤成为环岛游的最佳路线。如果在堤外泛舟游览,参加"水上一日游"、"长江看日出"

等活动，乘游艇，环绕雷公岛、太平洲、西沙、中沙4个江岛，则可尽情地享受拂面的江风、腾起的细浪、飞旋的江鸟、摇曳的芦柳。如果在堤顶骑自行车，则更加灵活惬意，眼观水天，置身花草，自由自在，犹如在画中行。堤外江水汹涌，巨浪滔天；堤内安然无恙，美景流连。映入眼中的是岛园风光、田园风貌、水乡风情，天人合一的生态环境，令人真有今昔是何年的感慨。如果是晚上置身大堤，云淡风轻，皓月当空，那天上的月亮便会在碧波中荡漾。二三渔火，犹如天河星星，闪烁明灭，寥廓中又添几分宁静。

扬中大堤还因势造景，充分利用堤边原有的园地、河塘，营造与大堤风光浑然一体的写意园林。如国土公园，就是利用四周的江堤环绕，圈起了一个体现水域特色和惜土意识的大堤园林。正门牌楼古朴雄浑，“国土公园”四个大字是武中奇所书。门柱对联一副：“国土唯珍不论东南西北，公园胜境无分春夏秋冬。”迎面高耸着盘古开天辟地的巨型石雕。公园里分布着碑林、百米长廊、荷香居、清风亭、怡然亭、吊脚楼等。最雄伟的建筑是揽江楼，巍巍楼阁，倚江而立，堤外江水涛涛，白鸥飞舞，堤内松杉成林，枝青叶茂，使人有回归土地、融于自然、陶醉于斯、乐而忘返之感。还有一个尽显生态美的城北公园，虽由人作，但宛如天成。公园内成片的竹园、桃园、杏园、梅园、紫薇园、桂树园、枇杷园、棕榈园，还有合欢、石楠、樱花、石榴、腊梅、茶花、杜鹃、黄杨、江枫、龙柏球、红叶李、金叶女贞、垂丝海棠等，上百种花木分布全园，使游客进入美不胜收的生态植物包围之中。

在扬中，大桥固然雄矣，大道固然壮矣，大堤固然伟矣，但独具个性魅力、最具洲岛特色的应该是扬中的“农家乐”和“渔家乐”。

扬中四面是江，到处是“渔家乐”的天然好去处。荷塘菱沼，蟹簖渔庄，水上物产，不减良田。“江干都是钓人居，柳陌菱塘一带疏；好是日斜风定后，半江红树卖鲈鱼。”特别是以二墩港万亩长江生态养殖示范区、国土公园农趣馆、雷公岛为首的“渔家乐”项目，趣味盎然，人气很旺。其中水上垂钓、下河摸虾、江上拉网等参与性项目，让游客尽情地扮演了一回渔翁。捕江里鱼,食自钓鱼,使得游客既欣赏了美景,也得到了自己动手、丰衣足食的快乐。其中雷公岛滩涂广阔,芦苇无边,天空是让人心颤的湛蓝,野鸟鸣叫着啾啾飞向蓝天,微风徐来,像豆蔻少女投来的回眸一笑。或头顶青箬笠,身披绿蓑衣,端坐河岸,钓起晨炊;或不避斜风细雨,悠然执竿,直至夕阳西坠,那种和大自然天人合一的况味,是美的极至。垂钓的好处,就是冶情悦性,融入到大自然中去。岛上河塘交织,鱼的种类极多,这种景美鱼多的好去处,已成为镇江和扬中垂钓者最爱的去处。

最后压轴戏谈谈“农家乐”旅游。到镇江来体验农家乐,最佳去处就是扬中。因为扬中的农家风光比较典型,农民生活比较富裕,农村的风俗习惯比较原汁原味。扬中有专门的“农家乐”旅游,接待都市游客来农村,“看一次农家风光,干一次农家活,吃一次农家饭,住一次农家屋,享受一次农家的快乐”。

农家风光上岛即迎面扑来。绿岛、水乡、田园三大特色融为一体。圩田成方,村埭稠密,树林繁茂,港河沟渠,纵横交错。普通农家总喜欢在自家的门前辟菜地河塘,在门后种竹子果树。因此,文人们有诗吟道:





三间茅屋,屋后萧萧竹;
更喜柴门临水曲,隔岸柳丝垂绿。

参加“农家乐”旅游,一年四季都可以吃到应时新鲜的瓜果、蔬菜。若是赶上相应时节,遍布全岛的桃园、梨园、枇杷园、葡萄园,都可去采摘时鲜水果。走到三三两两的农户前,房前屋后有杏、枣、樱桃、石榴,热情大方的农家会邀你品尝一番,别有农家时鲜水果的风味。岛上的枇杷特别多,扬中人把它列为“市树”,这里的枇杷皮薄肉厚,味美多汁,“似梅嫌足核,如蜜少加酸”。古人云“淮山侧畔楚江阴,五月枇杷正满林”,“居僧记取南风后,留个金丸待我尝”,读到此处,已能咂摸出金丸满口的滋味了。走近农舍,你会有一种身入绿洲花丛的感觉。因为这儿的农户家家植树造林、户户绿化家园,每一个边边角角都花叶繁茂。江滩芦柳环绕，宅前屋后绿树成荫。家家户户种的花草争奇斗艳，处处飘香。无论是庭院内的月季、山茶、杜鹃、腊梅、玫瑰、兰花、菊花，还是大街上、河道旁的樱花、桃花、桂花、紫荆、石榴、扶桑、美人蕉、一串红等，都生气勃勃地特别使人赏心悦目。

扬中的农舍值得一看。走进农舍，“多姿多彩”、“啧啧称羡”都不足以形容这眼前的风景线。扬中农民一片片的别墅群，实在是太精美绝伦了。过去扬中人穷，“穷奔沙滩富奔城”，到扬中来成家立业的都是穷苦百姓，住的是“滚铺楼”，以芦柴、竹枝搭架，“根根椽子到地”。20世纪80年代后期，岛上出现了第一幢“将军楼”，随后小别墅如雨后春笋，遍布江洲大地。有富丽堂皇、典雅精致的仿古式，有精美气派、现代风味十足的日式、俄式、法式、德式、荷兰式、西班牙式等，各国建筑的风流倜傥在此荟萃，是一处地地道道的万国建筑博物馆。这些住宅不仅外型优美，而且内部装潢十分讲究，农民也能将生态环境和现代装饰很好地协调起来。庭院内有假山、花坛、喷水池，栽植各种高档花木，周围设有不锈钢栏杆或花型铸铁栏杆，镶砌成外观很漂亮的透视围墙。还有的人家盖上了车库、健身房、游泳池等。有几个一流水平的别墅小区是一定要去看的，如新坝镇双新小区、治安小区、华威小区，三茅镇建设小区等，不仅别墅群美轮美奂，而且周边的环境山水相宜、亭阁别致，环境极其优美宁静。如果夜宿农家，晚上出来走走，在星光下听孩子的读书声，听村边寺庵的晚钟声，听塘畔老牛的刍草声，你就能真正体味到“农家乐”的个中三昧。每年到此来的中央首长、中外宾朋有数万人，观者无不惊叹扬中农民的富裕和创造力，荷兰议长就羡慕地说：“我也愿意成为这里的一个农民。”

田园风光和羡慕煞人的农舍，都是农民辛苦劳动换来的。“农家乐”的内容有一项是干点农活。不过这种劳动趣味横生，是娱乐性的劳动，如园内摘瓜、河里采菱、水上垂钓、江上拉网、学磨豆腐等。边干农活，边听一些自由自在的俚歌俗唱，天然的野趣是别处享受不到的。在岛上的黄山套有千亩葡萄园，也是让游客自主采摘的，和农家姑娘一起采摘紫莹莹的葡萄，如同沐浴吐鲁番的风光。在国土公园内，有一小水池如扬中地形图，取名“江洲池”。池旁就展示着有史以来的各种农耕工具、农作器械等，游客可重温远在古时期的农业文明。同时也是告诉游客们，如今的富足，盖源于此，是辛勤劳动和皇天后土的恩赐。

参加“农家乐”也不妨和农民一起去寺庙朝拜。由于孤岛僻壤、天灾人祸的历史原因，扬中农民过去只能寄望于天，因此烧香拜佛者众。岛上大大小小的寺庙，有六七十座，如三茅镇，在方圆一里多的地域内，就集中了三茅宫、梓童庵、大帝庙、关帝庙、太平庵、观音庵等6座较大的寺庙。更有甚者，在丰收河的一条长埂上，就依次有准堤庵、土地庙、下庙、圆通庵等5座寺庙，有“一里五庙”之称。扬中现存最大的寺庙叫太平禅寺，在兴隆镇。该寺殿宇巍峨，画栋雕梁，琉璃复顶，气势非凡，一应的菩萨佛像供奉如仪，每年都要隆重举行数次水陆法会。寺庙文化、庙会文化是深入到农民骨髓里

芦、柳、竹是扬中三宝，以之编成
各种农家用品和艺术品

的一种文化。因此,去看看寺庙,也非常有助于了解扬中的农民和扬中的民风、民俗。

"农家乐"旅游,还值得一看的是与农民生活有关的展览。这些农民的生活物品,貌似简陋,但经过收集和整理,立刻就提升到专业水平。例如扬中市区的油灯博物馆,你一进去仿佛就进入了油灯的世界。既有历史悠久的陶灯,也有形态各异的银灯、铜灯,还有不少藏族、纳西族人使用的油灯。这是一位普通的扬中市民悉心收集了600盏油灯,以自家的宅院布展的。又如油坊镇的竹编艺术馆,以扬中的芦、柳、竹三宝编出了艺术品百余件,其中的珍品"百子图"、"百帝图"、"清明上河图"等,堪称世界一绝。再如新坝镇的民间乐器陈列馆,由笛萧制作大师常敦明创办,200多个品种300多件乐器,有春秋时代的埙、战国的古琴、秦朝的古忽雷、唐代的篪、清代的银笛等,还有双人笛、拐杖竹笛、弯头笛、微型骨笛、名贵香柏木套笛等。这些乐器源自农民,与宫廷音乐有所不同。最引人注目的是一根3米多长的巨笛,笛身密扎,两头悬彩,要三人操作才能吹奏,每秒振动97次,是自古以来音域最低的竹笛,已被载入"吉尼

扬中制笛非常有名,银笛、骨笛、香柏木套笛都能制作

斯世界之最”。

“农家乐”最令人垂涎的项目当然是吃。扬中农家的“三鲜”如今是中外驰名了。刀鱼鲜美，细嫩如脂；鲥鱼名贵，自古即是贡品，和其他鱼不同之处是，鲥鱼的鱼鳞鲜嫩肥美，吃鲥鱼如果不吃鱼鳞，就等于没有尝到它最精美的滋味，苏东坡称其为“惜鳞鱼”；第三鲜就是大名鼎鼎的河豚，东坡诗云“竹外桃花三两枝，春江水暖鸭先知。蒌蒿满地芦芽短，正是河豚欲上时”，其馋涎之状已呼之欲出。常言道“拼死吃河豚”，连死都不顾了，河豚味美可想而知。扬中人善烧河豚，故在扬中吃河豚是安全的。此外，农家饭中还有一绝，就是菜饭、菜粥，虽出自农妇之手，但烹制十分讲究，用当地的特产秧草、蚕豆、山芋、南瓜、燕竹笋片，还有白果、香菇、红枣、枸杞、肉丁、花生米、核桃仁等，佐以鸡汤，熬制得浓浓稠稠，其味鲜美无比，食者无不大快朵颐、呼声连连地多喝几碗。

“万里长江呼日出，千年绿岛应潮生。”从昔日的荒芜小岛，到太平洲、太平县，再到如今的绿岛花城、水上花园，新扬中百年的沧桑巨变、天人合一的生态系统、城乡相融的人居环境，一定会打动你为之前往并不虚此行。



## 第五节　石桥萧萧烟雨暮

画桥三百映江城，诗里枫桥独有名。
今夜重闻旧呜咽，却看山月话州桥。

高启·王安石诗集句

江南水多，从来多桥。镇江有多少座桥呢？水利部门统计过，仅农桥就有1 000座左右，再加上城区交通桥、街巷的石拱桥、公园里的九曲桥等，镇江的桥就多得数不清了。这些桥是人们交通、生活的工具，又是充满江南韵味的一道风景线。弯弯水巷里的枕河人家，柔致婉转的水上长虹，“绿浪东西南北水，红栏三百九十桥”，小桥如同从诗中走来，从画里飘出，优美之极，别致之极，娴雅之极，一如桥下过往船只的欸乃之音，一如书场中行云流水般的弦索声，一如茶馆里气韵生动、氤氲袅袅的水气。

画桥三百映江城，桥多是镇江的一大特色

英国著名科学家李约瑟在他的代表作《中国科学技术史》一书中说："中国的桥梁无一不美，而且大多数的桥梁都极为美观。"这位西方学者说得极有见地，中国的桥梁在世界建筑史上确实有很高的品位和审美价值，其艺术的气息从青苔斑驳的石块里渗透出来，历史的滋味从勾勒的缝隙里往外流溢。傍水人家听着浆声过日子，水巷汊道载着舟船渡岁月。石桥石巷走过了水乡的童年，悠悠的纤道牵出了古老水乡无字的长调。桥因水而得影，水借桥而通衢。桥水相映，互为风情，江南的画卷因此而留人驻足……而在老百姓看来，桥不仅仅是观赏用的，它是生活的一部分，是千路之源、万众之汇，是提供生活便利的重要工具，是江南文化的独特载体。老人们教训孩子时常常会说："你懂什么，我过的桥比你走的路还多。"桥在这里又成为处世之道和人生经验了。如果没有桥，绿水环绕的镇江古城就成了失去活力的僵直躯壳，江南水乡就成了寸步难行之地。当我们走过打磨得异常光滑的花岗岩石阶，抚摸着坚实的白玉桥栏，凝视着刻有“桥边车过香生路，楼外船归月满津”诗句的拱门时，沧桑感和思古之幽情便油然而生。

千余座桥太多了，无从说起，我们就沿着运河数起，说说市区和近郊石桥的现在与历史。

宋元编著的志书上说：“跨河而桥，前后唯六。”镇江城区运河上有拆桥、长桥、清风桥、镇西桥、千秋桥、绿水桥 6 座。清代《嘉庆丹徒县志 · 津梁》上有专章记载，镇江有千秋桥、绿水桥、太平桥、嘉定桥、清风桥、长桥、通济桥、虎踞桥、拖板桥、阜成桥、嘉泰桥、斜桥等近 60 座。到了晚清和近现代，沿运河还有 10 多座桥，这些跨河长虹已成为古运河风光带的重要组成部分。

从南往北数起，快进城区的首座桥是丁卯桥。此桥建于东晋，距今有 1 600 余年的历史，是镇江现存最古老的一座桥。东晋皇帝司马睿之子镇守广陵，运粮出京口，船在此搁浅，筑土埭，并于丁卯日建成此桥，所以叫丁卯桥。该桥是富有民族特色的单孔石拱桥，虽经多

毛泽东手书镇江籍诗人许浑诗《谢亭送别》

次修缮，但仍然保留了六朝桥基的基础。丁卯桥风景非常迷人，过去是典型的小桥流水人家，地处乡野自有一片天籁。如果是斜风细雨、迷迷濛濛的天气，就更是飘飘洒洒，优游自在，就差一位"青箬笠，绿蓑衣，斜风细雨不须归"的渔翁了。唐诗人张祜称丁卯是"小桥通野水，高树入江云"。明李梦阳说："丁卯桥负山带江，据东南之会上游之地，其泉石岩壑之佳不在庐山阳羡之下。"跨河古桥，河边垂柳，常有达官贵人、文人墨客来此聚会赏玩。唐代诗人许浑、明代大臣杨一清，都曾在丁卯桥畔建过别墅。特别是写过"红叶晚萧萧，长亭酒一瓢"的许浑，他终老于丁卯，诗集就取名为《丁卯集》。许浑的诗名在晚唐是很高的，陆游在《读许浑诗集》中说："裴相功名冠四朝，许浑身世落渔樵。若论风月江山主，丁卯桥应胜午桥。"认为许浑的诗名超过了名宰相裴度的事业。毛主席也非常喜爱许浑的诗，曾手书许浑《秋日题潼关驿楼》《谢亭送别》等诗歌多首。许浑安家丁卯后，他在丁卯桥畔的房舍占地 10 亩，深邃幽静，是镇江文人的聚集之所，他有一首《夜归丁卯村舍》的诗：

月凉风静夜，归客泊岩前。
桥响犬遥吠，庭空人散眠。
紫蒲低水槛，红叶半江船。
自有还家计，南湖二顷田。

好一幅悠然的月色夜归图。撑一支长篙，载一船星辉，"驾一叶扁舟，举匏樽以相属"。浆声咿呀，长醉而归，仿佛轻盈地飘逸在水面上，蜿蜒的小河和拱桥的剪影，如画的房屋和朦胧的人影，微花细柔，香意幽幽，月色下的红叶半江和泊舟桥畔，真是迷人极了。

1982 年，在丁卯桥附近出土了一大批唐代窑藏银器，共有 900 余件，其中著名的有"银制论语玉烛酒令筹"等，这也说明丁卯桥畔确是古人宴饮畅游之所。

丁卯桥过来是塔山桥。塔山桥建于 20 世纪 70 年代，是钢筋混凝土空腹双曲拱桥，两侧的桥台为浅基础块石砌成。卧虹飞影在宝塔下的斜阳草树之间，余韵无限，分外好看。虽是现代建造，仍有古色古香之味。按照风水学的观点，“山管人丁水管财，桥是弯弯塔是剑”，这里的形势和配合正好符合这个特点。塔山桥和宝塔山的梅樱园等融合在一起，是宝塔山风景区的一部分，犹如山之衣襟上的纽扣，琴弦上的弓，树干上的绿叶。某个初夏的黄昏，你坐在塔山桥畔，古塔和梅樱园被落日余辉染成五彩斑斓，运河悠悠完全是一幅印象派大师的作品。一颗细小的石子便让水波一圈一圈荡漾开去，空气中是河谷花草的淡淡幽香。月亮爬上柳梢头，月光拂水，水天共色。月溶溶，水溶溶，心也溶溶，在这空明的世界中荡去了机心，荡去了尘埃。

过塔山桥到南水桥，南水桥以北又有虎踞桥。这桥与桥之间相距不远，身在河边即三桥在望。南水桥的桥龄与塔山桥相仿，连接运河路与环城路，是一座已过30年的现代桥。而虎踞桥是历尽沧桑，有500多年的历史。“画桥当路，临水双朱户。”虎踞桥是集古桥、名园为一处的名胜之地。此桥始建于明代，原为砖石桥，后改为木桥，再改为石拱桥。“弯弯飞桥出，敛敛半月彀”，有轻盈灵巧、刚柔相济之美，取名泰运桥。清咸丰年间，太平军与清军在桥上激战，太平军拆毁桥面以阻清

“弯弯飞桥出，敛敛半月彀”的虎踞桥

军，使桥严重受损。战后镇江的地方乡坤集资重修，改称南门桥，桥面上也重新铺上花岗石条。此桥历经沧桑，屡毁屡建后风貌依旧。1961 年改为混凝土桥面，但桥体仍旧为单孔石拱，保持明代的风格，雄跨运河之上。虎踞桥一带是城南的繁华商业区，酒肆茶坊麟次栉比，沿街叫卖晨暮不绝。此桥是丹阳、丹徒等南乡农民进出城的必经之地，挑柴负米者络绎不绝，吱吱呀呀的独轮车过桥，井然有序，首尾相接。过去有“三龙过桥”之说，是虎踞桥清晨一景，即桥上桥下，卖米、卖水、卖柴的排成了三条龙。历史上的虎踞桥又是名园荟萃之地，清代名宰相张玉书的祖父张凤仪，在桥畔建乐志园，园内有心远亭、雪珂庵、来爽阁、飞翠堂、寄傲轩等，枕水筑台，覆以朱栏，百年老松，虬枝龙干，风起处则紫竹婆娑、涛鸣壮观。虎踞桥畔过去还有一个朗园，也是清代镇江文人的宴游之处，“日平画船桥下过，衣香人影太匆匆”。朗园亭台耸峻，山石幽秀，尤其是梅花引人入胜。盛开之时，虎踞桥上成群结队都是来赏梅的，如又是日落黄昏，北宋诗人林逋的“疏影横斜水清浅，暗香浮动月黄昏”的味道，便在虎踞桥畔浓浓地弥散开来。

如今的虎踞桥，如美人迟暮，却风韵不减，虽楼台不存，名园不在，但人群依旧熙熙攘攘。古桥河畔杂草丛生，朱朱粉粉野蒿开，偶尔探出三两凄美的小花。桥身、拱圈，山花墙和垒砌着方形的基础石块，遍布苍苔，无语地叙述着它过去的一切。如果是余晖斜阳，你倚在斑驳的桥栏上，小桥流水人家犹在，已不见西风、古道、瘦马。石桥就像慈祥的老者，看桥上红男绿女，人来人往，其意味和景观，颇像卞之琳先生的一首近代诗：

你站在桥上看风景，  
看风景的人在楼上看你。  
明月装饰了你的窗子，  
你装饰了别人的梦。

过了虎踞桥，就到了接近市中心的解放桥。解放桥因连接解放路而得名。原是木质桥梁，桥桩、桥身、桥面全部用洋松木构成，20世纪50年代改为钢筋混凝土桥，90年代在保留老桥的基础上，又建一桥，两桥平行，形成整体。主体为双V形钢筋混凝土钢架。解放桥过后是中山桥，拱式钢梁混凝土结构，连接市区的通衢大道中山路，因此桥也宽得很，宽至43米。解放桥、中山桥位处镇江交通最繁忙的主动脉上，少了石拱桥的况味，多了现代化大桥的气息。为保留桥的审美趣味，两桥结合环境和桥体进行了美化。解放桥畔有绿化带和小型广场，高大的法国梧桐，大伞盖似的老树浓荫，舒舒坦坦、整整齐齐地遮护在桥畔；四季常绿的灌木，还有繁星般的小野花，黄的、白的、紫的开成五彩斑斓的一片片，汉白玉栏杆、卵石小径、雕塑小品等，星星点点别有一番情趣。特别是一袭红亭风姿绰约地站立在解放桥畔，如春菇一株含情带露，十分使人怜爱。中山桥则两端仿制六朝天禄形象一对。天禄是瑞兽，在镇江的齐梁石刻中，天禄是非常有名的。

从中山桥过来，又有两座相隔很近的桥，就是新西门桥和老西门桥。两桥近乎一对“哥俩好”，这边喊话，那边就能应答。原来两桥一为木质，一为石拱，现都改为钢筋混凝土结构拱式桥。这两座桥因历史较长也有了点韵味，桥体因漫长岁月的风雨侵袭而变得温柔多情。“一线桥光通越水，半帆寒影带吴歌。”桥畔有茶楼和老年人活动中心，在茶香的氤氲里、灯笼的红影下，听河面雨声变换，看水面碎纹映着的对岸老屋稀疏的灯光，有无限的运河韵味。如若仲春季节，在濛濛细雨中过两桥，你就会看到最典型的“江南烟雨图”。软风细卷，弱柳婆娑，桥似飞虹，下临悠悠的运河之水，微光澹澹，烟雾淡淡。花岗石的基础和石级的缝隙中，长出淡淡的小花、青青的小草。河两岸“千树桃花万条柳”，“细草如发沿河桥”。河面上弄船打鱼的，码头上淘米洗菜的，桥上桥下叫卖的，唱着曲儿过桥上学的，真个是“拂堤杨柳醉春烟”。记得孩提时，常约伙伴们跑到桥上看风景，看河里的大船小船，看舱中四时不同、五光十色的货物，看运货的人上下奔波忙碌。偶尔有汽笛的声音传来，便欢呼道：“大船要来了！”然后就傻傻地等。有时三五伙伴会光赤着身子，捂着小鸡鸡，站在桥栏上，闭着眼睛向下一跳，如一粒弹丸射入河中，然后从大人们的啧啧声中，得意地爬上河岸。每到晚上，桥上是纳凉的地方，水气上升，凉风习习，天上一个月亮，水里一个月亮，水里的月亮晃来晃去，银辉澹澹，流水脉脉。这时，若有人迈着歪歪斜斜的步子，吼几声《镇江四门八景》的小调，那况味永远使你食髓知味。每忆于此，常感喟交集，他乡哪及家乡好，运河滋味西门桥，少年时的心事还鲜活如新，历历在目。

过了两西门桥，就来到闻名于世的京口闸桥。这个既是闸、又是桥的建筑，是中国人民的伟大创造。它是在复式船闸的基础上，创造了一种更先进的澳闸，兼有蓄水、引水、引潮、通航、分溜、避风、仓储、码头等多种功能，集唐宋船闸设计之大成，成为世界船闸史上的一大杰作。宋代镇江在此处建澳闸，200 年后，欧洲的荷兰才出现类似的船闸，300 多年后，法国和意大利的船闸才先后达到镇江的设计水平。京口闸上面有桥，是代替原来古韵十足的石浮桥的。京口闸桥是镇江最忙的桥之一，桥上桥下，人来人往，川流不息，又是个集市热闹之处，挥汗成雨，挥袂成幕，完全是一幅镇江的《清明上河图》。河里舟楫如织，南北商品在这里交流，漕运在这里中转；两岸夹河列市，行栈林立，商贾云集，米、茶、油、麻、糖、丝绸、木材、瓜果等，诸色杂货，悉皆有之，在此集散中转，"桥畔杏花村店酒，水边红袖画楼人"、"舳舻转粟三千里，灯火临流一万家"写的就是这里。运河因漕运而空前繁荣，最有代表性的古商市井也是这里，京口闸桥完全当得起"洵七省之咽喉，吴越之门户"的称号。

挤过熙熙攘攘的京口闸桥，行不到百步，即上迎江桥。从名称就可以看出，运河在这里要迎来长江了。再往前，就是平政桥，是横跨运河之上的入江口，运河从这里涌进了长江的怀抱。平政桥原是桥身可移动的木桥，后改为钢筋混凝土的三孔梁式桥，现建成为桥路相平、规模庞大的现代化桥。今桥直通长江路上的春江潮广场。在平政桥上看大江风貌，是为一绝。桥上车如流水，桥下百舟竞发，古之韵味和现代风貌，两者皆可随意领略。

此外，镇江大运河分有支流，这些支流上也有不少美丽的小桥，如关河上的绿水桥、千秋桥、网巾桥、清风桥，护仓河上的望仙桥、拖板桥；还有一些小支流上的斜桥、观音桥等。另外，还有一些著名的桥，如黑桥、天桥、南门高架桥等，这些都是旱桥，与水无关，本节不赘言。

美丽的镇江，离不开风韵独特的石桥。走在这座座石桥上，仿佛走在历史浓密的树荫下，到处都是故事，到处都是遗迹。又仿佛像一个个露天博物馆，记录着古城的历史，牵连着丝丝缕缕人们怀旧的情绪。在那些残缺断裂的桥基驳岸上，长满了青苔绿草，时间将它们曾有过的辉煌隐藏起来，只有老人们口头上叙述着这些兴盛和衰落了。不过，镇江桥梁所包含的文化意蕴是非常深刻的，它独特的形体结构，空间组合和色彩，地理环境和装饰方面的审美处理，给人以美的享受和哲理的启示，笔者就此打住，否则，桥的内涵简直就是无尽的，桥与城镇、桥与园林、桥与历史、桥与文字、桥与美术、桥与音乐……桥是一个说不完的话题。





## 第六节 名泉涓涓出江南

扬子江心第一泉，南金来此铸文渊。
男儿斩却楼兰首，闲品茶经拜羽仙。

宋·文天祥《饮中泠泉》

扁舟一叶，选定子午两个时辰，在波涛汹涌的扬子江心稳住舵。看准地方，算好绳子的长度，小心翼翼地系下特制的铜瓶，再飞快地拎上来，罕见稀有的中泠泉水，就有了盈盈一瓶。须拿捏得准，专门的地点，专门的时间，专门的工具，专门的技术，才能得到正宗的中泠泉水。所以陆游有诗叹道：“铜瓶愁汲中泠水，不见茶山九十翁。”稍不如法，提上来的中泠泉水就不是真味。

这个中泠泉就在长江镇江段的江心。用中泠泉水沏茶，绿如翡翠，清香甘洌；“盈杯不溢”，贮泉水于杯中，高出杯口二三分不会溢出；“浮钱不沉”，水面上放一枚硬币，飘浮着却不会沉底。此泉水如此难得，取它时甚至有覆舟丧命之虞，因此唐代品茗国手刘伯刍，评中泠泉水为天下第一。《太平广记》中还载有这么一个故事。唐宰相李德裕最喜欢喝中泠泉泉水，一位朋友出差镇江，李托他带一瓶中泠水来。谁知此人酒后忘事，待想起来时，船已到了南京，于是就在南京江中汲了一瓶交差。李喝了这水煮的茶说：“江表水味，有异于倾，颇似建业石城下水。”取水人惊讶得瞠目结舌。茶圣陆羽就更加神乎其技了。湖州刺史过镇江时，只取到半瓶中泠泉水，后又另取江水满之。陆羽见水后曰：“江则江矣，非南陵者。”倒掉一半，指着瓶中剩下的水说，“此南陵者矣。”南陵就是镇江，陆羽能辨出两种混和在一起的水，其鉴水之精，又超出李德裕许多了。

中泠泉水沏茶，绿如翡翠，清香甘甜，浮钱不沉，盈杯不溢

古人嗜茶，于用水极为讲究，几乎到了求精、求极致的地步。如妙玉采集梅花上的雪水；东坡用大瓢取月色下的江水；李德裕要千里

迢迢运惠山之水；靖逆侯张勇取黄河之水。这些水虽好，虽难得，但到底谁是天下第一，这个座次争夺得非常激烈。曾被称为“天下第一”的水源共有六处，即镇江中冷泉、北京玉泉、庐山谷帘泉、青城山老人村杞泉、黄河水、济南趵突泉。但北京玉泉是乾隆皇帝御封，只能说是京师第一泉，不是专家在全国范围内的评定；趵突泉是济南七十二泉之首，这个第一用的是“障眼法”，是济南第一；至于杞泉、黄河水之类，只是个别人摇旗呐喊而已。比较得到公认的“天下第一泉”，就是镇江的中泠泉。泠就是水流弯曲的意思，扬子江水在这里水流三曲，分为南泠、中泠、北泠。中泠水就在扬子江心。唐刑部侍郎、同时也是品茗高手的刘伯刍开了一份品水清单：

扬子江南陵水，第一；无锡惠山寺石水，第二；苏州虎丘寺石水，第三；丹阳县观音寺水，第四；扬州大明寺水，第五。

后来，唐代张又新写《煎茶水记》，他亲历亲尝，将游历所遇到的水一一品尝，认为刘伯刍说得十分准确，这一评千年不移，镇江中泠泉坐上了第一把交椅。据传古人饮之“轻清香滑，既甘且洌，饮之两腋间有仙气”，饮了中泠水就飘飘欲仙了。皇帝也闻名而来，康熙皇帝饮后曾大加赞赏：

静饮中泠水，清寒味日新。
顿令超象外，爽豁有天真。

康熙不愧是一代雄主，他甚至想象道：

缓酌中泠水，曾传第一泉。
如能作霖雨，沾洒遍山川。

近百年来，由于江滩不断涨大，金山已经爬到岸上，第一泉也和陆地连成一片，甚至泉眼也无从寻觅。清同治年间，镇江兵备道沈秉成多方搜寻，终于找到泉眼所在，并在四周树碑筑池，围以石栏。镇江知府王仁堪又拓地40亩，盖楼建亭，养植荷菱。王既为知府，同时又是一位著名的书法家，他亲书“天下第一泉”五个遒劲大字，勒石刻在池壁上，遂成为镇江的一处名胜。

现在，“天下第一泉”就在金山公园的西侧。四周的风景极美。茂林修竹，柳荷相映，“巡回数尺间，如见小蓬瀛”。走过一小桥、一石径，即可看到砌有石栏的方池。凭栏可以看到一泓碧水中，有许多汽泡喷出，一个紧接一个，像一串串无限长的珠链，不断地向上喷涌，正所谓“喷激簌簌而出，如明珠之走盘，听之有声”。池南有一俊秀的双檐亭，名“鉴亭”，取以水为鉴、以泉为鉴的意思，同时，也暗含陆羽、李德裕鉴别水质的典故。池北有一座飞檐两层的古茶楼，又名水陆堂，朱栏玉砌，雕花门窗，四周花团锦簇，林荫覆护，是品赏中泠泉水的最佳之处。到金山来的游客，登慈寿塔，探白龙洞，想稍事休息一下，到第一泉来，坐在水陆堂的二楼，十分的清凉幽雅。下临中泠之泉，左面是芙蓉楼和塔影湖，右面是郁郁青青的田野和农舍，后面是金山寺和田田的荷叶，花、草、树、木，楼、台、亭、塔，一一不缺。古人有品茶“十三宜”，即无事、佳客、幽坐、吟诗、挥翰、徜徉、睡起、宿醒、清供、精舍、会心、赏鉴、文童。这时，你几乎是诸宜俱备了，呼店家来，上一杯甘泉新煮的金山翠芽，揭开盖子，便冒出幽香，“一室皆春气矣”。在热气袅袅、清香袭人的氛围中，抿一口碧青的茶水，唇齿留香，疲劳顿消，日常生活中的龃龉和烦恼，早就绝尘而去了，这时的快活，是给个皇帝宝座也不换的。正是：

口汲香泉带落花，漫烧石鼎试新茶。
绿荫天气闲楼院，卧听黄昏报晚鸦。

唐伯虎也到这里品过茶水，并赋诗一首，后两句是“日斜未放沧浪渡，饱酌中泠洗宿心”。他这个不俗之人能饮一泉水荡去俗尘，一般人怎不纷纷效仿之。

现在取中泠泉水没有那些惊险奇诡了，因为取之容易，完全可以大碗牛饮，这该是沧海造田之功，也是今人比古人幸福之处。日本招堤寺的森本长老，在护送鉴真大师塑像回扬州大明寺时，曾来中泠泉品茗，他还特地带走一壶中泠泉水，回日本国后供奉于鉴真大师像前。

由于“天下第一泉”的美誉甲天下，所以镇江的其他名泉虽多，但名声不显。济南号称泉城，有“家家泉水，户户垂柳”的赞语，老舍甚至说：“设若没有这泉，济南定会丢失了一半的美。”实际上，镇江不但名泉非常多，而且都具有晶莹澄澈的一流水质。仅以南山为例，历史上就有许多名泉的记载，名声较著的有夹源泉、马乳泉、龙泉、双树泉、问泉、竹林泉等，此外还有五大名泉足资游客们观赏。

“泉从清浅得，月傍翠微生”，莹澈可鉴的虎跑泉

虎跑泉。走过南山招隐寺的招隐坊，松荫夹道，路旁就有泉水淙淙响，走上前去就见虎跑泉。泉为方池状，中有井，泉眼即在井中，水清冽见底、莹澈可鉴。泉涌出时另有孔道流出，顺山涧而下，正是元微之描绘的“山泉散漫绕阶流”的景象，且发出鸣琴之声。池上方有虎踞亭，明代称为“万古长清池”，形容泉水常年清冽，池石壁上大书“虎跑泉”三字，为明代镇江知府程峋所书。过去池中还有一方石刻，介绍了此泉的来历：

虎跑泉，创于东晋法安禅师。山旧有虎患，师入山，一夕独坐山麓石树下，参夜禅。及晓，群虎跳跃来左右，为说法授戒，虎踞伏不动。山中苦无水，虎以爪跑地出水，师因筑地盖之，名曰："虎跑"。自是虎遁患绝。

法安点化了群虎，变害为利，而且成为一处名胜。清代镇江有个文人叫鲍鼎，他就喜欢夜坐虎跑泉赏月吟诗，诗云：

薄晚下樵径，松风秋一群。
泉从清浅得，月傍翠微生。
群籁参差合，空池寂历明。
冥心坐幽独，寐虎莫相侵。

从虎跑泉往山上行，就到了鹿跑泉。当年鹿跑泉林壑幽美，鹿群出没，在唐代即很出名，著名诗人张祜形容为：

古寺人名在，清泉鹿迹幽。
竹光寒闭院，山影夜藏楼。

可惜元代还泉水长流的鹿跑泉已经干涸，昔日观风景、闻鹿鸣、听泉声的"三美"已不可兼得，只剩泉畔一座三角形小亭，原名"鹿泉亭"，因泉之不存，明代郡守林华将它改名为"如斯亭"。林太守喜欢在这里饮酒鼓琴，他感叹孔子的"逝者如斯夫，不舍昼夜"，时光如流水，一去不回头，古泉之不存和时光之不留，同样令人叹息。

招隐寺北，还有一个珍珠泉也极有名气。此泉相传为昭明太子所凿。他在招隐寺中编著《昭明文选》，见寺外农田缺水，农人生活艰难，于是心中不忍，遂率人就地掘泉，因泉水涌出时似珍珠一般，故取名"珍珠泉"。从此，乡人饮水及附近农田的灌溉问题得以解决。宋代建"及泉亭"以记此事。解放后，这里扩建为珍珠水库，泉源已并入水库之中，现水库大堤上有"珍珠亭"一座，以纪念古泉之遗踪，珍珠泉的灌溉之功也得到最大发挥，太子若有知，也该含笑于九泉了。古人还将珍珠泉视为聪明之水，清郭野有《试珍珠泉》：

秋云沉碧古苔绿，风激珠光流万斛。
仙人倚槛抚瑶琴，松外泠泠漱寒玉。
我生嗜饮兼嗜眠，老怀抑郁烦忧煎。
可能一勺分尝后，还我聪明似少年。

今人若信聪明水之说，不妨去饮珍珠水库之水，水库水质清莹，强于昔日珍珠泉。

从招隐寺小径步行不远，就到竹林寺。竹林寺半山腰有林公泉，是明代林皋法师所凿。泉为白石砌成的方池所拥，形貌与虎跑泉相同，泉水从池中流出，澄澈可鉴人，如凭栏俯视，人影立现。方池的四周有似于《小园赋》的景致：数亩树荫，寂寞人外，水中有一寸二寸之鱼，路边有三竿两竿之竹。林公泉傍山依崖，颇具古意，“更无俗物遮人眼，唯有泉水洗我心”。若雨后观泉，则泉源孔中有丁冬铿锵声，十分悦人耳目，清诗人张曾游后感慨：

林泉寒泻月，秋声满袈裟。
寺古惟存竹，山幽不在花。

寄奴泉在曲径通幽的黄鹤山中，因宋武帝刘裕小字寄奴，在山中打柴时掘出此泉，后来他当了皇帝，便用“寄奴”两字做了泉名。如果你身处寄奴泉边，放下杂念，畅快地深呼吸，尽情地放轻松，空气中仿佛就有泉水的香味。寄奴泉使黄鹤山增添了林涧之美，由于游客罕至，坐在泉边，泉流淙淙，山气霏霏，会有柳子厚独坐小石潭，四围“寂寞无人，凄神寒骨，悄怆幽邃”之感。据说苏东坡常在此醉酒，据《苏轼东坡杂记》载，可笑他醉后着单衫上山，醒后穿长衫下来，还好奇地问随从，刚才那个穿单衫的醉汉到哪里去了？他曾赋诗寄奴泉四周的景色：

花时腊酒照人光，归路春风洒面凉。
刘氏宅边双竹老，戴公山下野桃香。
岩头匹练兼天净，泉底珍珠溅客忙。
安得道人携笛去，一声吹裂翠岩冈。

一个酒酣耳热，七分醉意朦胧，三分憨态可掬的苏学士，从寄奴泉边步子踉跄地向我们走来了。

此外，焦山上有东泠泉，大市口广场有紫金泉，高资古香山寺有观音泉。镇江的名泉实在是难以一一说尽。

泉流淙淙，山气霏霏，有柳子厚独坐小石潭之神韵

# 第三章 城市山林冠东南

公元1087年，北宋山水画大家米芾来到了镇江的南山。他被南山的美景所惊呆，大呼看到了“京口佳绝之观”，从此结束了云游四海的行踪，在南山鹤林寺附近建了精舍，并题写了“城市山林”四字横额。

米芾是文人山水画的天才人物，而北宋的山水画又是中国山水画的顶峰时代。之所以这样，是因为当时一大批杰出的画家熟悉山川，深入山水，道法自然。米芾极喜镇江的云山烟雨，在镇江一住四十年，总结出镇江景物“城市山林”的特色。画家看景，当然是入木三分，镇江不同于江南其他城市之处，就是因为城在山中，山在城中；城市中有山林，山林中有城市。





“城在山中”，是指镇江除了城北大江如练之外，东、西、南三面均是山峰含黛。宋代词人陈亮说：“一水横陈，连岗三面，做出争雄势。”整个城市就镶嵌在连绵起伏的群山之中。在城的东面，有京岘山、花山、鼎石山、大学山、汝山等；在城的西面，有阳彭山、登云山、宝盖山、风车山、云台山等；在城的南面，有黄山、招隐山、夹山、黄鹤山、磨笄

暮春三月，南山一片金灿灿的黄

山、回龙山、小九华山等；即使是在城的北面，也有宁镇山脉的余脉如象山、焦山、北固山、金山，圌山等，耸峙江边，作星状点缀。所以，古代大园艺家计成说，“环润(镇江古称润州)皆佳山水”。镇江处在群山逶迤、层峦叠嶂的包围之中，山野如洗，万壑腾烟，是名副其实的江山胜地。

“山在城中”，是指镇江城区内又有三山五岭。在市区腹地有日精山、月华山、寿邱山，山虽不大，但突兀崛起；五岭指乌风岭、凤凰岭、燕支岭、骆驼岭、梅花岭，这五岭比较低矮，实际上都是岗坡，犹如山城重庆的坡地。

这城外的山和城中的山，均绿树葱茏，幽静深邃，浓荫藏宇，天然野趣，且绵延如弧地与城市建筑纠结在一起，形成了这天下一绝的城市山林景观。

润州到处皆幽绝，最爱城南古树林

也有人认为，这城市山林是米芾内心世界的反映。米芾的人生旨趣，不在庙堂，而在山林。他的精神世界既有儒家的入世精神，又有禅宗的空灵境界。他平时崇尚自然，向往林隐，然而又居于尘世，为官所累。所以，他想返归到自己的内心世界中，去成就内在的圆满，以平和的愉悦代替外在的争夺，以细腻的体验代替粗俗的官能享受。在他看来，城市山林就是“城市人的山林之地”，是逃避世界、寻找灵感、休憩身心，在喧嚣中求得清静之所在。清人汪懋麟诗曰：

润州到处皆幽绝，最爱城南古竹林。
无数乱山藏寺小，几多篱径入门深。
老松千尺响天籁，疏磬一声来梵音。
胜地殷勤数回过，翻怜身世久浮沉。

欲品味城市山林的胜迹，我们按汪诗的指点，从南郊诸山开始。

## 第一节 南山青翠湿人衣

并策郊行心已闲，城南犹剩六朝山。
携将竹杖沿溪听，知在飞泉第几湾。

清·张九征《同韩如石卞君敕游招隐》

由招隐山、黄山、夹山、黄鹤山、磨笄山、回龙山、菊花山、小九华山等南郊群山组成的南山风景区，是镇江最大的风景名胜区，连同南郊植物园、南山国家森林公园一起，面积近40平方公里。米芾所书的“城市山林”四字横额，就挂在南山山门的门楣上。

春之南山，绚丽如锦

游过金焦北固的人，可能为金山之绮丽、焦山之典雅、北固之沉雄所折服。进入南山，你将为另一种绝俗出尘的天籁画图所陶醉。去南山，最好是有点儿小雨，薄雨如烟，轻盈似雾，一切都滋滋润润、鲜鲜活活的。那山花烂漫、泉石枕流、松风入耳、深山古寺的天然野趣，使多少文人雅士沉迷于其中。如果你想暂时同世俗生活隔开，同符号与机器隔开，抛却种种约束、种种规则、种种外在压力，让天真和自由做主，享受到最完美的自然，那么南山就是最好的去处。如果你想感悟苍天之大德，探求人格之修养，那更要到南山来，因为水边的哲学是“逝者如斯夫，不舍昼夜”，那山里的哲学就是“山中方七日，世上已千年”，不知日月。在南山，你会感到被现代生活节奏所压抑的心灵得到充分的抚慰。历史上，有音乐奇才戴颙在这里研山水之音；有昭明太子萧统在这里选千古文章；有哲学大家周敦颐在这里筑“爱莲池”；有得道高僧马素禅师在这里说法散天雨花……古镇江一共有二十四景，南山一家就占了九处，“招隐听鹂”、“竹林听泉”、“鹤林古木”、“八公早梅”、“岘山策蹇”、“兽窟危亭”、“龙洞吟秋”、“九华层云”、“五洲积雪”，足可以看出南山在镇江风景名胜中所占的地位。如果以人来喻镇江诸山的特色，则金山是贵妃命妇，雍容华贵，国色天香；焦山是名门闺秀，清水芙蓉，天然去雕饰；北固是武将军，纠纠雄风，雄姿英发；南山则是田舍农人、山中隐士，清新自然，毫无尘俗之气。如果以文章来喻镇江诸山的特色，则金山是孔孟，天下正宗；焦山是诸子百家，品味无穷；北固是孙子吴子，兵家之祖；南山是老庄，道蕴自然，超尘逸出。

要说南山有超出金焦北固的地方，可以数出“七多”。

其一是山多。仁者乐山的人，到南山来最适宜不过。南部诸峰群山连绵，隐邃幽深，且个个有故事，座座有来历。稍大一点的山体有招隐山、黄鹤山、夹山、菊花山、小九华山；小一点的有磨笄山、回龙山、黄山、马鞍山、虎头山、观音山、檀山等。进入山里，远离尘嚣，少有人烟，你可以享受完全一个人独处的感觉，也可以享受与大自然亲近的乐趣。

其二是树多。南山是国家级森林公园，又是规模较大的植物园，所以到了南山，最抢先入眼的就是那浩瀚无边的碧绿，“山中元无雨，空翠湿人衣”。那是一片翠色欲滴、沁人肺腑，一直浸染到你的心灵深处的碧绿。你第一眼看见那一望无垠的滚滚绿浪时，心里的震撼只有海洋的波涛差可比拟。进入南山，到处是山峦叠翠，古柏参天，竹海摇曳，名花盛开，那松、柏、银杏、杉、榆，或生危崖，或长绝壁，

“峰岭之胜，在于深高。”烟雨濛濛的南山





或抱石，或钻岩，千姿百态。此外还有梅树林、桃树林、枫树林等。如果你读过屠格涅夫的《猎人笔记》，那么，屠氏笔下那令人如痴如醉的森林、树丛和夜莺的叫声，你都能欣赏到。春到南山，山花竞放，绚丽如锦；夏到南山，竹韵声声，阵阵清凉；秋到南山，枫叶转红，漫山红遍；冬到南山，柏叶苍翠，松涛阵阵。在这个植物王国里，成千上万种植物用几千种深浅不一的绿色冲击着你的视觉，一年四季都是一个“绿”字。

其三是鸟多。南山是鸟的世界，整日间百鸟啾啁，鹂鸣宛转。据《招隐山志》记载，山中有黄鹂、带鸟、白头翁、斑鸠、布谷、画眉、鸥鹗、鹰、雕等。南山有两种鸟很著名，一是黄鹂，又叫黄莺、金衣公子，颜色金黄，它的叫声悦耳动听，清脆如簧；另一种叫带鸟，又名绶鸟、玉带鸟，状如喜鹊，飞起来形态很美，振羽若弯弓，尾垂如飘带。进入南山，你就进入了“鸟语遍幽涧，人声隔翠微”的境界。

山峦叠翠，古树参天

其四是泉多。自古名山多清泉，南山泉水之多、之清纯比之江南各座名山更胜一筹，几乎山山出名泉，如招隐山有虎跑泉、鹿跑泉、珍珠泉，黄鹤山有寄奴泉，夹山有林公泉、马乳泉、夹源泉、竹林泉、龙泉、问泉、双树泉等。走在南山里，泉水淙淙如环珮丁当，一路伴你山行，正是清人谬潜笔下"呦呦鹿鸣，食野之苹。白石凿凿，原隰既平。湜湜其沚，泉流既清。陟彼岨矣，悠悠南行"的意境。

其五是名士多。南山虽是个清幽所在，但历代寻访者摩肩接踵，络绎不绝。据史书记载，唐代有骆宾王、李峤、王昌龄、刘禹锡、储光羲、顾况、皇甫冉、李涉、张祜、李坤、戴叔伦；宋代有梅尧臣、李舜钦、曾巩、王安石、苏轼、陆秀夫、文天祥；元明清三朝就更多了，有萨都剌、杨一清、屠隆、申时行、陈继儒、笪重光、王士祯等。他们在南山竹径漫步，流连忘返。南山还出了镇江四大文人：大音乐家戴颙，在听鹂山房创出了《广陵》《止息》等千古名曲；大文学家萧统，在增华阁内编出了千古范文《昭明文选》；大书画家米芾，在鹤林寺创出了"米家云山"技法；大批评家刘勰，在文苑写出了千古名著《文心雕龙》。他们的名字，使山花遍野的南山更加绚烂美丽。

其六是画家多。自米芾在南山创"米家山水"画展，南山就成了画家的云集之处，并由此产生了中国绘画史上著名的"京江画派"。当时在南山流连往返的画家有张崟、顾鹤庆、潘思枚、周镐等。他们晨餐朝晕，夕枕落霞，那鹤林的古松、招隐的梅花、竹林的亭阁、八公的幽洞都在他们的笔下熠熠生辉，也使烟云秀润的南山更加充满诗情画意。

大批评家刘勰，在南山写出《文心雕

其七是名寺多。“南朝四百八十寺，多少楼台烟雨中”，南山是典型的深山藏古寺。进入山中，方知道里面的佛教建筑规模宏大，气势峥嵘。声名远播的著名古寺有招隐寺、竹林寺、鹤林寺、地藏寺、幽栖寺、高崇寺等。庵也很多，仅仅八公洞附近，就有翠淙庵、深云庵、大竹庵、紫竹庵、化城庵、半壑庵、潮音庵、远尘庵、汉隐庵等十几座小庵。有的寺规模较大，如古代的鹤林寺，它的范围囊括了招隐山、菊花山、小九华山等几座山头，据说出了山门就到了镇江的城门。清诗人笪重光《宿小九华僧舍》诗云：“策杖登临思渺然，凭空趺坐有青莲。千峰远抱金陵气，万井低浮跌瓮烟。瑟瑟秋风闻燕度，迢迢江水想龙眠。南徐到处多名胜，此处应通兜率天。”眼见一座接着一座的寺庙，确实有接近西方极乐世界的感觉。中国园林权威陈从周先生说：“山不在高，贵有层次；水不在深，妙于曲折。峰岭之胜，在于深高。镇江南郊诸山，皆多此特征。”南山具备了可旅可游的各要素：溪流清浅，可以戏水；幽芳绕泉，可以放歌；蛙鼓杂沓，可以垂钓；悬岩突兀，可以舒怀；深山古寺，可以礼佛；渊源浑厚，可以怀古。下面就沿着南山招隐、竹林、鹤林三大寺的踪迹，在翠绿的波涛中作南山之旅。

南山三大寺首推招隐。招隐寺最初建于招隐山巅，由刘宋时隐士戴颙的故宅改建而成。《招隐山志》中说，戴颙只有一个女儿，其女非常孝顺，磨笄发誓不嫁，终身侍候父亲。戴颙死后，他的女儿把

南山三寺，首推招隐

住宅捐给僧人，建成佛寺，所以初唐四杰骆宾王有诗曰：

共寻招隐寺，初识戴颙家。
还依旧泉壑，应改昔云霞。

后来，唐末薛郎、刘浩作乱，招隐寺毁于战火，移至半山再建；清咸丰年间，又毁于火，又重建，几经荒废，规模已不如当年。据重建时记载："与鹤林古竹院相望数里，孤处于万山荒凉之巅，所由山径石卵累累不绝如线。"由此看来，当初重建招隐寺，包括攀登招隐寺，是非常耗费力气的。如今交通发达，大路直通山门，下车即进入招隐山了。

招隐山从前因群兽聚居，又叫兽窟山。自从戴颙在此隐居后，就改称为戴公山，后来大家认定戴颙是个大隐士，山也改名为招隐山。招隐山山口，即招隐寺的山门，有古色古香巨石牌坊一座，横额为"宋戴颙高隐处"，并有"招隐"两字。石牌坊两旁联云：

读书人去留萧寺，招隐山空忆戴公。

上联指梁武帝之子昭明太子萧统曾在此寺读书，他那著名的《昭明文选》就是在这里编著完成的。昭明太子恰又姓萧，人去寺空，留下这千载萧瑟的遗迹，一个"萧"字用得极其贴切；下联指戴颙隐居山中，名人与名山共存，使人神往与眷念。这副石刻横联，是300多年前的原物，很是珍贵。后人在石牌坊外侧二石柱上，又补刻两个联句：

烟雨鹤林开画本，春咏鹂唱忆高踪。

上联称赞米芾在南山开创了“米家山水”画派，下联仍是说戴颙的事迹。这座石牌坊，用楹联将南山区域内的三大名人烘托出来，是非常精妙的。走过牌坊，只见一条石路笔直，伸向前方。沿石阶而行，路边坐落一亭，叫“访戴亭”，有石桌石凳可供游客小憩。三两知己，在亭内闲话，自有一番天然野趣。如果你到山上去走走，是为了摆脱生活中的烦恼，那么在小亭中心平气和地坐一坐，会让你忘掉一切。身旁清泉泠泠汩汩，从半山中涌流而出，像小溪一样顺着深涧夺路而下。树上掉下的落叶，犹如一叶叶小舟，飘着，浮着，打着旋，也顺水而下，消失在深涧里。宋朝曾巩有诗道眼前景：

想当林间月，独写山中泉。
偏怜最幽处，流水鸣溅溅。

真是“诗家无限意，都属一边亭”，若不是咸丰年间的战火把招隐寺烧个精光，那么今天看到的就不是小亭，而是雕栏玉砌、层层叠叠的殿宇，巧夺天工、星罗棋布的亭台楼阁，有大雄宝殿、云水堂、尊客堂、列斋堂，还有拜经台、文殿、大法堂、大香积厨等。而且定是游人如织，熙熙攘攘，像现在这样的幽深宁静、烟霭杳冥、潇洒出尘，则是再也寻不到了。

“访戴亭”上方有石阶可攀，从石阶走到东北半山腰有“听鹂山房”。据说古代这里是古木参天，浓荫蔽日，今天仍然是花鸟若市，鹂鸣清脆。“听鹂山房”的建筑，已改建成一个茶舍，繁花簇拥下的粉墙黛瓦，清流潺潺之上的古典小筑，真有种别样的清新与韵味。茶舍的大堂上，有泼墨国画、诗词条幅叙述着戴氏的故事。院落里有石桌石凳可供游客休憩，品评香茗。一盏绿意在手，在袅袅上升的水汽里，耳听黄鹂宛转，鼻闻野梅幽香，眼看着从树间筛下来的光斑，在地上微微晃动，和千古名士在这里悠然神会，何等的优雅清高。平时人在世俗的“套”中，很难感受山林之幽、云水之乐，只有到了“听鹂山房”这样的自然环境里，才能感受到世界的通体和谐和天人合一。

"戴颙斗酒双柑听鹂声"的典故,就产生于此情此景。戴颙字仲若,是南朝的大音乐家。他和父亲戴逵、兄弟戴勃都是当时有名的高士,隐居于会稽剡中。戴逵是书画家兼音乐家,晋武陵王晞为太宰时,召戴逵去弹琴,戴逵当着使者的面,把琴摔破说:"戴安道不为王门伶人!"戴颙有乃父之风,才华横溢却不愿做官,宁愿在家吃豆粥充饥。朝廷闻其才,多次派人请他出去做官,都被他回绝了。后来,衡阳王刘义季礼遇于他,刘镇守镇江时,在南郊黄鹤山造竹林精舍,请戴来研习音乐。戴颙嫌黄鹤山距城市太近,再迁到招隐山,最后终老于此。戴颙非常喜爱这里的山水,更爱听黄鹂的鸣唱。他每天携斗酒、双柑和桐琴,到这里来"听鹂整弦,新声变曲",人问何故?他说:"往听黄鹂声,此俗耳针砭,诗肠鼓吹,汝知之乎?"诗经曰:"春日载阳,于彼高岗?交交黄鸟,集于苞桑。嘤其鸣矣,婉如清扬。声闻于野,并坐鼓簧。"对于这样一位卓越音乐家的耳朵,黄鹂的歌声有特殊的魅力。山水的优雅洗尽了尘俗之气,山水佳音极大地诱发了他的灵感,使他创作了十五部曲谱和一部长曲,又综合"何尝"、"白鹄"两曲为一调,音极清旷。特别是"广陵"、"止息"、"游弦"三曲,已成为中国音乐史上的灿烂篇章。音乐是靠想象力支撑的艺术,它的美妙和深不可测,常常为我们提供思想驰骋的广阔空间,因此,南山就是镇江最富想象力的一座园林。后人为纪念戴颙,在他操琴处建听鹂山房,有门联曰:

泉逸每清心,自有山林招隐逸;
莺声犹在耳,好携柑酒话兴亡。

现"听鹂山房"已成一景,游客静坐小憩,看山花,听鸟语,也是难得的一大享受。在这里,你随时随地都会无声地感受到音乐的存在。勃拉姆斯说过:"在维也纳散步可要小心,别踩着地上的音符。"在"听鹂山房",你也能处处感受到音乐这"神仙手指"的撩拨,到处感受到那无形的音符。

离"听鹂山房"不远,有虎跑泉、鹿跑泉两姐妹泉,再加上招隐寺里的珍珠泉，都是“甘泉润吻”，水质清冽。这三大泉已在《涓涓名泉出江南》中介绍，不再赘述。

出虎跑泉不远，有一座玉蕊亭，六角昂翘，彩楣飞檐。玉蕊花世所罕见，和扬州的琼花一样，是中国植物史上的珍卉奇葩。此花相传为唐玄宗之女唐昌公主所植，非常名贵，只有皇帝的御花园和翰林院才有，一般百姓是见不到的。《剧谈录》记载：“唐昌观旧有玉蕊花，甚繁，每发若瑶林琼树。”又有《太平寰宇记》《花镜》等古籍载，玉蕊花始开于招隐寺，举世无二，是唐昌公主将其移植深宫内，唐末时灭绝，从此天下无存。不管谁先谁后，但对此花难以言说的美丽却是认同的。玉蕊花的形态，据陈景沂《群芳备祖》云，“其叶类柘之圆尖，梅之厚薄。其花类梅，而莩瓣缩小，厥心微黄，类小净瓶。暮春初夏盛开，经月渐大，暮春方八出，须如冰丝，上缀金粟。花心复有碧筒，状类胆瓶。其中别抽一英出众须上，散为十余蕊，犹刻玉然”。这种美丽的花，据说三百年才开一次。天下愈难做到的事，就愈给人们美丽的遐想。唐朝宰相李德裕任镇江父母官时，常在招隐寺玉蕊花下饮酒赋诗。李在《招隐山观玉蕊树戏书即事奉寄江西沈大夫阁老》诗中云：



玉蕊天中树，金闺昔共窥。
落英闻舞雪，密叶乍低帷。
旧赏烟霄远，新欢岁月移。
今来想颜色，还是忆琼枝。

这种神奇的花最终没有留存下来，到了宋代已是人间全无消息，但对于此花的争论则一直流传到今。宋人宋祁称玉蕊花和扬州的琼花是同一种类；黄庭坚称玉蕊花是玚花或米囊花。愈争论，就愈有好奇者来追根寻源，所以自古以来到招隐寺一游的人，都会在玉蕊树旧址上辗转徘徊。花已经去了仙境，看不到形状，闻不到香味，但到此凭吊一番，也是遐想仙卉、沾点仙气吧。正如玉蕊亭石柱上古联云：

绝顶共攀跻，此地来骚人墨客；

三山相揖让，何处访玉树琼枝。

从玉蕊亭到读书台和增华阁，就进入招隐寺的中心景点，也是招隐寺的精华所在。读书台和增华阁是纪念昭明太子萧统的，是一个静雅清新、隔绝尘嚣的所在。这种静谧不是来自于烟林寒树、古木老泉、雪夜归舟、深山萧寺，而是一种出自内心、出自书卷的宁静。萧统是梁武帝的长子，聪明好学，喜读诗书。和历史上“不爱江山爱美人”或“爱江山也爱美人”的帝王不同，这位太子宁可不做皇帝，也要在文学上作出不朽贡献。他认为皇帝虽然尊贵之极，但死后还是与草木同朽，只有好的文章才能千古流传。于是他带了一批文人从南京出发，想找一个潜心读书的幽静所在。他们到过庐山，到过阳澄湖，最后到了镇江，选定了南山招隐寺。这里群山环抱，人迹罕至，修竹清泉，山水清音，又离国都南京很近，于是萧统决定就在这里读书选文。地方官为他造了读书台，供太子读书休息；造了增华阁，供太子藏书辑书。萧统迁移皇宫藏书三万卷来此，风雨晨昏，遨游书海，终于编成了30卷的《昭明文选》。这部《昭明文选》收录了上起周代、下迄梁朝100多个名家的诗文词赋，基本汇集了梁以前的文字精华，是我国文学史上的一座丰碑，被历代文人奉为文章的典范。从宋代始，就有“《文选》烂，秀才半”的说法。读书台和增华阁屡建屡毁。现读书台在半山腰，有精致青瓦房三间，厅堂内台座上有石案一具，门旁柱上有楹联曰：

深山萧寺，隔绝尘嚣的昭明太子读书台

妙境快登临，抵许多福地洞天，相对自知招隐寺；
伊人不可见，有无数松风竹籁，我来悦听读书声。

读书台右侧的高台上就建有“增华阁”，古色古香，桌凳条几，一一齐全。昭明太子和众文人编辑文选的巨幅画面，就挂在增华阁大厅的正中，太子的音容笑貌，仿佛仍在这厅内回荡。无论是读书台，还是增华阁，虽然是窗明几净，环境清幽，但条件却很简陋，生活肯定是异常艰苦的。据说昭明太子在这里粗衣陋食，披星戴月，日以继夜，直至双目失明，终于书成，31岁就英年早逝。这是多么伟大的胸襟和抱负。一个锦衣玉食的太子，能够拒绝声色犬马，在荒山古寺读书，能够以如此的坚韧和毅力完成巨著，这样一个“明河在天，秋虫唧唧，含辛茹苦，不舍昼夜”的太子形象，就永远定格放大在中国的历史上，被后人所景仰并引为楷模。“风流播今古，著作辉乾坤”，清人王士祯有诗道昭明太子：

王孙读书处，梵宇自萧森。
无复维摩室，空余双树林。
荒台梁碣尽，夕景楚江阴。
古像悲犹在，风流不可寻。



现在，镇江市每年举办中小学生作文竞赛，都命名为“增华阁作文大赛”，以纪念这位喜爱文学的太子。

招隐寺东南约一公里处，还有一个八公洞，相传是昭明太子八个太监梵修的地方。昭明太子为静心读书，退回父王赏赐他的宫嫔美女，只留下八个太监侍候他和文人们的生活起居。太子去世，这八个太监不忍离去，留下来伴太子的坟墓，死后便葬在这洞里。苍苍八公，终古常坐，这八个太监的故事，也是相当感人的。由于萧统和《文选》在中国文学史上的重要地位，不少地方都修建了他的文选楼和读书台，浙江天目山有他的文选楼，安徽贵池也有他的文选楼，真伪莫辨，争讼数起。实际上萧统行于江浙皖，带有游学的味道，他选文三十卷，筑室几座，谁人说得清？而在镇江的几处遗踪，则是他生命和治学中最重要的时间段,这是毋庸置疑的。

招隐寺还有一些精巧的亭阁,如“访秋亭”、“鸟外亭”等。访秋亭今已不存,鸟外亭取“亭高于飞鸟”之意,高高地端坐在招隐山巅。欣赏南山的美景要有一种意境,如一点飞鸿远山外,烟霞灭没有无间,此山之境;一团苍老暮色里,幻出奇崛傲世界,此石之境;一竿萧竹含清泪,独对青天说纵横,此竹之境;寂寂小亭人不见,夕阳云影共依依,此亭之境。这鸟外亭圆形,单檐尖顶,有石凳石桌,亭子比较一般,但景色非同一般,是要进入意境来欣赏的。在亭内可极目天地,阅尽南山美景,真有飞鸟翔空、俯瞰世界的感觉。若秋天来,从亭中可俯瞰红叶漫山遍野,似铁锈斑斑。青翠的山体变色为苍凉幽暗,但那深色的殷红、暗红仍如满山的火焰,充满生气,跃动不已。若又是月明中秋之夜来,如果有胆量沿山径登上此亭,只见大地静卧在柔和明亮的月光之下,四面千山万岭,直到天边,全都镀上了一层银。山上松声如江涛,竹鸣如笛韵,亭阁剪影,树影斑驳,夜风习习,秋虫唧唧。空谷之中,不时传来一两声山下的犬吠,其幽静如同身处在欧阳子《秋声赋》的境界里。在如此醉人的夜空下,你会觉得一种清寂、宁静的幸福感悄悄爬上心头,生活原来可以如此地富有诗意,如此地出尘脱俗。

由招隐寺后面翻过山头,就到了小九华山。小九华山谷深林密,群峰拱卫,是南山诸峰中最高峻之处,清诗人潘恭寿有一首诗专道小九华的气势:

一笠白云顶,下窥诸界天。
路随峰宛转,花与屐缠连。
忽听清钟发,遥看萝径烟。
孤樽劳久待,暂醉亦前缘。

过去小九华山下有地藏寺,山顶有幽棲寺,现都不存,唯有明朝太傅大学士杨一清的墓,还静静地卧立在山下,默默地注视着历史变化的沧桑。杨一清 8 岁时“以奇童荐翰林秀才”,直至位进首辅,是

“鸟外亭”外夜深沉，大地静卧在柔和的月光之下，千山万岭全都镀上了一层银

依山而建的竹林禅院

明代著名的"楚中三杰"之一，一生颇为坎坷，最后在山青水幽的小九华山下找到了归宿。

南山第二寺是夹山的竹林寺。竹林寺本名夹山禅院，为东晋法安禅师始建，后颓塌多年。明代林皋法师开山说法，在此搭建草房。他得到官府的支持和镇江乡坤的捐赠，依山建寺，率众僧和匠人在夹山半山腰凿开一块很大的平地，建成了寺庙。因处于幽深的竹林丛中，故改名为竹林寺。康熙皇帝南巡，首驻在竹林寺，并亲题寺名匾额。竹林寺在全盛时规模宏大，有殿宇259间，可惜后来毁于太平天国战火。目前重建部分，规模已不如以前。从招隐寺到竹林寺，一段山路不长，十分钟即到，但给人的感觉是绝对舒服。清人王士祯在走这段山路时，曾写过他的感受："山路纡曲，长松如画，修竹数万，清风拂戛，上梢云日。"游人穿行其间，越靠近竹林寺，就会发现竹子越多，整个寺庙都被苍翠的竹子淹没。远远望去，只见竹海，不见寺庙，游人至此，淋一身浓碧，只见满目青翠在树影波光中柔柔地晕出，仿佛是抹染了一篇绿色的童话，一个透明的梦。竹林寺的山门即天王殿，共五间，门上题额为"竹林禅院"。整个寺依山而建，一组石阶，一层平台，一共有五层，层层登高。从天王殿大门入寺，拾级而上，到了第三平台，地面开阔，两旁又有东西客房各五间，设计精巧，形状古朴。竹林寺最大的特色就是一个字——"幽"，那种临水花幽、芳草寻幽、林鸦树幽、鸟鸣山幽、苔深径幽、独坐篁幽、炉香清幽、一帘梦幽，怎一个“幽”字了得。去竹林寺读书写文章，那一定是情悠悠、意幽幽，写出清水出芙蓉、没有一点人间烟火味的文章来。唐诗人李峤道《竹林寺》诗曰：

早起出城市，寻僧到竹林。
始知竹林幽，僧栖云自深。

清诗人张曾游寺后也感慨赋诗云：

楼窥孤鸟下，路夹乱峰斜。
坐对云堂晚，松风听煮茶。

竹林寺不仅寺庙清幽，而且有园林之胜。寺内外有林公泉、马乳泉、夹源泉等多孔，这些已在“涓涓名泉出江南”一节中介绍。竹林寺所在地夹山，也颇有可观之处，满山竹木繁茂，古木参天，松篁掩映，苍翠宜人。竹林寺前就有数株古老的银杏树，已有400余年树龄，依然虬蟠苍劲，高耸入云。由竹林寺穿羊肠小道，可迂回曲折登上夹山之巅。山巅有古“挹江亭”，亭呈六角形，石柱上有联曰：“江流山色遥空处，笠景钟声夕照中。”亭中四面来风，镇江风光尽收眼底。若有雅兴坐于亭中，饮绿闻香，领略“丹青云日玉壶中，宫徵山川金镜里”的美感，真是摄魂荡魄。只见长江东来，若带若丝，金焦二山，浮于云水。天地间原有这般可景、可意之处，难怪古人说：“非常之观，常在于险远，而人之所罕至焉。”你稍吃一点苦，哪怕是攀上了一个小小的山巅，你就能看到一个新的境界。唐代名相李德裕曾慕名来此，他是踩着碎银色的月光来赏花的，面对着四周盛开的樱桃花，他看呆

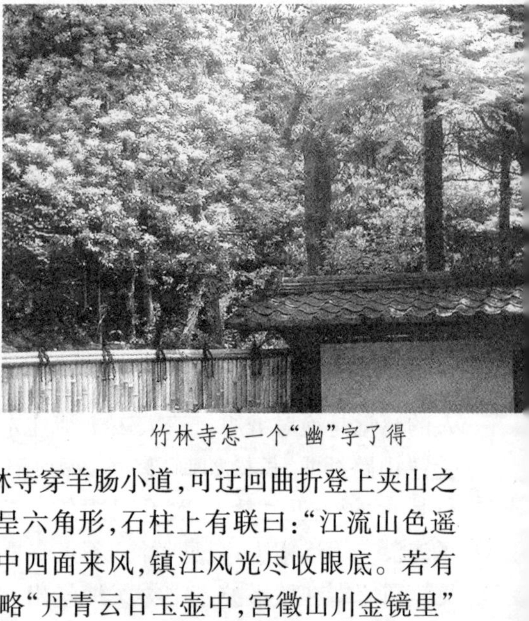
竹林寺怎一个“幽”字了得

了，思乡之情浓浓而生：

皎月照芳树，鲜葩含素辉。
愁人惜春夜，达曙想岩扉。
风静阴满砌，露浓香入衣。
恨无金谷妓，为我奏思归。

月光下的夹山是何等迷人摄魄。花影扶苏，淡云拂地，月光绰绰，影儿参差。这种天地间最美的景致，具备了最动人心魄的力量，令人不由得放轻脚步，蹑形潜踪，以免打扰这清幽静寂，吓走这轻轻浮动的香影。

竹林寺东，还有纪念一代文僧和一代武将军的景观所在。

纪念文僧的叫文苑，是纪念我国南朝著名的文学理论家刘勰的一座精品公园。它独树一帜地将传统造园艺术、欧美绿化手法、现代喷灌技术结合起来，体现出“城市山林”的意趣。刘勰是镇江人，他深思好学，博览群经，寄居在寺庙里整理藏经达十余年之久，又曾在招隐寺参加过萧统编注《文选》的工作。他在镇江写出了《文心雕龙》50 篇，是我国古代最完整、最系统、最具代表性的一部文学理论巨著。文苑内有成片的香樟、竹林、丹桂等花木散布其间，另有高雅的牡丹、芍药加以点缀，象征着《文心雕龙》在我国文学理论史上的崇高地位。文苑的建筑以文心阁为中心，又有雕龙池、知音亭相得益彰，自然清新和雍容华贵兼而有之，灿烂辉煌和素洁俊雅双美并俱，漫游其间，确实令人心旷神怡。文苑的品位也很高，主建筑文心阁上下二层，门首有“龙学泰斗”杨明照的题匾，两边摘有《文心雕龙》的名句：“丹青初炳而后渝，文章岁久而弥光。”迎门壁挂青砖上镂刻有刘勰的画像，阁内陈设《文心雕龙》的各种版本。在《文心雕龙》诞生 1 500 年之际，镇江举行了刘勰的国际学术研讨会，纪念这位文学巨匠。刘勰如果地下有知，一定会起而谢曰：“可以不朽矣。”

纪念武将军的是赵伯先墓。赵伯先是镇江大港人，辛亥革命先烈。他和孙中山情如手足，多次领导武装起义。在著名的黄花岗战

文苑的雕龙池和知音亭，自然清新和雍容华贵兼而有之



役中，他任总司令。起义失败，忧愤成疾，死于香港，孙中山追赠他为“上将军”。“大好头颅拚一掷，太空追攫国民魂。”如今的伯先墓翠柏丛生，青松挺立，庄严肃穆地护卫着这位为国捐躯的英灵。

南山第三寺是鹤林寺，这是南山诸寺中最古老的寺院。鹤林寺以幽古取胜，到现今已有1 500多年了。据《太平寰宇记》载，这里的山原叫黄鹄山，寺叫竹林寺。宋武帝刘裕在附近打柴、种田，累了就到竹林寺歇息。寺里的和尚发现黄鹤飞舞其上，其身现五条龙纹，于是对刘裕十分客气，后来刘裕果成真命天子。刘感激当初，于是将黄鹄山改名为黄鹤山，将竹林寺改名为鹤林寺。凡为帝王者，必定有祥瑞之兆附会，这也是古代中国的一大特色吧。还有传说刘裕出生那天，有神光照室，黄昏时，天降甘露，刘父感到很惊异，给他取名叫“奇奴”。后因母死家贫，刘裕不得已寄身舅家，就改名为“寄奴”。如今除了南山有刘裕的遗迹之外，古运河畔还有一座临水建筑，就叫“寄奴居”，以纪念这位穷人出身的皇帝。黄鹤山出了镇江历史上第一个皇帝，自然风水不凡。这里山峰俊雅，泉水长流，山间有一孔寄奴泉，据说是刘裕从石缝中一点一点开凿出来的。元朝著名词人萨都剌有诗道：

龙飞凤隐知何处，今日空余黄鹄名。
千古江山围故国，五更风雨入空城。
猿啼洞府暮云合，花落祠堂春草生。
何日结茅向青壁，抱琴坐石听泉声。

鹤林寺就在黄鹤山山巅，原有“鹤林八景”。唐诗人李涉有《题鹤林寺僧舍》，诗曰：

终日昏昏醉梦间，忽闻春尽强登山。
因过竹院逢僧话，偷得浮生半日闲。

因此这“逢僧”处成为鹤林第一景，此外还有香花桥、寄奴泉、杜鹃台、濂溪祠、米芾墓、马祖塔、太傅松。如今，只有杜鹃台和米芾墓尚存，其他均已湮没无闻了。杜鹃台实是一座二层小楼，位于鹤林寺大殿后侧。大殿改为鹤林小学，杜鹃台也在小学里面，因此游人已不能登楼赏杜鹃了。杜鹃可称为鹤林寺的寺花，唐宋时到鹤林看杜鹃是当地一大盛事。唐诗人李坤有诗云：“鹤栖峰下青莲宇，花发江城世界春。红照日高殷夺火，紫凝霞曙莹销尘。”如此好花，难怪要倾城观赏。那满山开杜鹃，千山响杜鹃，实在是异常的美丽。清人戴纯有《杜鹃楼》诗云：

林外啼鹃苦不休，我来独倚杜鹃楼。
数声清磬山云破，一树奇葩劫火收。

闻苑只今应伴月，僧居从古最宜秋。
美人空忆良宵夜，披拂松风与散愁。

最使人心驰神醉的是杜鹃楼可以宿夜。月光下的满山杜鹃该是怎样一个神异世界，无论是游僧、旅客，都可以随便住下来夜赏鹤林杜鹃。一位明代游僧曾记下夜宿杜鹃台的感受：

杜鹃楼上月三更，旅梦惊回雁一声。
花底怀人南岳远，灯前吊影北堂清。
侯门鼓瑟怜衣敝，客舍歌鱼耻醭生。
永夜愁吟风露下，疏钟叩耳最关情。

如此清风明月夜，“花影久吹笙，满地淡黄月”，天上一丸冷月高悬，地上一片银色杜鹃。银汉迢迢，金风玉露，月色山中，形影单只。怅叹人世的苦闷，意境愈近婉约词。后来，鹤林的杜鹃花与寺同毁于战火。少了此景后，寺僧曾以红踯躅冒充杜鹃花，红踯躅只是有些形似，与真杜鹃不可同日而语。后有乡人献杜鹃移植寺中，这千年的杜

“花影久吹笙，满地淡黄月”。天上一丸冷月，地上斑斑银色

鹃才逐渐恢复。现在,鹤林寺的杜鹃台前,仍有“千年杜鹃”一株,每年春来花开,一株竟有千余朵,仍是游人赞赏之处。

鹤林寺的西南面,有米芾墓地。清人余京有诗云:

山荒樵径十三松,米老孤坟此地逢。
断陇牛羊青草卧,残碑风雨绿苔封。
像栖破屋春浇酒,魂傍空门夜听钟。
我欲揖君供片石,壶中无复九华峰。

诗写得伤感悱恻。其实米芾墓翻修得还是很整齐的,有平台、墓道。墓是圆型的,石砌,青山相伴,古寺相随,应是不朽了。米芾特别喜爱镇江的山水,在此作画数十年。米芾的画有混沌初开之状,恍惚迷离之趣,其微茫惨淡之处,正是中国画天机出没、精澄玲珑之所在,在中国的画史上占有很高的地位。他的《潇湘八景图》在南宋末年流入日本,对日本美术史产生巨大影响,日本将其列为国宝。因此,常有日本游客到这里来觅其遗迹。2002 年,他的《研山铭》手卷以 2 990 万元的天价拍出,创当时中国书画拍卖的世界纪录。米芾 57 岁病死在淮阴,其子米元晖遵从父愿,护送其遗体归葬鹤林寺。宋人叶梦得《避暑录话》中有一段记载说,米芾自愿死后,灵魂为鹤林寺的伽蓝神,永护鹤林。后来果然米芾刚死,鹤林寺内的伽蓝神倒塌,于是他的生前好友重建伽蓝庙,认定米芾就是庙中的新伽蓝。外来的游客,特别是喜欢书画的人,常常慕名而来,踏进这荒山野径,来寻找与著名大书画家神会的机遇。

鹤林寺右边有一个“苏公竹院”,相传这里大片的竹子是苏东坡种植的。中国历史上有两个文人最爱竹,一个是苏东坡,一个是郑板桥。苏东坡认为“无肉令人瘦,无竹令人俗”,所以他到了哪里都喜欢栽竹子,竹子多的地方,必有苏东坡的故事。苏东坡《游鹤林寺》诗曰:

郊原雨初霁,春物有余妍。
古寺满修竹,深林闻杜鹃。

到了鹤林寺,那种雅丽清俗,那种静静的安谧,就能滤净种种尘缘的牵阻。虽无山僧与佛灯，出尘的意味却不浅。人能够暂时地远离世事的喧嚣，也是一种难得的财富。当然，真正最宝贵的是在物欲横流的滚滚红尘中，长久保持那颗平淡从容的心。

镇江画家柳学健的《清凉世界》

最后，我们来看鹤林寺左边的一个小池，叫茂叔莲池。池不大，却是北宋大哲学家周敦颐所凿。周敦颐字茂叔，年幼丧父，随母亲到镇江来投奔舅父。母亲去世，他借住鹤林寺内读书，闲暇时凿了一口方池，栽种莲花。逢夏季时，红莲绿荷，满池生彩。娇蕾碧枝，浅赤浓绿。莲香犹胜柳色。如果秋夜到此，看完杜鹃台的杜鹃，再到池边赏莲，一轮新月倒映在池水之中，花花叶叶，翠盖红裳，色香双绝，不同凡卉。那风摆莲萼、月光摇曳的倩影，又是何等摄人心魄。周敦颐爱莲成癖，曾专门撰文《爱莲记》，仅百余字的短文，而蔚然成为千古名篇：

水陆草木之花，可爱者甚蕃。晋陶渊明独爱菊；自李唐来，世人盛爱牡丹；予独爱莲之出淤泥而不染，濯清涟而不妖，中通外直，不蔓不枝，香远益清，亭亭净植，可远观而不可亵玩焉。予谓菊，花之隐逸者也；牡丹，花之富贵者也；莲，花之君子者也。噫！菊之爱，陶后鲜有闻；莲之爱，同予者何人？牡丹之爱，宜于众矣！

周敦颐是一位被黄山谷称为“胸怀洒落，如光风霁月”的人，他通过对莲花的赞赏，表达了自己的洁身自爱、不与世同污的志趣和理想。据植物学家研究，莲的叶、梗、蒂、节、芯、瓣都具有吸附功能，既能把水中的杂质吸收为自己生长的养料，又能除去水中的污垢，净化水质。难怪我们所见到的莲塘，往往都是“无穷碧”的满塘清水，这就是“芙蓉出清水”的缘故吧。像莲花这样出淤泥而不染、濯清涟而不妖，以除污秽为己任的品格，确实是应该大力提倡的。有一首古诗就叹息过这种品质的难能可贵：

寂寞散池藓色深，千秋遗迹傍禅林。
云光半落残荷影，谁识莲花不染心。

周敦颐在鹤林寺筑池栽莲，使得鹤林寺人文蕴藉，也让整个南山更加形神俱备，意韵深沉。

## 第二节　圌山登高过黄明

凿石排南纪，连峰出大川。
江回绝壁下，山立断陉前。
别嶂通吴会，平流入海天。
时愁波浪阔，风雨起龙眠。

清·冷士嵋《圌山》

中国字典里有一个“圌（音垂）”字，是为镇江丹徒境内的圌山专用。相传当年秦始皇为蹈东海求取长生不老之药，用神鞭赶山填海，有一座瑞山被赶到这里。秦始皇仔细一看，龙颜大惊，因为此山浑如巨龙蛰伏，鳞爪毕现，且瑞气氤氲，气象万千。他便将“瑞”字去掉王旁，再加个方框，造成了一个“圌”字，让圌山的王气永无出头之日。始皇帝枉自称为千古一帝，此举完全是白费力气。暴秦传二世即亡，而镇江却增加了一座无仙也名、无龙也灵的奇山。

圌山临江壁立，位于镇江东端，有“逆流而障东逝之波”、“壁立千仞，关封三江”之誉，其险峻之气一目了然。自古这里就是兵家必争之地，扼守长江防线的重要关隘，抗元、抗清、抗日的重要战场，金戈铁马，炮火硝烟，有许多“折戟沉沙铁未销，自将磨洗认前朝”的故事。诗云：

此山屹立润州东，要塞临江紫霭笼。
一塔凌空增险峻，五峰作伴显从容。
抗倭争说英雄事，制敌常传游击功。
山岳巍峨人共仰，黄明时节寄游踪。

圌山虽以雄伟险要著称，但秀丽旖旎也兼而有之。满山茂林修竹，云烟迷漫，芳草萋萋，茶园垅垅。明代诗僧上思，在圌山绝顶被大好风光所吸引，写出了一个远离纷争的幽静氛围。

极目微茫接远天，山光水色两悠然。
风尘不到烟萝里，云月时来梵座前。
僧影独依幽涧树，钟声疑上夕阳船。
相看举世同蕉鹿，三叹孤峰仰昔贤。

“天下名山僧占多”。圌山最盛时期，共有 40 余处寺、庙、观、庵。其中最著名的有与南京栖霞寺遥相对应的东霞寺；山半腰建有千佛楼的西林寺；被康熙皇帝赐给金山作下院的绍隆寺；山峰之巅规模宏伟的古楞伽禅寺；等等。当时整个圌山，“野花香满路，幽鸟不知春”。林间小道香客不断，或乘轿，或骑马，或步行，人流如穿梭。山上山下的寺庵暮鼓晨钟，此起彼伏。香烟缭绕与晨雾暮霭糅合，若聚若散，状若仙境，使巍巍圌山在风光无限中又平添几分佛道的仙气。

游圌山首先从山下的绍隆寺游起。

圌山脚下，幽幽深谷，绿竹婆娑，钟鼓梵吹之处就是绍隆禅寺。这座寺院阅尽了人世的沧桑，至今依然香火不断，悠悠地刻画着历史的年轮。该寺建于南宋绍兴年间，以佛经“绍隆佛种，续佛慧命”的教义取名。绍隆寺寺规很宽，普天之下的僧众都可以在此挂单修行，所以不但香客众多，僧侣们也常来常往。清康熙年间，康熙南巡也到了绍隆寺。他和秦始皇倒是同一个心病，认为绍隆寺“上有奇特山

幽幽深谷，钟鼓梵吹之处是绍隆禅寺

峰，下显真象龙脉”，生怕出了真龙天子，夺他江山，便将绍隆寺赐予金山寺，作为金山寺的下院。下院相当于和尚的高干休养所，凡大德高僧年迈时，可到这里来修心养性，颐养天年，圆寂后，葬于寺后的塔林。

康熙“真象龙脉”的疑虑，给绍隆寺戴上了一个神奇的光环。在绍隆寺大雄宝殿后面的佛堂中央，有一块比八仙桌略大的地方，每年隆起1厘米高，把地砖也顶得凸出来，形成“馒头势”。每过十年二十年，都要将其铲平了，但过不了几年又悄然隆起。对这个奇特现象，科学家解释不清，善男信女倒是倾倒了无数。他们虔诚地认为，地“隆”就是地“龙”。绍隆寺的和尚们也说，这馒头势就是“龙舌”，整个寺庙就是“龙头”，八字开的寺庙院墙就是“龙嘴”，寺东北角有一悬挂的巨石是“龙鼻”，庙前左右两株千年血榉是“龙角”，左右两口深井是“龙眼”。这整个“龙脉”确实是栩栩如生的。绍隆寺的神奇种种，还有不少其他的内容。它供奉的佛像就与众不同，有一尊来自西藏的观音像，有千年的历史。此观音闲适倚坐，上体半裸，肌肤丰腴，别处从未见过这样的观音。一尊来自五台山的弥勒像，比一般的大肚弥勒更加襟怀旷达，更见笑容可掬。还有一口从五台山移来的大钟，重 1 600 公斤，原来是给金山寺的，但在金山撞击时，其声不宏，奇怪的是此钟到了绍隆寺，钟声响亮，数里清晰可闻。僧人们说，此钟与绍隆寺有缘。每天凌晨三点，绍隆寺便撞起晨钟，方丈着黄色僧袍，斜系百寿主衣，率僧众鱼贯而入。僧众们手执引磬、铛子、铪子、手鼓、木鱼、禅钟等乐器，两两相对，站班而列。引磬一声，众乐齐作，在悠扬有节的梵音奏鸣声中，众僧齐声念诵《楞严咒》，行礼如仪。游客身临其境，历经整个过程，一种心灵的震撼和净化之感便会油然而生。如果是暮鼓时，柔柔的橘红色夕阳、鹅黄摇曳的烛火，再加上比丘们平静的诵经呢喃声，也会把整座寺院浸入浓浓的神圣氛围中。

绍隆寺后面有塔林，这个塔林是江苏省寺庙中最庞大的塔林。少林寺的塔林是世所共知的，绍隆寺的塔林可与之相媲美。在寺后山坡上拾级而登，只见林林总总，有数十座塔陵依山势分布。从康熙赐葬他母亲的师傅铁舟和尚时开始建塔，金山十四代高僧大多建塔葬身在这里。到绍隆寺的人，一般都要到塔林来凭吊高僧。说到底，陵墓和殿堂一样，一生一死，可以看到帝王恩宠“三代受紫”的荣耀场面，也可以看到佛家浮沉的历史，领略到宗教文化的深刻真谛。

游完绍隆寺开始登山。圌山的一大特色是洞多，洞是山的眼，洞多山的灵气就多。据说圌山大大小小共有 72 洞，如鹞鹰洞、透天洞、双龙洞、花仙洞、观音洞、蟠龙洞、老虎洞、滴水洞、蝙蝠洞等，洞如名形，各有特色。其中最稀奇的是箭洞，可称奇洞之冠。箭洞在主峰西南，顶高百丈，横空如桥，远观如一弯新月悬挂中天。相传是后羿射日时，一箭射偏了，洞穿圌山而成。它又有一个名字叫“飞云梁”，地质学上的说法叫“天生桥”，堪称一绝。这个箭洞地势险峻，无援可攀，只能远远观之，只见云雾迷漫之中，苍鹰盘旋其上，林木萧萧于耳，使人不禁神迷、意迷。

圌山海拔近300米，壁立江边，更显其山体高大，越往上爬越显其风光无限。到了山顶，风飘云逸，天清目朗，阳光流金般地灿烂，说不出的舒畅和开阔，忍不住要对着大江吼上几声。虽山歌俗唱不慕深刻，但山野自在之声，自有一种悠长和雄壮。平时喜欢爬圌山的人就不少，节假日更是游客如云。特别是每年一度的"黄明节"（清明节后一天）踏青之时，上山踏青之人，进寺烧香之人，朝觐许愿之人，集如蚁群，涌如江潮，真是人山人海，蔚为奇观。有一年，当地政府作了粗略统计，在黄明节这天，爬圌山的人有10万以上。不仅有圌山周围大港、大路、姚桥一带的百姓，还有来自扬中、句容、丹阳、邗江等地及镇江市区的游客。大爷大娘抱着孙子孙女，小青年成群结队，大姑娘小媳妇们，你扶着我的肩，我搂着你的腰，嘻嘻哈哈，好不快活。圌山上下，一片喧闹之声。车如水、人如龙，山背上登山的人群，长长的一线，蚁群般地向前蠕动。

一年一度"黄明节"，十万人家上圌山

"黄明"这个节日，始于何时，已经无从查考，有人说黄明就是"亡命"的谐音。亡命者，孤坟野鬼也。清明节这天，一般是给家中故去的亲人扫墓，第二天黄明节，就是要照顾一下那些"亡命"，给孤魂野鬼烧些纸钱，让野鬼们也照顾一下自己故去的亲人，同时也保佑一下阳间的一方平安。民俗是有着极其强大的生命力的，黄明节一直沿袭至今，只不过，原本应该是凝重的、悲悲切切的民间活动，如今已成为喧腾的、热闹的、高高兴兴的游乐活动。凡是亲历过这种传统色彩和现代特色相结合的习俗，对那气势壮观的场景和人声鼎沸的喧闹，一定是久久难以忘却的。

爬圌山爬到山顶，可一览圌山全景。古树、新枝、残石、羊肠小径、古老佛塔，全山弥漫着神圣庄严的气氛。山顶可见到古楞伽禅寺的遗址。这里原有雄伟壮丽的大殿及寺群，可惜抗日战争时期被日军所毁。但寺傍的圌山塔却依然挺立在山巅，直插无尽的天穹。圌山塔为七层，砖木结构，内有木梯直通塔顶。此塔建于明代，距今已有350多年的历史，为明代镇江丹徒文人陈观阳所倡建。陈是一个出身贫寒的读书人，后中进士，官至吏部郎中。他力主在圌山顶上建一座塔，为此四处集资，并且将自己毕生节约的俸禄奉献出来造塔。陈观阳捐建圌山塔有两个愿望：一是实现建成“万里长江第一塔”的愿望。塔成后确实无出其右，从吴淞口入江向上，两岸没有一座塔超过圌山塔，所以称为万里长江第一塔并非浪得虚名。二是宝塔如一支巨笔矗立云天，希望激励家乡后人，读书学习上进。陈观阳自己认真苦读，还念念不忘以塔作为巨笔，寄托其尚文育人的愿望，桑梓爱乡之情非常感人。也有人说陈在圌山遇难获救，建塔报恩，所以圌山塔又叫“报恩塔”。圌山塔还有一个名字叫“万人塔”，因为除了陈观阳力主建塔献出俸禄外，建塔的砖木材料，全是圌山人一块一块、一根一根搬运上山的，部分资金也是佛教僧侣、善男信女一个个铜板堆集起来的，这种“聚沙成塔”的精神，也是很令人敬佩的。

圌山顶上放风筝，一缕轻曼似仙迹

站在圌山顶上，大江东去，如仙人飘带；浪下三吴，似一缕轻曼的白烟。巍巍圌山,已经成为镇江丹徒的一个标志,一个风光好、人气旺的长江景观。

圌山脚下,还有万里长江闻名的“圌山关”。圌山关由圌山炮台、大沙炮台和江都的三江营炮台组成,三足鼎立的炮台设置,牢牢地锁住扬子江面。从吴淞口进入长江,第一关由江阴要塞和南通的狼山炮台构成;第二关就是由镇江的圌山炮台和扬州江都的三江营炮台构成。下得圌山,在江边可见到圌山的北麓犹如一个巨大的神龟,伸颈探入江中,与对岸的顺江洲将两公里多宽的江面勒成了不到一公里的隘口。当年的炮台就设在突出江面的大矶头、二矶头上,暗堡式的结构,全长 30 余米,炮口对着江面。炮室有 3 个,内呈腰鼓型。炮室中部最大宽度 6 米,脊顶高 3.6 米,进深 8 米。门侧有小弹药库 4 个。从年久失修的顶部看,整个炮台是用黄泥、石灰、细沙分层浇筑夯实的,非常坚固。据史书载,当年圌山炮台有 20 门大炮,80 余名守军。圌山炮台和圌山附近的江面,自古就是东南锁钥,江防重镇。春秋时期,吴楚争霸,在这里发生过朱方之战;东晋时,这里驻有著名的常胜军北府兵;唐宋时,这里有重兵镇守,还设有水军营寨。圌山炮台最光彩的一页发生在 1840 年抗英保卫战中。那时鸦片战争的战火刚燃,尽管软弱无能的清政府百般求和,但镇江全城的官民却群情激愤,捐银数万两,加固城池。民众自动捐献铜铁 9 万公斤,铸造大炮,在圌山增设炮台。地方民众与守军配合行动,用巨石、木排沿江以阻敌舰。又征用大船,满载苇草,浇上桐油,做成火筏,准备对敌舰施以火攻。1842 年 7 月 13 日,英舰 25 艘,补给船 47 只,作战部队 2 000 多人,到达圌山江面。英军派出侦察舰“伯鲁多号”和“复仇神号”驰进圌山,立即遇到迎头痛击,舰船中弹,许多英军掉落江中。英军败退后又大举进犯,圌山炮台守军英勇还击,打得敌舰在江面乱转。对峙许久,终因英舰火力远远超出炮台,圌山关弹尽台毁。我们站在古炮台遗址上,可见到“圌山抗英炮台遗址”的纪念碑,傲然耸立在山崖上。江畔涛声裂岸,山崖松涛林吼,在一抹夕阳的残照里,纪念碑是那么庄严、神圣、威武、凝重。

# 第三节　云台青山青不改

水绕苍山固护来，当时盘踞实雄才。
周郎计策清宵定，曹氏楼船白昼灰。

唐·陆龟蒙《蒜山》

镇江城西有一座山，山上长满了泽蒜，称蒜山。三国时，周瑜和诸葛亮同登此山，盘算了几夜才定下了火烧赤壁的大计，所以，此山又一语双关，称为"算山"。算山又因为与金山两两相峙，古人好对仗，就以银对金，把算山又称为银山、银台山。后又因为音同而讹为"云台山"，一直延续至今。镇江人约定俗成，称此山为云台山。

云台山顶部高大平坦，可宴游、可陈兵、可大战、可隐居，是文物、古迹、故事都很集中的地方。在古代，云台山是镇江城的屏障，壁立江边，有著名的渡口，号称千年的西津渡（又叫蒜山渡、金陵渡，在第二章"西津古渡沧海田"中已专文介绍），就在云台山下。三国时候，这里驻有东吴水师；两晋时，规模空前的"永嘉南渡"也发生在这里，北方的流民有一半以上是从这里登岸的；东晋时，孙恩、卢循起义，楼船千艘，带甲十万，"鼓噪登蒜山"，结果被刘裕率

传说周瑜和孔明在算亭定下赤壁火攻妙计

领的镇江北府兵打败。云台山能作为十万大军的战场，可见其范围还是不小的。刘裕当了皇帝之后，镇江是他的家乡，云台山是他的福地，因此，时常“衣锦还乡”到云台山来玩。当时的著名诗人颜延之、鲍照常随驾侍游蒜山，写下了许多咏蒜山的诗。唐武则天时，徐敬业和骆宾王在扬州造反，兵败后，“奔润州，潜蒜山下”，就是躲藏在蒜山里。宋代，韩世忠曾驻兵蒜山抗击金兵南下。苏东坡则是迷恋于蒜山美丽的风景，多次登临蒜山。那时蒜山归金山寺管辖，苏东坡作诗赠与佛印方丈，想在蒜山安营扎寨，提出卜居蒜山的要求，“蒜山幸有闲田地，招此无家一房客”。当然，蒜山最沧桑的、最让人凭吊的还是它的古战场。过去山上有算亭、好汉亭、褒忠庙等，这些都在太平天国的战火中毁得干干净净。清朝诗人杨棨有一次来此凭吊古战场，特别倾心周瑜和诸葛亮在算亭定下的赤壁妙计，诗云：

江流不涌青山去，蒜岭峨峨入云雾。
渔郎拾得旧刀枪，犹说当年驻军处。
阿瞒意气何纵横，楼船直下武昌城。
出师未遇东风便，议战先屯北府营。
顾曲周郎年最少，潇洒登坛计何妙。
更有武侯人中龙，纶巾羽扇谈从容。
掌中秘策谁可测，一笑同心用火攻。
转眼兴亡已千载，英雄借箸今何在。
潮声日夜打城西，唯有青山青不改。
我来闲倚山下楼，萧萧故垒芦花秋。
吞吴之事不可说，一樽聊酹江心月。

其实，成功与失败只是政治家与军事家的事，“醉卧沙场君莫笑，古来征战几人回”，属于平民和士兵的只能是生离死别。

古战场无言，来此凭吊者无言。

长江改道北移之后，云台山已成为城中的一座山，在这个风景区内，除西津古渡之外，还有伯先公园、绍宗藏书楼、博物馆三个部分。

伯先公园树木葱郁，景色秀美。1926年，镇江人民为纪念辛亥革命先烈赵伯先，辟云台山一部分为伯先公园。赵伯先，镇江大港人，少年时代即胆略过人，14岁就曾打入牢中，将一个无辜的犯人解救出来。他素有大志，曾慷慨悲歌曰：

"大好头颅拼一掷"的赵声大将军

临歧泣别千行泪，慷慨淋漓为我言：
大好头颅拼一掷，太空追攫国民魂。

孙中山对他特别器重。黄花岗之役，赵伯先任总指挥，起义失败后，他愤而成疾，扶病到顺德再起义，又没有成功，在香港去世。现墓葬南山竹林寺之东。

"伯先公园"四个大字，是已故国家名誉主席宋庆龄题写。一进公园的大门，就看到这位志士的铜像，身材魁伟，手持望远镜，腰挂指挥刀，可遥想当年他指挥杀贼的气概。公园的构造设计得非常精巧，是当时有名的园艺专家陈养林的手笔。

伯先铜像后面，是荷花池。池中荷叶田田，摇曳生姿，到了夏季芙蕖盛开，给公园平添了无限生机。稍有点年纪的镇江人，都记得这里逢年过节会办灯展，名目繁多的彩灯已形象模糊了，但清楚地记得荷花池中飘浮的荷灯，那灯光，那水影，那随波摇动的生动姿态，就永远地刻映在脑海里了。荷池后面用山石砌成峰峦壁洞，玲珑嵯峨，虽然是由人工砌成的，但因为与云台山相连，所以浑然一体，与天然形成毫无二致。这些山石壁洞，虽然没有太湖石"瘦、漏、透、皱"的风韵，但同样是一拳知天地，顽石有乾坤，而且人可以穿行其中，冬日温暖异常，夏日清凉透气。笔者在孩提时，就特别喜欢在里面穿来穿

芙蕖盛开，摇曳生姿

去。这一片天地虽不算大，但有山，有石，有水，有荷，“千年石上苍苔碧，落日溪回树影深”，再加上四周山峦环拥，浓绿一片，小鸟啼鸣，垂柳依依。到了这里，心旷神怡、宠辱皆忘，即使你有众多的苦恼，恐怕也会化为乌有了。

游毕山下，寻路上山。云台山的上山道设计得也非常巧妙。山虽不高，但这盘山道却是一层一层回旋上去的，坡度很小，八十老翁走起来也很方便；同时又盘旋曲折，小孩子爬起来更有趣味。盘山道两旁种了很多繁密的树，林荫蔽空，空气清爽。山中的青藤，谷底的绿筠，探头的小梅，无名的野花，都别具风味。走在这样的小道上，苦于整天生活在钢筋混凝土中的人，心情是非常的舒畅。山侧的小路，更是复道回环，处处通达，不过这些小路却隐藏在树丛里，比较险，年青的小伙子喜欢穿行其间，抄小路先期到达山顶，当看到同行者施施然从盘山道上来时，有一种胜利的喜悦。

走过四五层盘山道，就到了山顶。山顶原有伯先祠，现仅剩祠基，祠基旁有六角形的“二翁亭”。亭四周银杏高大，松柏成林，是一块非常好的观景去处。登亭四顾，全城在望，金焦北固，尽收眼底，南山诸峰，也历历在目。最喜的是这山顶的一片平坦，成为晨练者的最爱。真是“天供闲日月，人借好园林”，当东方熹微时，薄雾轻笼山间，天刚蒙蒙亮，就有很多人在这里打拳踢腿，舞刀弄剑，在晨雾岚岚、红日冉冉之中，这些晨练者的剪影有羽化成仙的感觉。到了日照中天的时候，靓丽的阳光和蔚蓝的天空，很令世人惊艳。白天，这里是少儿活动的好场所，大家围坐一圈，歌声笑语不断，稚嫩的语言和蓬勃的朝气令人好生羡慕。晚上，这里又是恋人们的绝佳之处，因为这里最近城区，又是极其幽静，双双情侣，席地而坐，天上的月亮又大又圆，山下的灯火朦胧一片，夜幕的契合，诗意的环境，月光、灯火、爱意融成一片。

“二翁亭”旁晨练者的剪影，有羽化成仙的感觉

伯先公园的山腰还有三个可去之处。北面的半山腰是动物园，里面最大的动物是熊，还有鹿、狐狸、孔雀等，大家喜爱的猴子也不缺。按现代的标准看，这是一个极普通的小型动物园，但是对孩子们来说，那是一个多么迷人的地方啊，每样个动物都使孩子们驻足观看。可以说，镇江市的一代一代人，就是看着动物园欢蹦乱跳的猴子长大的。现在常到这里来的，还是一群一群的孩子们。东面的半山腰，有“五卅演讲厅”，1925 年建，长方形大屋顶建筑，楼厅正面墙下有奠基石，铭文为：“镇江各界纪念‘五卅’惨案建筑此厅，永示不忘。”厅内设有镇江“五卅”运动文物资料陈列室，这些资料都是镇江儿女反帝爱国的有力见证。后山的山腰有一座绍宗藏书楼，楼踞后山，四周佳木繁秀，野芳吐艳，平时罕有人迹，分外幽静。笔者童蒙未开时曾进去过，里面尽是尘封多年的古书。藏书楼原在金山，就是历史上有名的“文宗阁”，为清代藏《四库全书》的七阁之一，太平天国年间被毁。20 世纪 30 年代初，乡绅吴寄尘先生出资建绍宗楼，收集残书，并得到镇江名士柳诒徵、尹石公、冷御秋、严惠宇诸先生的大力赞助，珍藏古籍 8 万余册，这在过去是一个了不起的举动。当初曾摆

酒庆贺藏书楼毁后新生，柳诒徵在《绍宗书楼宴集》中说道：

重九联双十，登高不厌重。
树人兼树木，文物胜文宗。
绝顶收多景，雄谈拯瘗松。
虹光贯江月，海岳共追踪。

偶尔有一两个游客误撞到这里，看到的只是二层楼的建筑藏在丛林深处，院门掩闭，雕花铁栏深锁，沉沉的书香默默地在院中回荡、徘徊。

云台山的中段是几个宽敞的平台，镇江市工人疗养院就建在这里。紧邻工人疗养院的是镇江市博物馆，这一镇江文物精华的集萃之地，给金鼓杀伐之声甚重的云台山增添了许多历史的深沉和艺术的辉煌。博物馆的前身是英国驻镇江的领事馆。1857 年，英法两国发动第二次鸦片战争，清政府被迫签订《天津条约》，开辟镇江为通商口岸。1861 年，镇江设英租界，并在云台山中段建领事馆。这是一组由 5 幢建筑组成的东印度式建筑群，依坡而建，高低错落，红墙绛瓦，琉璃栏杆，其色彩之鲜艳在云台山的一片苍翠之中，显得颇为抢眼。这组建筑群保存之完好、形制之独特在全国是少见的，因此被国务院公布为全国重点文物保护单位。被改为博物馆后，里面珍藏着 3 万余件从新石器时代至明清时期的各种文物，它们都具有重要的历史、科学、艺术价值。在这些瑰宝中，有国宝级文物 1 件，一级文物 70 余件，二级文物 300 多件。馆藏特色为西周及春秋吴文化青铜器、六朝青瓷器、唐宋元明金银器、宋代丝绸服饰、明清书画等，许多在海内外享有大名的文物都能在这里见到，如西周青铜凤纹尊、东吴飞鸟百戏青瓷罐、唐代银鎏金“论语玉烛”兔形酒筹筒与酒令筹、清代八大山人《花鸟手卷》等。在博物馆转悠，绝对是另一种享受，穿行在迷宫式的组合建筑群里，浏览着价值连城的珍宝，这是一种贵族、帝王都无法消受的待遇。因为你不是看一朝一代，你享受的是千古文明，你只有惊叹和赞美的份儿。40 多年来，镇江博物馆举办大小展览300多次，累计接待中外观众近100万人次。

过博物馆，就到了云台山末端西津渡，这个著名的古渡在前面一章已详细介绍，游云台山也就到此结束。这里谨用秦观在西津渡描绘的此情此景作为本节的收尾，以飨读者：

西津江口月初弦，水气昏昏上接天。
清清白沙茫不辨，只应灯火是渔船。

## 第四节　宝塔一支俯清秋

古塔巍巍耸碧空，梅樱争艳沁香浓。
携将中日同心树，植得青山万花丛。

张政权《游宝塔山公园》

“九州生气恃风雷”的龚自珍

1839年，清朝大诗人龚自珍辞官南归，经过镇江宝塔山，看到山脚下有一座都天庙，正在为祈雨举行迎神赛会，场面隆重而热烈。龚自珍深感社会的陈腐和时局的死气沉沉，深感到山雨欲来大厦将倾的危机，他仰天长啸写下了这首壮怀激烈的诗篇：

九州生气恃风雷，万马齐喑究可哀。
我劝天公重抖擞，不拘一格降人材。

诗末作者有一个绝妙的自注：“过镇江，见赛玉皇及风神、雷神者，祷词万数。道士乞撰青词。”他以祷词者的口吻向玉皇大帝祷告：上天的玉皇大帝呀，我奉劝你重新打起精神来，破格地选拔真正有本领的人，降生到人世间来，开创一个有生机的新局面吧。这首诗是龚自珍315

首《己亥杂诗》中最为著名的一首，真个是激情澎湃，挥手风雷，成为封建社会的彻夜之末和近代社会即将破晓的第一声呐喊。但这位“开风气之先”的龚诗人，生前未看到美好社会的出现，而在他死后100多年里，宝塔山才在人民的手中一扫阴霾，春光烂漫。

樱花灿烂，联袂成锦绣，有动人心魄的美

宝塔山原名鼎石山。明代万历年间，有一座宋代僧伽塔从寿丘山移建到鼎石山，一座宝塔改了山名，从此称为宝塔山。宝塔山公园构思精巧，曲折有致，体现了中国造园美学的精髓。西方的园林造势，讲究恢弘和阔大的气派，如凡尔赛、枫丹白露；中国的园林造曲，讲究山曲、水曲、堤曲、廊曲，曲中见奇，曲中见深邃，“常倚曲阑贪看水，不安四壁怕遮山”。宝塔山公园就好似一道优美的曲线，曲景处处。有山、有塔、有亭、有水、有泉、有林，山势逶迤起伏，四季皆有佳景。春则梅樱绽蕊，夏则风荷滴翠，秋则丹桂飘香，冬则腊梅傲雪。到这里品花，梅花使人高，兰花使人幽，菊花使人野，莲花使人淡，正所谓“春看妩媚，夏看丰腴，秋看绰约，冬看骨气”。其中尤以烟花三月时景色为最佳，小桥流水、杨柳拂面，繁花似锦、灿若云霞，“花魂迷春招不归，梦随蝴蝶江南飞”。如果说谁想要不出城廓而获山水之怡，濒临闹市而有林泉之致，最好的去处就是宝塔山公园，镇江人已将其称为继三山、南山之后的“镇江第五景”。

进入宝塔山公园，沿着竹径行走，修竹浓荫蔽日，顿感进入了清凉世界。由数百株紫竹、刚竹、慈孝竹、凤尾竹构成的竹径，弯弯曲曲，别样的诗意，别样的情趣。微风拂过，竹影婆娑。那满眼的绿啊，绿得那样潇洒，那样飘逸，倘若有一对撑着红伞的恋人走过，那满目翠、一抹红是何等的令人叫绝。与竹径异曲同工的还有月季花径，这花径在幽深的小路上，两棵大树枝叶相交，成为天然门户，穿过这道门户就是由月季组成的自然美景。一座座圆形的花坛全由月季组成，仪态万方，芬香馥郁。鲜艳的一串红，又给这些“花中皇后”镶嵌了道道花边，如火欲燃。一株枝叶繁茂的松树挺拔在花坛中央，高的是树，低的是花，天然美景，错落有致。公园的路面也是极具匠心的，有的是用卵石铺就的，粒粒圆润莹白，漫步在上面，就像有人给你的脚板心搓摩，浑身有说不出的适意；有的是用镇江地产红片石铺成的小路，效果极佳，那弯弯曲曲的红片石路，如小溪，如火焰，蜿蜒跳动，充满了活跃的朝气和动感。

梅、樱盛开时的中日友谊活动

与其他公园不同之处，宝塔山公园有三个特色：梅樱同开、山石同辉、园中有园。

宝塔山上有梅樱园。1994年，日本朋友在这里植下清丽多姿的樱花，镇江人种下幽香高洁的梅花，花之同春，树之同庚，共建中日友谊。到了春天梅樱竞开的时候，“三月雨声细，樱花疑杏花”，那殷红的梅、粉红的樱、淡绿的叶，灿烂一片，有一种扣人心弦的美。日本津市、仓敷、柴田町的友人们来了，他们是镇江友好城市的代表。好客的镇江人一定会尽地主之谊陪伴在旁，举办各种活动，一起满怀虔诚之心欣赏盛开的梅樱。那樱花花瓣体小而相同，若将一瓣采下来实在微不足道，但千万朵樱花连成一片就非常有气势，千娇百媚，云蒸霞蔚。特别是春寒清寂后的这种万花齐放，实在有一种牵魂诱魄的美。走在樱花丛中，一举首只见樱花灿烂，联袂成绵绣的云天。樱花落地时，地上就好似铺了一条花蹊。笔者曾多次参加过梅樱园下的中日友谊活动，在开得尽情灿烂的樱梅海洋中，耳听佐保山太鼓的声音，眼观《花笠音头》的日本民族舞，确实感受到花道的美丽和浓浓的歌舞伎魅力。

宝塔山上的石头堪称上品。石是山之魂，整个公园采用浑厚自然的黄石做假山群，与逶迤的山体浑然一色，假山不假；自然山坡主要采用宝华的太湖石镶嵌和装饰，太湖石是中国名石，“天下奇石出太湖，太湖精品在宝华”，这些太湖石都是从宝华精心选来，装点其间，“石不能言最可人”，使得平淡无奇的山坡也妩媚多姿了。

宝塔一支俯清秋，鹅黄的塔影特别丰神逸秀

宝塔山上的园中园也非常精巧。除了梅樱园外，还有玉兰园、紫薇园、牡丹园、桃园、松竹园等。玉兰园内玉兰的品种丰富，有广玉兰、白玉兰、紫玉兰以及镇江特有的宝华玉兰。每当玉兰花开之时，白的似一片云，紫的若一片霞，色彩烂漫，香气袭人。一入园中，那扑面的玉兰香味，犹如清晨的波涛，好似日出前的凉风，从四面八方向你袭来，使得呼吸这件最简单的事情，在这里也变得无比愉悦。春日是看玉兰园好，夏日则必定是紫薇园佳。紫薇通常是孤植，而在这里则聚众成园，一反常规。特别是有一种开白花的紫薇，在夏季盛开，生机勃勃地如白色的蝴蝶，一串串、一树树，蔚为壮观。"独坐黄昏谁是伴，紫薇花对紫薇郎"，在夏日的暮霭之中，看微茫一片的白色紫薇，这是何等的入诗入画……

宝塔山公园的布局大致分为前山、中山、后山三个部分。

前山的主景是僧伽塔。佛塔作为埋葬佛骨舍利的纪念物，一般都位处寺庙的中心作为佛徒的膜拜对象。随着佛像的出现，供奉佛像的大殿逐渐代替了佛塔为中心，佛塔就作为一般寺庙的标志性建筑了。僧伽塔造型别致，建筑高大雄伟，颇有古色古香之趣。塔高32.5米，塔基直径7米，外呈八角形，黄墙葫芦顶。塔有7级，6层有梯，登上塔顶，镇江半城尽收眼里。在镇江城的南半区，都能远远地看到这座明黄色、古朴型的僧伽塔。塔下有地宫，1962年，从地宫中出土了不少文物，其中有两座玲珑精致的鎏金小塔，还有珊瑚、珍珠、玛瑙等物。僧伽塔的取名，是为了纪念一名叫僧伽的和尚。他是西域人，唐初先在长安、洛阳，后游历江淮，在淮安建龙兴寺，弟子甚众，死后，众弟子建僧伽塔纪念他。南宋年间，避金兵的战乱，龙兴寺的僧人们奉僧伽像来镇江，先在寿邱山建塔，后又移至鼎石山，建了这座僧伽塔。

中山有"学子亭"。亭的顶部塑六条龙，喻驻镇六所高校祝愿镇江腾飞，"挟卫星以遨游，跨世纪而入苍穹"。亭子的四周有镇江历代名人的碑介。

后山是满目苍翠的松林。山上有池，是后山的独特之处。此池当然比不上长白山上的天池和庐山顶上的琴湖，只有900平方米，属于那种"半亩方塘一鉴开，天光云影共徘徊"的类型，小巧玲珑，山廊围之，轩榭浮波，轻灵有致。池中浮萍托出睡莲朵朵，清丽动人，特别惹人爱怜。确如卢照邻《曲池荷》诗所云："浮香绕曲岸，圆影覆华池。常恐秋风早，飘零君不知。”一群红鲤鱼浮出水面，摇头摆尾，张口讨食，极为可爱。此池有个极富想象力的名字，叫“祈天池”，使人联想起北京天坛的那座著名的“祈年殿”，都是祈望老天保佑风调雨顺、五谷丰登的意思吧。祈天池四周的景观小品有楠木厅、三友轩、梅花阁，连缀着山半腰的喜雨潭、梅花喜雨、涧水落潭等，都清新自然，可亲可爱，有一种玲珑剔透、摩娑把玩的意味。若晚间来，“梨花院落溶溶月，柳絮池塘淡淡风”，笔简意浓，清丽无以复加的意境就有了。濒临祈天池的还有一块小型广场，叫友谊广场。设计者匠心独运，将世界地图按一定的比例嵌在友谊广场的中央。在地图上，友谊之桥将镇江和美国坦佩市、日本津市和仓敷市、巴西隆德里纳市、韩国益山市紧紧相连，虽千里而咫尺，表达了镇江人民对外友好的愿望。

天光云影共徘徊的祈天池

宝塔山公园，虽然四景皆好景，但笔者以为，还是烟花三月和中秋月圆最为得宜。如中秋之际，宝塔山的天空是一碧如洗、万里无云的蓝，晴空明媚如16岁的少女，健康、快乐，没有一丝心事。这时园里的丹桂香溢中天，邀亲朋、携密友，仨仨俩俩，看缤纷之落叶，吟晚来之秋风，鼻间呼吸的是花的香气，耳畔听闻的是山风的低语，处处都洋溢着一种明快的愉悦和骨子里的轻松。这时你什么都不用想，只要四仰八叉、舒手展足地躺在草地上或山坳里，你会突然觉得离人世很远很远，离天空很近很近。如果你在深秋时节登宝塔山，遍阅山林之秋，那来自异国加拿大的红枫林如满山着火，每片树叶都是一坨耀眼的鲜红。从最深的紫红，到火把一样的赤红，浓烈得像最华丽的印象派画布，一派如火如荼的勃勃生机，所谓悲秋之气荡然无存。红极而落的叶子，掉在地上，声音也是干燥明快的，不带一丝生命将尽的悲凉。这时再看僧伽塔，那鹅黄的塔影显得特别的丰神逸秀，在满山红遍中耸峙在宝塔山巅，那便是绝妙的"宝塔一支俯清秋"的点睛之笔。

## 第五节　洞天福地茅山圣

一峰高出众峰巅，疑隔尘沙路几千。
俯视烟云来不及，仰攀萝茑去无前。

宋·王安石《登大茅峰》





茅山原名句曲山，在镇江句容境内。从镇江市中心乘车出发，沿镇句路四十几分钟的路程，那峰峦叠翠、浓荫蔽天、横亘百里如天然屏障般的，就是茅山了。

茅山高370米，面积32平方公里。它的历史是很古了，据史载，早在黄帝时代，展上公就在茅山种植药草，"手植白李弥满，食之味异美"；夏禹巡视天下，登茅山朝群臣，研究治水计划；周朝的太伯和仲雍奔吴，也是先到茅山，后迁锡虞，创立春秋时代的吴国；越王勾践的四世孙翳王退隐茅山，留有"翳王坟"；楚王曾憩息于茅山华阳洞，留下了"楚王涧"；战国时期，茅山已成为帝王采集药草的名山；秦始皇东游茅山，采药益寿，曾埋白璧于茅山。由于名声远播，到汉景帝时，有茅盈、茅固、茅衷兄弟三人，从陕西咸阳来此隐居，并在山上得道成仙，号称“三茅真君”，后人便把句曲山改为三茅山。由于三人曾分为三处修道，后人便把茅山的三峰称为大茅峰、中茅峰和小茅峰。茅山是江南名山，有九峰、十八泉、二十六洞、二十八池之胜景。山水相连，山得水而灵，水因山而秀；茅山又是道教名山，著名的茅山道院就在大茅峰上。全盛时期，茅山道院规模宏大，有 257 座宫观，道徒数万，是道教中著名的“第八洞天”、“第一福地”。明代以后，道教逐渐衰微。茅山后来又成为太平军和清军鏖战的沙场、日军对茅山根据地扫荡的战场；“文化大革命”的十年浩劫，一座风景优美、宫观遍布、殿宇巍峨、香火鼎盛的茅山，变得残壁断垣，清冷沉寂。1979 年以后，国家的宗教政策得到贯彻，茅山重新勃发生机，经过 20 多年的建设，现在的茅山如沐春风，成为我国著名的道教胜地和革命圣地。

茅山的建筑，目前首推茅山道院的九霄万福宫和元符万宁宫。九霄万福宫在大茅峰的顶端，所以又叫顶宫；元符万宁宫在大茅峰北面的积金峰山腰，又称为印宫。

顶宫云迷霭合，仙风道骨蕴藉其间

到顶宫首先要爬上茅山的主峰大茅峰。由于茅山很有灵气,因此上山拜仙、问卦、观景的人终年络绎不绝。顶宫前为宽阔平坦的广场,广场的东西两侧各建山门一座。沿盘山公路驱车登山者必走东山门。东山门正额书“茅山道院”四个黄色大字,背额上题“紫气新辉”四个隶书大字,两边各有一个侧门,门之额分别书以“出玄”、“入牝”。西山门是步行登峰的人必走之路,门为砖木结构,重檐歇山顶,上下两层,两侧是顶宫的服务部。不管从哪个门入山,上得山来就顿觉天地开朗。广场南侧有护持石栏,扶栏俯瞰即可领略茅山的田园之美。峰峦之间,阡陌纵横,农舍点缀其间;池水如镜镶于大地,溪流似带飘过小桥,有一股扑面的清新。与茅山渊源极深、在茅山度过44个春秋的陶弘景,写过一篇著名的《答谢中书书》,短短的六十八字,使茅山的美景可以不朽。其文章写道:

山川之美,古来共谈。高峰入云,清流见底。两岸石壁,五色交辉;青林翠竹,四时俱备。晓雾将歇,猿鸟乱鸣;日夕欲颓,沉鳞竞跃。实是欲界之仙都。自康乐以来,未复有能与其奇者。

茅山风景,在田园之美之外,另有仙风道骨蕴藉其间。在山门极目远眺,云迷霭合,峰峦隐现,薄亮的空中,浮游着灰白的云雾,隐约露出青色的山影,宛如东海飘浮的仙山。回首北望,九霄宫红墙萦绕,如入太虚,仙风缥缈,烟岚蔽目。陶弘景有一首小诗正合此景:

山中何所有?岭上多白云。
只可自怡悦,不堪持赠君。

进得山门即看到灵官殿,殿额镶嵌“敕赐九霄万福宫”石刻七字,这是明代万历年间皇帝封的。佛道仙界也与世俗一样,等级观念还是很深的,秀才若登龙门,身价肯定百倍;庙观一旦诰封,也自有王者之气。这灵官殿顿时也在芸芸众生心里高大了几分。殿门两侧墙上大书“道炁气常存”、“万寿无疆”几个苍劲大字。拾阶而入灵官殿,正中神台上供奉着道教护法神王灵官,其金盔金甲,九节神鞭,赤面三眼,怒目瞋视。王灵官的中间一只眼,在佛教中被称为慧眼,这里是道教，所以称善眼，正所谓“三眼能识天下事，一鞭惊醒世间人”。两边站列的是青龙神、白虎神、朱雀神、玄武神，它们是东南西北的方位之神，相当于佛家殿宇里的四大金刚吧。殿内抱柱联十分有趣：

十万朝山非是别，忤逆子孙休见我；
一半进香也有功，孝顺儿女皆为你。

九霄宫红墙萦绕，如入太虚

到茅山来求财求福的人太多了，此联带有训戒的意味。

出灵官殿进藏经楼，楼分上下两层，楼上藏有经书5 840卷，楼下是宗师殿，供奉着道家的列代宗师。道教分为两派，一派是全真派，金庸《射雕英雄传》里大名鼎鼎的王重阳，就是全真派的创始者；一派是正一派，创始人也赫赫有名，就是张道陵张天师。茅山属正一派，所以这里供奉着手拿斩妖剑的张天师。同时还有两个青史留名的人物，一个是炼丹家葛洪，一个是“山中宰相”陶弘景。葛洪是晋代道教的代表人物，自号抱朴子，也称小仙翁，他曾官至伏波将军，因为消极愤世，在茅山点燃起金丹炉火，想得道成仙。他对老子的道学、古代的炼丹术、药物学有极深的研究。炼丹秘术实际上是人类最早的化学试验，英国著名科学家李约瑟博士就称赞炼丹术是“整个化学最重要的根源之一”。葛洪的重要著作《抱朴子》和百卷巨著《金匮药方》，是人类的宝贵遗产。如今，茅山上的抱朴峰和抱朴庵，就是葛洪炼丹修道处。镇江句容城内青云观内，也有“丹井”一口，是葛神仙炼丹用井，据传水味甘美，大旱不涸。后来葛洪走出茅山，作神仙游，江西的少华山，杭州西湖的葛岭，舟山的普陀山，广东的罗浮山，都有他的炼丹之处。陶弘景是南朝著名的政治家、医药家、道教思想家，他在茅山创立了道教茅山宗。陶弘景自幼才识过人，10岁读《神仙传》，有养生之志；15岁作《寻山志》，倾慕隐逸生活。他博学多才，具有“一事不知，深以为耻”的精神。39岁时，他辞官归隐，来到他仰慕已久的茅山炼丹修道。梁武帝非常佩服他，朝廷每有凶吉征讨大事，都派人前往咨询，每月都有书信来往，并亲送太子到茅山拜陶弘景为师，朝野都尊称他为“山中宰相”。像陶这样跨仙俗两界，两界都极度推崇的，历史上找不出第二人。因为陶弘景的缘故，茅山就有了“秦汉神仙府、梁唐宰相家”的美称。20世纪80年代，在茅山发现了《陶弘景碑铭》，全称为《梁解真中散大夫贞白先生陶隐居碑铭》，印证了陶隐于此葬于此的史实。

藏经楼旁，还有一座坎离宫。坎离宫西侧壁下有一池，清澈见底，叫“天池”；池之南有一巨型九龙壁，九条雕工精细、形态各异的蛟龙腾现于波涛碧浪之上，隐现于朵朵白云之间，有两个龙头伸向水面，向池中喷水。离池不远，有一座高达3米的铁铸天炉。坎离宫的这种布局，自有其道家的深奥原理。道教以八卦为精髓，坎离就是八卦中的两卦，坎卦是水，不分昼夜，滚滚而流；离卦是火，日月丽天，表示光明。坎离宫内，水有龙池，火有香炉，很合道

“山中宰相”、著名道士陶弘景的住所

教阴阳平衡、男女平衡的教义。大凡寺庙道观，其建筑布局都有很深的学问，如浸淫其中，即使略知一二，都会使人油然而生敬畏之情。

过了藏经楼就到了茅山的主殿——太元宝殿。殿内宽敞明亮，宫灯高悬。钟鼓磬鼎周全，幢幡帷幕掩映，日夜香烟缭绕，终年烛火通明。进入其中，就有敬畏感、神秘感、欲仙感。大殿中间是三茅真君像，大茅祖师茅盈居中，怀抱如意，正襟危坐；二茅帝君茅固和小茅真君茅衷手执玉圭，拱坐两侧；四值功曹分列台前左右。三茅真君均紫缎披肩，金光闪烁，安祥慈悲，瑞气耀人。老大茅盈 18 岁入恒山修道，修为很深，49 岁来到茅山（当时叫句曲山），治病救人，善名远播，最后功德圆满，得道成仙。老二茅固、老三茅衷，原是官场中人，后来不愿宦海沉浮，随大哥来到茅山苦修，广积善德，最后也得道成仙。三茅是大善大德之人，而且据说非常灵验，所以远近百里，来烧香磕头的人多如过江之鲫。镇江还有一句话："茅山的菩萨，照远不照近。"远方来的客人更容易得到菩萨的眷顾。所以，岂止是茅山周边几百里的善男信女，甚至海内外、东南亚一带的香客也慕名来到茅山烧香，祈求神灵的保佑。三茅像前仙雾缭绕，香火犹似瑞气飘飘，看着虔诚匍伏在地、磕头如捣蒜的人们，真会慨叹人的欲求是多么的强烈。无论是美好的愿望、利己的欲望，还是升官发财的奢望，人就是生活在这一个接一个的欲念之中吧。道教和基督教、伊斯兰教、犹太教等不同，他们都是一神教，即只信奉一个万能的造物主；而道教是多神教，崇拜许许多多的偶像，有皇帝，有神仙，有本土历史人物，有国外引进的，五湖四海，兼容并蓄。太元宝殿除三茅外，还供奉着许多神仙，如佛教有四大天王，道教则有四大元帅，分别是马善元帅、温良元师、岳飞元帅、赵公明元帅，他们站在这里保卫道场，以他们生前的赫赫武功，在这里也应该是所向无敌的。大殿仙岛上共有 32 位神仙，按尊位的高低分为四层：第一层是三清，道教的最高神原始天尊、灵宝天尊、道德天尊；第二层是玉皇大帝、姜子牙、太白金星等；第三层是八仙；第四层是民间产生的各种神祇，有的是从国外引进的，如慈航道人，就是从佛教中观世音菩萨引进而来的。不过神仙虽多，却都是出自人民大众内心的真诚敬奉，不似有些统治者自己造神，凌驾于众生之上，那只能是一时显赫，到头来却是一场空。而三茅虽是声名不播的地方圣贤，因为做了好事，所以当地人民就心甘情愿地、世世代代地纪念他们。中国农民是最质朴的，无论是传说中的文臣武将，还是利水镇火的各路神明，只要他们能带来长久的福安或一时一事的圆满，他们都可以接受供奉。大殿内还有一个与众不同之处，左架一面大鼓，右悬一座巨钟，与左钟右鼓的规矩不合；每天这里晨击鼓，暮撞钟，与晨钟暮鼓的规矩也不合。有好事者求问，道长说自古至今就是如此，无人作出合理的解答。

"岭上多白云"的茅山道院





太元宝殿东侧为迎旭道院，是凌空悬建的仿古楼阁，阁内环境清雅，居住舒适，可同时接待 40 位宾客下榻。如果夜宿丹房，听山雨敲窗，穿林打叶，有一种脱尘离俗的清寂；如若再有幸听到道家的音乐，则神韵清雅如天籁之音，那钟鼓磬鸣一下一下敲在你的心上，使你趋向恬适静谧与清澈安详。世界上最美的状态是什么？平衡而已。在茅山和谐的自然环境里听道教音乐，最能得到内心的平衡，这也是茅山给予游客的最好馈赠。晨起凭栏东望，一轮红日冉冉升起，瑞气千条，霞光万道，染红了满山的树冠，全部的树枝都变成了熠熠闪光的金枝铜干；若阴晴不定，则雾气缥缈，云海跌宕，大茅峰四周山峦沉浮，时隐时现，“半坞白云读不尽，一潭明月钓无痕”。身临其境，有超凡入圣、羽化登仙之感。太元宝殿两侧是仪鹄道院，实际上是道士们的生活区，有道舍、灶房、斋堂，这里是看落日的好去处。黄昏登楼，看夕阳西落，那红透半边天的彩霞，使人心悸神摇。

出太元宝殿后门，是飞升台。台以青石砌成，2 米高，9 米见方，台上四周皆有石栏，雄浑古朴，庄重大方。台上还有石坊一座，坊呈“门”形，高 6 米，这就是茅山著名的“三天门”。坊柱楹联左云“修真句曲三峰顶”，右云“得道华阳八洞天”，坊之正额刻“三天门”大字。相传此处是当年茅盈登仙飞升之处，故名飞升台。此处又为茅山主峰的最高之地，所以站在三天门上，有高入云天、触摸苍穹的伟岸之感。站在三天门上，也才会更加明白为什么古人都爱登高怀古。嵇康诗云：“目送归鸿，手挥五弦，俯仰自得，游心太玄。”有了俯瞰的角度，才会有思路的开阔。站在三天门上，你仿佛就有了洞悉历史的睿智。如果你有雅兴，中秋之际，夜凉如水，登临台上，疑出尘世。只见月色溶溶，清辉荡荡，银河淡

三天门是当年茅盈登仙飞升之处

淡。那轮几乎满弦的明月，充盈中似乎带着半分的亏欠，映照着茅山山脉，魔幻般的色调洁白而又柔和。俯首四瞰，群峰皆梦，只有萤虫飞舞，鸟树朦胧。是天上，是人间，还是梦中，实难分辨。人生难得今宵美，此情此景一般人是领略不到的。

飞升台后是二圣殿，正中神龛供奉着三茅真君的父亲茅祚、母亲许氏。人们常说："一人得道，全家升天。"他们教育出三个好儿子，后人感谢他们教子有方，所以让他们也享受祭祀，有"圣父母"的尊称。这既让为人父母者要承担好教育子女的重任，同时也是对孝道的一种宣传。在封建社会，上至皇帝，下至百姓，都非常重视孝道。茅山就有一副对联："在家不孝双父母，何必灵山见世尊。"诚如斯言，一个心目中没有父母的人，菩萨为什么要保佑他呢？每个人都把父母当菩萨一样供奉，这个世界是多么的其乐融融。二圣殿还分别祀奉送子娘娘与眼光娘娘。传说送子娘娘不仅能送人子女，而且还能保佑孩子健康成长；眼光娘娘能够保佑人们耳聪目明，解除眼疾。在每家只有一棵独苗的情况下，有谁不想自己的孩子有一双好眼睛！因此，拜这两位娘娘的人也是很多的。道教是中国土生土长的宗教，即使是在神话的世界里，它也包含着中国家族式的浓浓的亲情，二圣殿里供奉的菩萨就充分说明了这一点。

二圣殿西有一座仿古楼阁，名曰怡云楼，这里有茅山道院珍藏的文物，其中有镇山四宝。传说宋代哲宗的皇后不慎吞入了一根绣花针，御医都束手无策。茅山道教第二十五代宗师刘混康带着茅山的符录和丹药，使皇后吐出锈花针，化险为夷。皇帝龙颜大悦，赐他八件宝物，现在只剩下四件，这就是玉印、玉符、玉圭、呵砚。

出怡云楼下山，半山腰有数间庙宇，青砖筒瓦，古朴自然，叫"半山土地庙"。庙内供奉着茅山土地神刘甫。传说刘甫是最早入茅山修道的。他在大茅峰上看到东北有九座山峰，如九龙盘踞，瑞气腾腾，于是他舍弃大茅峰，去寻九龙盘踞之处。在九座山峰中修炼时，他回望大茅峰，看见整座大茅峰犹如绿色飞龙，龙头之上紫气满天，金光四射，他深悔身处宝山不识宝，再赶回大茅峰时，茅氏三兄弟已建庵于茅山三峰。他将自己空手而返的经历讲给三茅听，茅氏兄弟发慈悲之心，在半山腰为刘甫修建草庵，刘甫遂成为茅山土地神。这个故事哲理很深，既告诫人不可这山望着那山高，要潜心专一，同时又说明迷途知返，也终能修成正果。世界上有很多的事实，都印证了这个道理。

茅山积金峰山腰的元符万宁宫

茅山道院还有一处著名的建筑叫“元符万宁宫”。这座元符宫坐落于茅山积金峰山腰，梁代的“山中宰相”陶弘景在此结庐修炼，以茅山为圣地，奉元始天尊为最高天神，尊三茅真君为祖师，开创道教上的“茅山派”。传至宋朝第二十五代，出了一个道术高超的刘混康。当时哲宗皇后孟氏误吞尖针于喉中，众御医束手无策。刘混康用上清大德秘传灵药与丹药催吐，使孟皇后在众多御医的观看下吐出尖针。宋哲宋大喜，赐号刘混康为“洞元通妙法师”，将年号改为“元符”作纪念，并且敕江宁府建“元符观”，表达朝廷对道教茅山派的支持。当时宫宇依山而建，院院相连，建筑壮观，气势非凡。到宋徽宗时，还敕江宁府派兵二百人，供元符宫巡逻洒扫，驻扎保卫。朝廷派兵驻扎道观维持治安，这在中国宗教史上是绝无仅有的。但盛极必衰，盈满则亏。后来元符宫历经多次盗火和战乱，宫内大部分建筑毁于兵火。改革开放之后，当地政府和人民投入巨资重新修复元符宫，使古老的宫观以新面貌呈现在我们面前。其格局，以三个广场来划分。第一道广场，称为睹星门广场。一座石牌坊，被称为睹星门，是道士们观天象之处。也有人戏说，中国的天文学，就是从道士们的睹星门开始的。石牌坊上还有"第八洞天，第一福地"的石刻。道教称神仙居所为洞天，神仙所在名山为福地，茅山在洞天福地中均位前列，这也是很稀罕的。所以，来这里的人都喜欢做一个游戏，即闭着眼睛向前走，看能否摸到"第一福地"中的"福"字，以至于有不少游客，不摸到"福"字誓不罢休，嘻嘻哈哈，来来去去，折腾好多遍才如愿以偿。第二道广场称太极广场，其主标志是太极池。中国的太极是非常有名的，由黑白阴阳鱼构成的太极图早就走向世界了。道教认为，"道"涵阴阳，是阴阳二气的中和、平衡和统一，这才生成了万物。那一黑一白的阴阳鱼，图案虽简单，内涵却艰深，它仿佛一个此消彼长、无限循环往复的气流，在演示着道教深奥的宇宙观和天道观。太极池两边是钟亭和鼓亭，据说敲之可保佑平安幸福，于是游客趋之若鹜，钟鼓齐鸣声中，这平安、多福的笑容就洋溢在每一个游客的脸上。第三道广场称为老君广场，广场的中心当然是老子。在仙界他是太上老君；在俗界他是老庄哲学的代表和道家的祖师爷。老子名叫李耳，西周末年楚国人。他骑青牛出关，留下了《道德经》五千言。这部奇书包孕天地，是我国古老文明的智慧结晶，其中蕴藏的自然科

道教称神仙居所为福地

学、社会科学的知识，如汪洋大海，横无涯际。这座老子神像，就是道士们用于纪念他们教祖的，神像高达33米，重106吨，用229块紫铜板焊接而成。这三个数字也有涵意，反映了道家讲究3、6、9数字的特点。整座铜像投资2 000万元。这种巨型铜像，不仅在中国，即使在全世界同类神像中，也是最高、最大的，真可谓“老子天下第一”。游人站在铜像下面，如蚂蚁一般渺小，自然而然地对教祖产生敬畏之感，噤若寒蝉。但铜像又神态安祥，自然亲切，手持太极扇，一派谆谆教诲、讲经传道的神态，显示出本土宗教所特有的亲和力。

茅山值得一看的，还有许许多多的石灰岩溶洞。久负盛名的华阳洞、仙人洞等，在汉代时就已经非常出名了。华阳洞在积金峰附近，是茅山最大的溶洞。洞口有“华阳洞天”四个大字，是康熙皇帝亲书。唐代诗人韩愈的诗句“想君直入华阳洞，割取乖龙左耳来”，就是记载洞内发生的一个神话故事：一个药农，在洞口用斧劈下了一条小龙的左耳。华阳洞附近，还有玉柱洞、莲壶洞等，这些洞深邃莫测，回廊忽隐忽现，钟乳石千姿百态，置身其中，不能不感叹茅山的神仙洞府。其中“仙人洞”尤为出色。

仙人洞长900米，分上中下三层。江南多洞穴，像宜兴的善卷洞、杭州的瑶琳仙境，它们以宏大幽深而出名。仙人洞则以灵气、秀气、仙气而名闻遐迩，分下洞、中洞、上洞。下洞是古人修炼处，洞内洞洞相连，洞中有洞，不愧茅山有洞天福地的称誉。那洞顶及两壁有烟熏的地方，就是静坐的所在。想想修炼也十分不易，且不说荒山深穴，远离尘世，就是这一灯如豆、阴暗潮湿的环境，能坚持下去就要有极大的毅力。下洞里钟乳石、石笋等到处皆是，有的洁似白玉，有的红如胭脂，形状千奇百怪。有半汲于水的青牛，相传是老子骑的；有仙人灶台，烧制出来的食物，食之可永葆青春，延年益寿；有通天河、善心池、九曲银河，相传沿着这里往上走九千九百九十九里，就可以到达“九曲银河”的源头。仙人洞的中洞有瀑布从山顶直泻而下，颇有李太白“飞流直下三千尺”的气势。中洞里还有一座七级浮屠，当

神像高33米，重106吨，真可谓“老子天下第一”

地人说,“张邋遢,背宝塔”,这七级浮屠还是道教祖师爷张道陵背来的。此外还有“玉帘在望”、“千年雪山”等造型。从中洞往上洞走,一只神鹰将路堵死了。传说这只神鹰在中洞听经后,想飞往上洞成仙,结果翅膀插入石壁,石化于此,上层仙洞的路口也就此封死。据古人记载,上洞里烟雾缭绕,仙气飘飘,人行其中,有腾云驾雾般的飘飘然之感。

茅山不仅是道教圣地,而且是抗日的圣地。1938 年,陈毅、粟裕率新四军挺进江南,创建了以茅山为中心的苏南抗日根据地,写下了茅山可歌可泣的光辉一页。在茅山山麓的绿树丛中,有新四军抗日斗争陈列馆,展出文物资料 2 000 多件。陈列馆中采用声、光、电高科技手段,再现了新四军和苏南人民抗日斗争的历史风貌。在韦岗,有高插云天的战斗胜利纪念碑,这是茅山革命历史标志性的建筑。

神仙的茅山、神奇的茅山,茅山自身就像是一部道教的典藏,有说不完的传奇故事。兹记录现实中的三件奇事,让大家认识一下茅山的奇异。

茅山有一处“喜客泉”,游客都喜欢到这里来。此泉循岩而出,只要有人以掌相击,泉水就沸动飞溅,形如气冒珠滚,状似万斛吐玉,非常奇特。在泉边常常是泉喜客也喜,故名“喜客”,非常贴切。

茅山的老子神像,因为体形巨大而载入世界吉尼斯记录。它刚塑造起来没几天,一群灵蜂在其手掌中造了一个硕大的蜂窝,而且驱之不去。老人们说,老子当年修道时,就有山蜂护卫,猛兽一旦走近就蜂涌而上,群起攻之。如今老子在人间立此铜像,预示着茅山人气极旺。果然在神像开光那天,人山人海,完全合得上“蜂涌而至”那四个字。

茅山第三个奇观是“碑下放鞭炮,空中吹军号”。1997 年,当地政府在山坡上建造了一座“新四军茅山抗日根据地纪念碑”,高 36 米。落成那天,放鞭炮庆贺,劈劈啪啪的鞭炮声变成了激昂的军号声,而且屡试不爽。大家都非常惊讶,都认为是新四军战士的英灵不泯,科学家认为这是"回音",但回音为何变成军号声,别处为什么没有这样的回音,无人能够回答。茅山后来在旅游项目中,特地增加了新四军战地游,于是,经常有人拎着鞭炮来燃放,听一听军号的回音。

## 第六节 宝华一脉开律宗

林竹翠柏抱寺庵,隆昌寺院玉中藏。
燕窝宝地佛中奇,山门朝北迎圣上。

佚名《宝华山隆昌寺》

镇江句容境内,有宁镇山脉第二高峰宝华山,高438米,仅次于南京钟山。盛夏时节,山上遍地黄花,金黄一片,遂名之为花山。南朝时,著名的宝志和尚登山结庵,讲经传教,山因此改名为宝华山。此山被誉为"东凌铁瓮,西控金陵,南负句曲,北俯大江"。《宝华山志》上形容它:其形安而逸,其势尊而严。群峰绕其下,若花之含萼;寺宇窝之藏,如莲之有房。

宝华山之所以饮誉古今,因为它是律宗第一名山。

什么是律宗?这要从体系庞大、宗派复杂的佛教传播说起。时间退回到2 000年前,东汉永平年间,在古老、浩翰的大戈壁沙漠中,有两个印度僧人骑着白马缓行。夕阳落日,映衬出白马身后灿烂的金色。那佛典和释迦牟尼佛像,就随着大漠遥远而悠久的背影,静悄悄地传进了古老的中华大地。他们在洛阳驻足,译出了汉文第一部佛经《四十二章经》,这就是著名的佛经东传,白马驮经。李贺曾有诗道及此事:"萧寺驮经马,元是竺国来。"佛教在中国的发展速度,远远地超出了它的本土印度。仅在隋唐时期,重要的佛教宗派就有天台宗、三论宗、法相唯识宗、华严宗、禅宗、律宗、密宗、净土宗等。其中律宗是唐代镇江丹徒僧人道宣开创的,因注重研习和修持戒律而得名。"戒"规定僧人不该做的事情,"律"规定僧人应该做的事情。相传释迦在世时,随机制定戒律,当时的原则是"无犯不制",即犯了过失,才制定相应的戒律。有一个僧人须提那回家与妻子同居,生一子，招致世俗非议，释迦才召集众僧商议，制定了淫戒，成为佛教第一戒。以后，各种戒律慢慢出现。道宣16岁出家，听律宗的主要经典《四分律》40遍，创设戒坛，把律宗发展成一个独立的宗派。道宣持律甚严，他穿袈裟，吃的是少许豆子，扶杖而行，端坐不倚，即使有虱蚤在身，也安之若素。律宗后来成为佛教中影响深远的一大派别，直到今天，出家僧尼受戒仍是按道宣的戒律行事。像东渡日本的鉴真，近代的弘一法师李叔同，都是专门研究戒律的律宗大师。

宝华山的隆昌寺，一直是中国律宗第一。和尚僧尼如能取得隆昌寺的“戒牒”，即取得了佛教的最高文凭，是无上光荣的。因为隆昌寺的戒牒具有权威性的盛誉，包括日本、泰国、缅甸、印度等国家的僧尼，都慕名到这里来朝佛受戒。明清以来，隆昌寺成为国内保留下来的唯一的一座律宗道场，全国70%的僧尼要到这里来授戒。每年冬春传戒，僧众蜂拥而来，光绪年间的一次开戒，受戒人数达1 200余人；1955年一次受戒，求戒者达299人；1957年一次受戒，有僧尼1 000多人。据不完全统计，宝华隆昌寺先后受戒70余期，“得戒学徒遍于天下，以数十万计”。想当年，成千上万的比丘们身着褚黄僧衣，在栉比鳞次的校舍间穿梭，每一位都才高学硕，意气风发，嗡嗡的论法声回荡在长廊天井间，真是好一派修学盛况！至今，隆昌寺还保留着光绪年间铸造的可煮一千多斤米饭的大铁锅。那铁锅真是大啊，盛上水，可用做婴儿的游泳池。这样的庞然大物一字儿排开，有四五口，可见当年僧尼人数的众多和开饭场面的壮观。凡在宝华山受戒，取得隆昌寺戒牒者，走遍全国名刹，都将受到热情接待。因此，清代御史笪重光、中国佛教协会会长赵朴初，都为宝华山题了“律宗第一名山”的匾额。

游山必游寺。隆昌寺坐落在宝华山中，环拥宝华的有36座山峰，似36片莲花瓣，寺庙恰似莲房一样，深藏不露，端坐其中。该寺已有近1 500年的历史。梁代时，宝志和尚结庵于此。宝志是镇江句容人，他是一个孤儿，由一朱氏妇女从鹰巢中得之。后7岁出家，修习禅观，跣行街巷，有种种异迹。齐武帝将他抓起来，第二天忽见他游行市里。武帝惊奇神异，尊他为上宾。至梁武帝时，其声名更加显赫，在宝华山讲经传教，梁武帝尊他为师傅。当时宝华的盛名天下知，有的僧侣不远万里来此盘坐修心。

宝华三十六峰，隆昌寺似莲房端坐其中，深藏不露，正应了一句“深山藏古寺”

到隆昌寺要从杨柳泉村徒步上山。山间林荫道，舒爽宜人，越欢喜屹，过白云亭，庞大的寺院就跃入眼帘。寺前有环翠楼，上书“律宗第一名山”五个遒劲大字。隆昌寺有殿宇九百九十九间半，寺貌开阔，但由于群山环拥，翠柏深掩，古木参天，清静绝尘，所以，就似养在深闺人不识一样，轻易不被人发现。除少数寻古探幽者外，专程来玩的游客不多。隆昌寺的山门造得也小，偌大的一座大寺，只有窄窄的两扇小门，以至于当年皇帝光临，轿子也抬不进去，只好下轿入寺。和尚们解释，因为隆昌寺为律宗名寺，不让僧人随便进出，因此故意造小山门，以示戒律严范。同时，也因为僧人功课极多，需要安静的修行环境，避开喧哗，打坐静思，为最大程度地隔绝干扰，也要缩小庙门。所以人们发现，到了隆昌寺，围着庙宇转，不见有山门；听得念经声，不见僧人影。有一首诗单说隆昌寺的深藏不露：

万山堆里看云松，曲庵幽溪复几重。
为爱泉声过林去，不知烟寺耳闻钟。

翠柏深掩、清静绝尘的宝华山隆昌寺

进入山门，左面戒坛堂，右面大悲楼。戒坛堂是石戒坛，高四丈，深三丈六尺，造得既大气，又精巧，是律宗第二代祖师释见月的刻意营造。《宝华山志》载，释见月心灵手巧，亲手绘制戒坛图。坛宇、墙壁都是各自直立，不倚不连，以示尊崇律宗的律范严密。这种将建筑与佛理相寓意的考虑，足见释见月大师的博学多艺。据说开基之夜，戒坛五色毫光，直冲云宵，众山群楼，明如白昼。佛教的附会和传说是很多的，这些是表示戒坛的卓尔不凡吧。

隆昌寺无梁殿，小巧精致，砖雕尤精

出戒坛拾级而上，有汉白玉平台，过道两侧墙基，石雕如流云般。人走在上面，好似脚踏着彩云，飘赴铜殿。铜殿建于明代，据《宝华山志》记载，铜殿高二丈三尺，阔一丈五尺，进深一丈三尺五寸，梁、栋、栌、桷、窗、瓦、屏、楹悉为铜制。由此看来，这些铜构件都是用模子浇铸而成的，可见当年的铜殿是何等的灿烂辉煌。由于用铜量多，花费也比较大，宋神宗的母亲慈圣皇太后慷慨解囊，赐金二千两助其造成。然数百年来，历经损毁，现已面目全非，铜殿已成为砖木结构，内为单室，歇山顶，供奉观音菩萨。殿前有丹墀石栏围护，雕刻十分精美，是省级文物保护单位。铜殿的左右两侧各有一座无梁殿，左边的题为“妙吉祥菩萨”，右边的题为“普贤王菩萨”，大小相同。无梁殿建筑风格古朴精致。殿为单檐歇山瓯瓦顶，双层楼阁式。内部系砖垒成的拱券，外部摹仿木制结构形制，门窗上雕刻云纹、二龙戏珠等图案。两座殿全部用青砖垒砌，不用寸木，连装饰图案均用砖雕制成，形式上与北京北海无梁殿近似，但艺术造型更佳。

宝华的砖雕精美绝伦

尤其是砖雕，工艺精湛，可谓登峰造极。无梁殿是我国古代砖石建筑的艺术杰作，也是目前隆昌寺最有价值的建筑之一。南京、苏州也各有一座无梁殿，比较起来，隆昌寺的无梁殿小巧玲珑，特别是雕刻比南京、苏州等处精致，而且在一个寺内有相同制式的两座，这在全国也是极罕见的。

进得大雄宝殿，云烟缭绕，佛像庄严。隆昌寺大殿的释迦像，是香港大屿山宝莲寺天坛大佛铜像的模型。这座铜佛，铸造时即世界扬名，落成在大屿山后天天受万人瞻仰，而铸造的模型却运送到隆昌寺来了。因此，想去香港礼佛大屿山铜像的人，到隆昌寺来看看是一样的效果。大佛高5.24米，慈祥庄严，笑面微微，莲眼低垂，眉如新月，螺发复顶，很有神韵。不管你站在哪个位置，都能看到高高在上的佛像，感受到他潜在的威慑力，令人不由得肃然起敬。置身于高大的佛像间，常常分不清自己究竟是站在神的领地，还是站在人的空间。赵朴初曾借苏东坡的诗为大佛题词：

稽首天中天，毫光遍大千。
入吹风不动，端坐紫金莲。

大佛进入隆昌寺，使律宗的祖庭更加庄严，也使镇江隆昌寺与香港宝莲寺有了更深的渊源。





游宝华还有拜经台要去看看。此台实为一块巨石，高高地静卧在山峰上，又叫晒经台、会君台。相传梁武帝与宝志和尚在这里相会。梁武帝是历史上一个著名的信佛皇帝，他曾九次舍身入空门，又由群臣出钱将他赎出来继续当皇帝，“南朝四百八十寺”，那么多的寺庙就是在他的支持下建起来的。想想当年的情景，一个富有四海、大权在握的皇帝，一个精研戒律、弘扬佛学的高僧，两个人的悠然神会，隆昌寺的香火想不兴旺都不行，隆昌寺的名声想不远播都不可能。还有一次，梁武帝上拜经台，问左右说：“华山何如蒋山（钟山）高？”随从奏曰：“华山高九里，似与蒋山等，泉石倍多。”这个随从说得不错，皇帝看重宝华，就不能说钟山高，只能换个角度，说他风光不错。拜经台上看宝华，确实风光无限，俯瞰长江似带，六合、丹阳烟树缥缈，金山、焦山两点青螺，栖霞、牛首似佛头抹眉。寺庙里的风铃在沉静的空气中回响着，黄昏的夕阳染红了庙宇黄黄的尖顶，美丽的景致尽在举手投足之间。一年四季，苍松翠柏，群鸟啁啾，绿茵树影，山上山下，古木参天。尤其是宝华山的玉兰树，全国闻名、罕见，丝丝沁香，直把人熏陶得飘飘欲醉，真有香从天外来，何似在人间的神韵。

宝华山以风景的绝佳和寺庙的悠久，吸引了无数的名流来朝拜。康熙、雍正均亲临隆昌寺，乾隆更是六登宝华山。所以，宝华山寺院珍藏着一大批文物，有皇帝用过的万寿枕头、龙头拐杖，有王羲之的“鹅”字和唐伯虎的画，等等。

宝华山有仙气，沾王气，但咄咄怪事也多，广为人知的就有四怪，而这些民间神奇的佛家传说，听起来总比枯燥无味的残砖考古来得有趣，也比精义深奥的佛经更加深入人心。

其一是隆昌寺大门朝北开。我国从皇家宫阙到平民住宅，大门都是朝南开的，既便于吸收阳光，也含有对神灵的敬畏之情。但隆昌寺大门朝北，和尚们解释，是为了面对北京，承袭北京的风水，让皇帝常来这里烧香拜佛。当初皇帝们来，也确实是由北而至。但有人分析，游客欲上宝华，最便捷的是从北面攀山，乾隆六次上山，走的就是这条便捷之路，因此北面才是隆昌寺的活路和财路。当时的香客们气喘吁吁地循北面的山路而上，迎面看到寺门洞开，那是多么高兴啊。如果还要绕到南面去才能进门，那又多么令人扫兴。隆昌寺的和尚不仅将寺门开在北面，还将正对寺门的山峰改名“贵人峰”，让香客过一过贵人的瘾。有位诗人看出和尚的用意，颇揶揄地写道：“布衣芒履忘愚贱，直上贵人峰顶行。”这种寺门北开的做法，确实是迎合各阶层的高招，用今天的话说，符合市场经济的

僧人话四怪，比说经更能吸引游客

规律。

其二是洞多鼠守粮。宝华山的洞是有名的，著名的洞穴就有9个。但不少洞成为僧人的养鼠之地，如著名的黄花洞，洞中就有不少老鼠。老鼠人人厌恶，但宝华山的老鼠与众不同，据说一不糟蹋粮食，二不啃咬经书，三能将庙宇顶上的树叶啣去，四是一呼即至。鼠辈如此通灵人性，真是闻所未闻。所以，宝华山老鼠僧人养之，在寺院的厨房中还养了不少，成了僧人的小宠物一般。乾隆皇帝登临宝华山，对这样的灵物也很有兴趣，写下了“庭有禽听呗，厨多鼠守粮”的诗句。一个皇帝如此表彰老鼠，这在历史上是没有的。

其三是戒公池水无盈蚀。宝华山出名的有四池，即莲花池、龙池、龙王池、戒公池。其中戒公池里有一奇石，形似象鼻。传说这个象鼻石随池中的水位盈缩而出没，让池水大旱不蚀，久雨不盈，水位始终保持在一个尺度。庙里的和尚也自神其说，认为这池来自神异，过去有潭龙、江神化为人形，自愿来宝华山，为宝华第一代祖师三昧和尚护戒，被称为“戒公”。后二神潜入枯涧，潴而成池。因此它能终年不竭，雨年不溢。缘何如此神奇，1958年时，终于有机会探个究竟。当时来了2 000名探矿的工人，吃水用水全用戒公池水。后因水质较差，需要清除池中的淤泥，于是调来水泵日夜抽水，池水这才被抽光了。清淤后的池底如同锅底，没有传说中的潭龙、江神，锅底距象鼻石一人多深，象鼻石下有暗设的渗水层。由此人们认识到三昧和尚的高度智慧。当初三昧和尚砌成戒公池，保留了池中这块天然的象鼻石，以此石作为池水常年平衡的尺度，暗设渗水眼。旱时，地下水源源不断补充入池；雨时，又通过渗水层排往山下，犹如一只木桶，中腰凿了一个大洞，于是它就始终只能盛半桶水了。天才的设计和神奇的传说，使得种种“怪”和“奇”具有永久的魅力。

其四是韦驮菩萨能消灾。韦驮居四大天王、三十二将之首，是佛教中的守护神，这个大家都知道。一般寺庙中韦驮执金刚杵，立弥勒像之后，和四大天王同在一殿。但在隆昌寺，韦驮菩萨却享有更高的礼遇。他一人独居韦驮殿，此殿的规模几乎等同于大雄宝殿。和尚们解释说，隆昌寺的韦驮是“活”的，特别灵验，有如此神通灵验的韦驮护法，四大天王就不必要了。隆昌寺有一桩公案，第七代寺祖骆文海本是一个做粗活的和尚，不知有何机缘，在六代祖师圆寂后做了寺祖，结果继位后备受八大执师的戏弄，痛苦不堪。无奈之下，他用草绳将韦驮神像绑在身上，不吃不喝，准备同归天国。不料，几天之后，他不仅没有饿死，反而心境通明，大彻大悟，由一字不识的文盲变成了根缘深厚的高僧。这段公案益发增加了人们对韦驮的敬畏，也造成了韦驮在隆昌寺的特殊地位。

世界上真正的“怪”是没有的，只不过人们因条件的局限而一时不能揭开谜底罢了。不过世界因“怪”而更加丰富多彩，那么多怪石、怪湖、怪楼、怪坡，吸引了无数人趋之若鹜。宝华山也是一样，因怪而更加饶有趣味。

# 第四章　江左名城胜迹多

只有好山好水的城市是寂寞的，她就像一个呆美人、瓷美人，没有足够的生气和神韵。镇江得天独厚的是不仅有三山两水，而且是人文荟萃，“江山代有人才出，各领风骚数百年”，出了那么多在政治、军事、经济、科技、文化等方面照耀古今的灿烂群星。正如元代学者俞希鲁在《至顺镇江志》中所说：“京口江山，为天下冠。清淑之气，扶舆盘礴，以钟乎人者，代不乏材……是以上下千数百年，名公巨卿，鸿儒硕彦，项背相望。或以节义励俗，或以政事裕民，或以武略定乱，或以文学垂范。至于高蹈物表，远引方外，亦皆清隽卓绝之士，是其遗风逸尘，沾被无极。”这些巨星在镇江行吟过、居住过、生活过，镇江之于他们，有的是他们的衣胞之地，有的是他们的埋骨之所。我们不开列政治、军事、经济、科学、宗教等一长列的名人名单，仅文化、学术一类，就能排出许多的第一，其煌煌伟业犹如“晴空一鹤排云上”，“占尽人间第一流”。

尘封的历史，难掩翘角飞檐的风流

是昭明太子萧统，在镇江

主编了中国第一部诗文汇编《昭明文选》；

是京口寒士刘勰，在镇江写出了中国第一部综合性文学理论专著《文心雕龙》；

是北宋文学家沈括，在镇江写出了中国第一部百科全书《梦溪笔谈》；

是园艺家计成，在镇江写出了第一部造园学专著《园冶》；

是镇江人张玉书，主编出中国第一部大型字书《康熙字典》；

是镇江人刘鹗，写出了中国第一部甲骨文专著《铁云藏龟》；

是镇江人马建忠，写出了的风流中国第一部语法论著《马氏文通》；

是镇江人茅以升，写出了中国第一部《桥梁史》。

“江山也要伟人扶，神化丹青即画图。”出类拔萃、名闻于世的巨星们，为名山名水增添了光彩，也留下了许多耐人寻味的踪迹。让我们去探幽寻微，在尘封的历史中，去重新回顾他们的身影。

古建筑上的铜铃和神兽





## 第一节　溪水入梦沈家院

溪水潺潺入郑湖，花如覆锦满平芜。
梦中山水萦情处，沈括风流绝世无。

清·戴守梧《梦溪园》

李约瑟博士是英国最著名的中国历史专家，他在权威著作《中国科学技术史》一书中，称镇江的沈括是“中国科学史上最奇特的人物”，赞誉《梦溪笔谈》是“十一世纪的科学坐标”。日本学者三上义夫、西欧学者卡德葛利浦、美国学者席文等，都对《梦溪笔谈》这本书推崇备至。当代著名科学家钱伟长说：“这座坐标就屹立在镇江。”

要翻阅《梦溪笔谈》这部大书，当然先到梦溪园巷去，这条巷原叫东河边巷，为纪念伟大的沈括，已改名为梦溪园巷。

沿并不宽阔的小巷，一弯进去就可看到青砖砌就的门楼。门楼上方有“梦溪园”三个大字，是桥梁专家茅以升的手迹。

跨进了梦溪园的门槛，仿佛跨进了历史的门槛，不由得放轻脚步，屏住呼吸。这座袖珍的纪念馆，仅仅是一座小小的院落，由六间青砖平房和一小方庭院组成，但它所具备的中华民族历史的厚重，它在世界科技发展史上沉甸甸的价值，却是千古不灭的。中外历史上常常都有这种惊人的相似，逼仄的蜗居，却窝藏着举世瞩目的大师。如欧洲世界级的大师中，出生时的屋子最狭小的，一是贝多芬，二是莎士比亚，仿佛上帝故意将房间、庭院一一压小，然后让大师轰然而出，一飞冲天。沈括就生活在这个不起眼的庭院里。

梦溪园，11 世纪的科学坐标

梦溪园就两幢建筑，前幢是清代修建的歇山顶平瓦房，是沈括的纪念室。正中悬挂着沈括的正面画像，气宇不凡，是沈括当年主持中央财政机关，担任三司使的容貌。左右两侧陈列物品，有“古梦溪园”原貌的沙盘模型；有沈括摩崖题名拓本；还有一件当年园中的旧物——梦溪古石碑，上面刻有古朴苍劲的“梦溪”二字。专家们鉴定，这块碑是梦溪园的定名石刻，距今已有900余年的历史。陈列室里还有一张以“沈括”命名的小行星图片，这颗小行星是紫金山天文台张钰哲教授发现的。根据天文学界的惯例，谁发现谁就有命名权，他将这颗星命名为“沈括星”，因为他敬佩沈括，说沈括“已是千古不变的科技巨星”。

后幢是清式厅房，是个小展览馆。中央安放着一座沈括的全身雕像，青衣便髻，左手握一块陨石，右手覆于书上，蹙眉深思。此外，还有文字图片、模型、实物展览等，展现了沈括在天文、地理、数学、化学、物理、生物、地质、医学等方面的科研成就。面对着沈括的雕像，眼睛和眼睛对视，仿佛有心灵的感应，仿佛感到这位历史老人有许多话要和我们谈。他智慧的眼睛眯缝着，沉醉于他的研究，指示着科学的未来。

沈括的科学成就确实是太伟大了。

他发现磁针“常微偏东，不全南也”，比西洋哥伦布横渡大西洋时观测到此现象要早400多年；

他提出流水侵蚀作用的自然成因比英国人赫登的见解早600年；

他创造出一种为国防所需的立体地图，比瑞士的地理模型图早700年；

他把化石解释为生物的遗迹之说，比西方的达文西早400年；

他记载了毕昇的活字印刷术、指南针装制法、治黄河决口分压法、冶炼上的“灌钢”技术等，还正确解释了小孔成像原理、声波共振现象和数学上的“会圆术”、“隙积术”；

他第一个提出了“石油”的概念，并预言“此物后必大行于世”。

恩格斯曾经高度赞扬马克思对人类发展的巨大贡献，他罗列了马克思的种种探索后说："一生中能有这样两个发现，该是很够了。甚至只要能作出一个这样的发现，就已经是幸福的了。"以此来赞扬沈括，又何尝不是这样呢？

一个人有其中的一项成就，就足以傲视同侪，像沈括这样的全才，怎能不光耀千古、使人心悦诚服呢？

雕塑是城市的眼睛，沈括任此角色，表现出镇江人对他的厚爱





前后幢房屋之间，是一方小巧的庭院。几座假山，一泓溪水，石径花墙，翠竹小径。此景使人很容易想起绍兴的"沈园"。由于陆游和唐琬《钗头凤》的故事，那种"沈园非复旧池台"、"沈园柳老不吹绵"的愁绪，给人是难以释怀、催人泪下的感伤。而沈括的梦溪园，同样的庭院小景，却给人一种沧桑看云、百感交集的喟叹。这种不同的感受，完全是由于主人的境况遭遇不同，由人及物、睹物思情的结果。小园也曾经攒花簇锦，人儿也曾经语笑嫣然，但风流既逝，斯园、

斯花、斯柳已令人惘然。如今想从庭院中寻找沈括当年留下的遗迹已没有可能,历史的烟云早已湮没了一切,但院门门楣上"溪山入梦"四个字,使人恍若回到了古梦溪园。

据记载,梦溪园原来占地10亩,园内有岸老堂、萧萧堂、远亭、苍峡亭、壳轩、深斋等庭园小品,园内有小溪流过。沈括托人用三万钱购得,整葺一新,景色十分好看。宋代诗僧释仲殊曾经来此做客,他在《南徐好·沈内翰宅百花堆》一词中写道:

南徐好,
溪上百花堆。
宴去歌声随水去,
梦回春色入门来,
芳草遍池台。

古画《梦溪秋泛》,再现了沈括在梦中所见的情景

沈括曾在《梦溪自志》中讲了购园和建园的始末。他"三十许时,尝梦至一处,登小山,花木如覆锦,山之下有水,澄澈极目,而乔木翳其上,梦中乐之,将谋居焉"。后来到了镇江,发现花山附近的这块"恍然如梦中所游之地",又惊又喜地说:"吾缘在是矣!"于是弃外地住所,筑室于镇江之陲,将门前一溪取名为"梦溪",将庭院取名为"梦溪园"。沈括住在这里,过的完全是隐居生活。他把陶潜、白居易、李约(李再博)称为"三悦",或读书垂钓,或静坐抚琴,把琴、棋、墨、丹、茶、吟、读、弹、酒称为"九客",看起来悠游散淡,颇不寂寞。实际上,沈括在梦溪园蛰居8年直至死去,是精神苦闷的8年。

他因参加王安石变法而受到株连，不仅屡遭贬谪，并且失去了居住自由。他在梦溪园的生活，是受到监视的，这种抑郁和苦闷，在一首《游花山》的诗中作了充分的表达：

经旬花雨喜新晴，病马缘畦取次行。
老态只应随日至，春心无意与花争。
山川满目浮烟去，楼阁侵天暮霭横。
嗟我有身无处用，强携樽酒入峥嵘。

在这首诗里，对日渐衰老的悲哀，对不甘闲处的希冀都表露无遗。幸运的是，政治上的失败成了沈括一生的催化剂。如果说，陆游在沈园的爱情悲剧成就了他为“亘古男儿一放翁”，那么，沈括在梦溪园的政治失意，成就了他成为一代科技巨星。沈括从官场的勾心斗角中退到梦溪园，潜心科技，完成了洋洋26卷的科学巨著《梦溪笔谈》，达到了他同时代的高官显贵们没有达到的高峰。从这一点上说，是失败给他开拓了新的空间和领域。

踯躅在竹影婆娑的石径上，我们为沈括的巨大贡献而欣慰。生命和青春，荣耀和财富，都会随光阴流逝，只有对人类实实在在的贡献，才会在岁月长河的流淌里，光彩夺目，永远，永远。同时，我们也感叹千秋功罪的后人评说，对沈括这样伟大的科学家、政治家，历来有许多不同的评价。保守派攻击他“首鼠乖刺”，变法派说他是小人，“不可亲近”，余秋雨先生也在《山居笔记》中说他因嫉妒而揭发过苏东坡。其实，历史上的沈括和苏东坡一样，因坚持己见而两面受害。在变法的大斗争中，尽管两派人交谊甚厚，两派人中都有耿直方正之人，但为实施自己的政治主张，都不惜寻找罪名各置对方于死地。沈括参与王安石一派，对苏东坡的攻击实属自然，是为了推行新法。但是后来他感到新法不少地方不切实际，对部分内容持否定态度，又引起王安石的不满。这种两面不讨好的做法，正是他人格的体现，和两面投机的小人是不可同日而语的。再看沈括的平时作为，他出使辽国，六次谈判，大义凛然，把辽方驳得口无一词；他知延州时为防外患，不拘一格比武取士，大败西夏军七万之众；他启用平民历算家卫朴，顶住了多方的压力，这在等级森严、礼教杀人的宋代是难能可贵的。因此，从人格、人品上看，沈括是没有什么可挑剔的。

公元1094年，沈括老病交加，在梦溪园黯然逝世，享年65岁。他生前，边防人民纪念他的功绩，勒石铭记，昭示后人；他死后，镇江人民也始终没有忘记，1985年是他逝世890周年，镇江市政府与中国科学院联合举行沈括的研究、纪念活动，全国60多位专家赴镇纪念这位杰出的科学家和进步的政治家。镇江将东门广场改名为梦溪广场，塑了花岗石沈括像；将东河边巷改名为梦溪园路；镇江的全国重点大学江苏大学一个分院，改名为梦溪校区；将沈括的旧居改为梦溪园，从此来瞻仰沈括的人络绎不绝。

茅以升、方毅、赵朴初、李一氓、方行来到这里，题写了"梦溪园"；

启功到这里，题"笔谈垂范"；

钱三强到这里，题"通才硕学"；

钱伟长到这里，题"文坛巨擘"；

陆定一到这里，题诗曰："二郎山下雪纷纷，旋卓穹庐学塞人。化尽素衣冬未老，石烟多似洛阳尘。"

唐弢到这里，题诗曰："梦溪园里作笔谈，地志天文着意深。妙算神州词赋少，终疑零落在江南。"

萧娴到这里，题词曰："一代司天监，千秋说梦溪。"

这些名家的题书，有的刻在石额上，有的刻在木匾上，有的写在纸上。亲眼目睹这评价和题词，沉浸在梦溪园的展品中，伫立在沈括的塑像下，你仿佛拂去了历史的尘埃，看到一个真实的沈括向你走来。镇江诗人赵康琪曾在《梦溪园寻梦》中深情地写道：

轻轻推开古老的园门，
一行小径可是梦的痕迹；
那是水清至无鱼的境界，
一支羊毫守着一脉溪流。

在北宋的月光里
垂钓了一个稀世的梦。
园主人当年的执着莫非瘦成
满园摇风的翠竹。

静谧里，为他记时的“滴漏”
把一个穿透千百年的声音。
渐渐渗入我的血脉
溯流而上。

## 第二节　六朝如梦鸟啼陵

建康陵墓尽残丛，石兽苍凉夕照中。
断碣飘零三国雨，铜驼惨淡六朝风。

朱契《吊六朝诸陵》

从镇江出发，驱车40分钟到丹阳陵口。在陵口，可以看到我国六朝璀璨的艺术成就——齐梁陵墓石刻。一边是繁华的城市，一边是荒野的古迹和夕阳余晖中苍凉的石兽，两者虽然近在咫尺，但在时间的跨度上，却有着1 500多年的距离。



从公元3世纪初到6世纪末，在300多年的时间里，中国南方先后有孙吴、东晋和宋、齐、梁、陈6个汉族政权在南京建都，史家称为“六朝”。前三国，后六朝，草生宫阙何萧萧。六朝在我国历史上，比不上汉、唐大帝国，它最鲜明的特色是政权变换如“传舍”，生命飘泊如“转蓬”。为了争夺政权当上皇帝，在父子兄弟之间，不断地进行着血腥的、你死我活的杀戮和争斗。据学者统计，六朝42个皇帝，只有15个是病死的，其余都是被杀的。所以郑板桥在《六朝》诗中说：

一国兴来一国亡，六朝兴废太匆忙。
南人爱说长江水，此水从来不得长。

历代诗人都叹惋六朝杀戳太过、血腥太重。天街踏尽公卿骨，内库烧成锦绣灰，多少灿烂的文化艺术被付之一炬。

唐代杜牧叹曰："六朝文物草连空。"

宋代辛弃疾感慨："舞榭歌台，风流总被雨打风吹去。"

元代萨都剌叹惋："六朝豪华春去也，更无消息。"

实际上，典籍可以湮没，建筑可以烧毁，但仍有许多艺术珍品在广袤的大地上被保留下来，这就是陵墓石刻。中国是一个陵墓文化极其发达的国家，当古罗马、古埃及大造教堂和金字塔，将他们的王公贵族供奉到那些豪华与瑰丽达到极致的著名建筑中时，中国的皇帝们却垂青于"藏宝于地下"的方式，把生前的种种享乐与排场，以陵墓的形式带到地底下去，如北京的十三陵、西安的兵马俑，这就有了中国的陵墓文化。六朝的陵墓石刻作为历史的见证物，它本身就是一部无声的历史，无时无刻不在向世人倾诉着六朝的兴衰荣辱和悲欢离合。六朝的陵墓石刻上，密集着很多的信息。历史、科学、艺术方面的专家学者，可以从中读懂金粉六朝的许多奥秘。因此，了解六朝、研究六朝，必须去看六朝石刻。即使是不搞学问，做一个普通的游客，也能够从这些静穆无言的陵墓石刻中，感受到那个时代，那个社会人们的天道观、社会观、人生观、生死观和审美观。

"犹有南朝旧碑在，耻将兴废问渔翁。"到镇江来旅游是幸运的，因为全国的六朝陵墓石刻共有 33 处，只分布在南京和镇江。南京有 21 处，镇江有 12 处，其他地区就不可能看到了。国内专家、国外学者，对宁镇两地的齐梁石刻赞叹不已，甚至把有幸来镇江考察齐梁石刻，当做自己一生中难忘的学术大事。

下面我们就步入镇江丹阳古镇陵口，翻阅这有别于图形和文字的陵墓石刻——一部新的《石头记》。

陵口镇取名陵口，意即这里是南朝齐梁帝王陵墓区的入口。稍有点历史知识的人都知道，凡遇"陵"字，必定与帝王的墓有关，只有皇帝的墓才有资格称为陵。南朝齐梁帝王将陵墓区设在丹阳，这是因为丹阳是他们祖先的故里。汉丞相萧何，祖居本是山东兰陵，传至二十世孙萧整，于东晋时避乱南迁，到丹阳定居下来。进入南北朝时期，萧整的后代出了两朝皇帝，即公元479年，萧道成称帝，改国号为"齐"；公元502年，萧衍称帝，改国号为"梁"。因此，丹阳是齐梁两朝帝王的故里。两朝皇帝同出一地，在国内是找不到第二例了，丹阳人也是够荣幸的。"树高千丈，叶落归根。"根据我国认祖归宗的传统习惯，齐梁的皇帝死后绝大部分都归葬丹阳，如今能够确认的有：齐宣帝萧承之永安陵、齐高帝萧道成泰安陵、齐景帝萧道生修安陵、齐武帝萧赜景安陵、齐明帝萧鸾兴安陵、梁文帝萧顺之建陵、梁武帝萧衍修陵、梁简文帝萧纲庄陵。此外，还有4座墓主待考的南齐帝王陵墓。这12处陵墓分布在陵口、荆林、前艾、胡桥、建山、埤城6个乡镇，占地10万余亩，共有石刻26件，是六朝石刻的精华荟萃之地，件件都是精工雕琢，件件均可列入国家瑰宝之列。因此，不到镇江丹阳来考察齐梁陵墓石刻，就欣赏不到南朝陵墓石刻的迷人魅力。

进入陵口镇，来到萧梁河畔，就看到两只巨大的石兽，东为天禄，西为麒麟，陵墓由此入口，这一对石兽也是整个南朝齐梁帝王陵区的入口标志。陵墓之前为什么设置石兽，可以追溯到汉朝。当时人们认为，有一种妖怪叫魍魉，好吃死者的肝脏，但这种怪物畏虎畏柏，所以应劭的《风俗通》记载："墓前树柏，路头石虎，驱魍象。"既然有如此吉祥和驱除鬼怪的作用，帝王将相竞相效尤，墓前陈列有虎、马、羊、骆驼等，还出现了石狮、天禄、辟邪之类的石兽。到了南朝时期，陵墓神道石兽造型已经一致，似狮非狮，似鹿非鹿，而且具有严格的等级区别。皇帝陵前的石兽有角，独角兽称为麒麟，是"圣人出，王道行则见"；双角兽称天禄，是求福求禄，"天禄永终"的意思。诸侯和贵族墓前的石兽没有角，称辟邪，是驱除邪祟的意思。杨宽在《中国古代陵寝制度史研究》中进一步认定，无论是独角还是双角，都是指的神鹿，故应统称为麒麟；王侯墓前无角的石兽应统称为辟邪。陵口的这对天禄、麒麟，是镇江丹阳境内最高大、最秀美的一对。兽体长、高都有4米，重30余吨，是用整块巨石雕成的。这些人世间并不存在的兽物，由于能工巧匠的鬼斧神工，使它们活灵活现地展现出来。这两个麒麟、天禄成对设置，形状对称，体型高大，昂首挺胸，口张齿露，长须垂胸，长尾垂地。四肢前后交错，然后向内收进再外旋，巧妙地填补了两足交错形成的空间，增加了艺术兽雕的支撑，从视觉上给人以稳定感。特别是两翼的鳞纹凸出翼面，形如珠玑，使整个兽身更加纹饰华丽，雄壮秀美。整个造型夸张适度，想象丰富，生动而富有灵性。从这两只石兽身上，也可以看出艺术风格的变化，即石刻继承了汉代圆雕、浮雕、线雕混合运用的手法，表现出由粗简古朴向精湛秀美发展的转变，它们身上富有的南方优雅情调大大多于北方的粗犷雄风。窥一斑而知全豹，尝一镬而知全味。从两只石兽身上，可以反映出时代的艺术风格。所以，专家们说，秦汉时期的艺术是严峻风格，隋唐时期的艺术是理想风格，明清时期的艺术是愉快风格，而魏晋南北朝时期的艺术，则可以说是精细秀美的风格。

从陵口沿着萧梁河向北行 10 多里，即到达云阳、埤城一带。这里一字排列着齐梁两朝帝王陵墓 4 座。其中最引人注目的是梁文帝萧顺之的建陵。因为南朝陵墓神道石刻一般是 3 种 6 件，它们的排列次序依次为石兽 1 对、石柱 1 对、石碑 1 对。而建陵则有 4 对 8 件，依次为石兽 1 对、方形石础 1 对、神道石柱 1 对和龟趺 1 对，是六朝陵墓石刻中遗存最多的一处。一对石兽均昂首突胸，造型逼真，但四肢断缺，麒麟的上颌已残，这种残缺美有一种历史沧桑的况味。神道石柱又名华表，开始是木柱子，叫“诽谤之木”，古代常常被立在宫殿、寺庙、津渡等建筑前面，表示王者虚心纳谏，是给人们提意见用的。后来越搞越华丽，材料也由汉白玉、花岗岩来制作了。到了南朝，建陵的神道石柱由柱头、柱身、柱座三部分构成。柱头包括装饰有覆莲的柱盖和伫立在柱盖顶部的小辟邪。柱身圆形，雕刻棱纹 28 道。柱身上方接近柱盖处，凿有长方形柱额，额上刻有朝代、墓主谥号之类的文字。南朝神道石柱一般都是成对排列，柱额朝向神道入口处，唯有这个建陵的柱额面面相对，是绝无仅有的例外。南朝陵墓神道石柱还有一个共同的特点，就是从下往上，柱身逐渐收缩变细，在建筑学上称为“收分”，其功用是既增加了石柱的稳定性，又增添了美感，显得颀长秀美。大家从建陵的神道石柱可以看出，它是荟萃圆雕神兽、浮雕仙人灵异以及书法于一身，集莲瓣纹、交颈龙纹、竹纹和花纹饰带于一体，可谓丰富多彩，体现出当时艺术家手法的熟练和高超，也闪耀着六朝灿烂文化之一斑。建陵石刻还有龟趺一对。龟趺就是石碑，由碑首、碑身、龟趺座三部分组成。龟趺上半碑已损毁，趺座形似海龟，雕刻简朴有力。古人认为龟是灵物，耐饥渴，有很长的寿命，所以用它托碑。民间还认为，“一龙生九子，九子各不同”，据说这海龟就是龙王长子的形象，他喜爱文字、喜负重物，所以被人们用其所长，安置在陵前驮负石碑。由于时间漫漫，碑上的文字已难辨别，正所谓：

漫漫荒地浸绿芜，残碑一丈载龟趺。
当年刻画书勋伐，雨打风吹字已无。

看完两个梁陵，我们再到埤城水晶山看一座齐墓。这是齐景帝萧道生的修安陵。萧道生活着的时候没有做过皇帝，死后被追认为皇帝，与妃子江氏合葬水晶山南侧，称为修安陵。修安陵的石兽是六朝陵中最完整的一对，左为母天禄，右为公麒麟，身长体高均在 3 米左右。两兽均胸突腰耸，瞋目张口，长尾垂于趾间。天禄迈左足，麒麟迈右足，短翼连有修长羽翅纹，组成厚大的羽翼，大有展翅即可腾空之势。如果再仔细地看看这对石兽，还可以看出齐梁两代风格上的差异。修安陵石兽是齐的代表，齐代绘画追求“秀骨清象”，是一种瘦削形，南齐石刻就灵动俊秀；而梁代绘画追求丰腴圆润，因此梁代石刻就雕琢得四足粗壮，骨劲肉丰，形成了豪迈疏朗的风格。修安陵的齐代石刻，由于造型生动、精美，被中国历史博物馆看中，复制了一对陈列于展厅，受到了无数中外观众的青睐。

除了丹阳以外，镇江句容的石狮乡，也有一座梁代陵墓十分引人注目，这就是梁南康简王萧绩墓。在石狮乡开阔的平地上，雄踞着一对庞大的辟邪，当地人称其为石狮子，所以地名也叫石狮乡。这对辟邪一雌一雄，气势雄伟。两兽圆鼻突兀，巨口张开，双眼环睁，威武有神。身长双翼，翼上鳞纹清晰明朗，粗壮有力。整个形象跃跃欲试，昂然作迈步前行状。辟邪后面是神道石柱，柱身由 24 条爪棱形条纹雕成，下部柱座上刻有两条蜥蜴，颇具江南典雅优美的特点。

萧绩墓旁的辟邪具有江南典雅优美的特点

看了这么多的陵墓，这么多的石刻，为什么没有挖掘出一处完整的帝王墓穴呢？这与当时的大背景有关。从汉末到六朝，是中国历史上有名的动乱不安、分裂割据的时代。曹魏时期，就出现了“汉氏诸陵无不发掘”的严酷现状，即皇帝的墓全被挖了，使得像曹操、孙权这样的强者，也不得不改变厚葬之风，决定“因山为体，无为封树”，将墓造得和山混为一体，使盗墓者无从发觉。但为维护帝王的尊严，他们又设置神道石刻等，以示尊宠。这就是石刻大量产生的背景。

镇江的六朝石刻作为历史文化遗存，是我国极为罕见的文化资源。其天禄、麒麟、辟邪等作品气势宏伟、构思奇妙、造型逼真、鳞纹如珠，成为全国文物之瑰宝，在世界雕刻史上也占有重要地位。大家知道，在地球上，凡是有人类生存繁衍的地方，都可以寻觅到石头的踪影，石头是人类最初赖以生存的物质基础之一。从埃及法老的陵墓金字塔到津巴布韦的石头城，从英国不明用途的史前巨石阵到意大利罗马的大斗兽场，从墨西哥境内玛雅人的石柱碑到秘鲁境内印加人构筑的“空中古城”，这些跨越时空、辉煌寰宇的世界奇迹，无一不是人类用石头造就的。而镇江的六朝石刻与这些人类瑰宝一样，是足以让后人啧啧惊羡的。

首先是石兽的造型设计完善成熟，显得雄俊灵活、矫捷有力、富有生气,同时拥有凝重和纤细的美感。利用“百兽之王”狮子作为主要原型,体现威加海内的力量,利用腹部两侧装饰的鸟翼,体现迅捷的速度,从而既有帝王的尊严,又有震慑黎民百姓的目的。在艺术上,六朝石刻继承了汉代石刻艺术的传统,以力量、运动、速度体现出一种宏伟庞大的气势之美;另一方面改进了汉代古朴、幼稚、粗糙简单的做法,在造型、设计、雕刻技法等方面达到了一种新境界。例如,西方雕塑最常见、最为典型的是一种叫“圆雕”的技法,以此来解决形体结构的多面化。西方著名雕塑家米开朗基罗有一句名言:“只有能从高山上滚下来的丝毫不受损坏的作品,才是好作品。”他认为滚下来碰掉的东西都是雕塑所多余的,只有圆雕才能做到丝毫不受损坏。但六朝的能工巧匠们在雕刻石兽时,就已经熟练地运用了这一技法,并辅以浮雕、线刻技法,使石兽的整体和面部造型在空间上达到了完美和谐的统一。而石兽本身动态的姿势、繁简相宜的装饰,犹如锦上添花,共同构成了一种充满生机活力的形体美。

其次是六朝陵墓石刻在形式的组合上表现为一种和谐之美。石兽、石柱、石碑3种6件(有的是8件)石刻,高低参差不齐,造型结构各异。石兽威武雄俊,傲视人间;石柱秀美玲珑,亭亭玉立;石碑庄严凝重,巍然不动。三种风格造型完全不同的石刻排列在一起,屹立在苍穹之下、旷野之中,不管你是远远眺望,还是置身眼前,不仅没有生拼硬凑的感觉,相反,你会感到一种不可或缺的和谐之美,一种动静相宜、壮美与秀丽共存、庄严与活力同在的超越时空的美感。六朝较之于汉,人的内心世界更为丰富细腻。人们在注重内在精神活动的同时,对外在美的追求也与日俱增。镇江陵墓石刻在构思意境上,就充分展现了这一时代特有的精神风貌。

在鸟花绕林、夕阳晚照之中,六朝陵墓那片刺目的金黄给四近矮舍的青灰一衬,显出一种在上的倨傲。皇陵总是气派的、奢侈的,有天子式的高高在上。但繁华阅尽,势世浮云,再壮观的皇陵,终成废墟;再耀目的光华,终归黯淡。六朝陵墓帝王的威严已永远不再,只有在砖石残基上跳跃觅食的鸟儿,和三五寻幽探古的游客一起,追寻着历史的光影。看着这些气势孤傲、形影单只，坚持了1 500余年为帝陵站岗放哨的天禄、麒麟、辟邪，正如泰戈尔所说："因残破而益发展示出生命的力量。"南朝帝王的辉煌早已烟消云散，唯有这些石兽，尚能证明昔日的权势和辉煌。抚摸着石兽的双翼，使人想起古罗马的有翼天使。人类的想象何等相似，我们祖先的想象力和精工雕琢的技能，能够与世界上任何一个民族媲美。在骄傲、欣赏、赞叹之余，我们也有些许的惭愧，这些六朝石刻虽然得到一点保护，但是作为人类优秀的文化资源，总不能让它们永远孤守在陵墓之前，默默风化、湮没于荒野之中吧。宋人曾极就写过一首《石麟麒》诗叹道：

地悴天荒丘陵平，难从野老问衰兴。
苍烟落日低迷处，折足麒麟记坏陵。

看着这些昂首挺胸、孤独地站立在荒草萋萋之中的石兽们，使人有六朝楼头、旧时燕子之叹，它们已沦落到委屈地看守庄稼、菜地的地步。它们可能也不明白，为什么埃及的金字塔、人面狮身像等雕塑作品能在世界艺术史上大放光华，而作为同类的艺术，它们却在这里任凭风雨侵蚀，冷板凳一坐就是1 500多年。久远前的奢华与凄清的现状形成了强烈的反差，给人以难以言喻的心灵上的震撼，极易使人对历史和生命的感悟得到新的洗礼。同时我们也为千千万万民间的能工巧匠叹惜，这些巨石是如何运来的，千锤万凿是何等的千辛万苦，但他们默默无闻，没有留下姓名。在封建社会里，这些艺术家们只是地位卑下的匠人，他们远没有国外的同仁们那么幸运。在流光溢彩的法国凡尔赛宫里，画师与工匠的油画肖像，与历代国王的画像一起挂在墙上。在最著名的雕塑和建筑上，都镌有设计者和制作者的名字，国王知道把艺术家当朋友，把美化自己的人当人看待。而中国的封建制度是太严酷了，千千万万的工匠们被视做无生命的机器，他们永远是藉藉无名，只能将自己的聪明才智、艺术天赋，灌注在刀锋上，镌刻在巨石上，让后人们睹物思情。从这个意义上说，他们虽死无憾，虽死犹生。

夕阳无语，在落日的余辉下，片片金光泼洒下来，照在被拉长身影的陵墓石刻上。残台圮苑，衰草寒烟，那一抹深沉而凝重的余辉特别引人进行深深的思索。

罗丹一百年前就说过，人类尘封的历史是可以触摸到的，英雄豪杰、达官显贵都不过是匆匆过客，只有艺术不朽。

## 第三节　三山五岭八大寺

长江当下流，铁瓮此为州。
前代多名迹，闲人欲通游。
夕阳波上寺，明月戍边楼。
一曲渔家笛，生予无限愁。

南宋·翁卷《京口即事》

首先说明一下，这是一道逝去的风景线，但它又是如此清晰地刻印在老镇江人的心灵深处，仿佛祖先留下的挖掘不尽的宝藏。每每小辈们外游后赞扬他乡的山水，老人们立刻戟指教训道："你们知道个什么？当年我们镇江不出城，就有三山五岭八大寺。"缘着老人们的自豪之情，我们来探访一下镇江城内三山五岭八大寺的蛛丝马迹。



三山是月华山、日精山和寿丘山。

日华山在城内鼓楼岗西、千秋桥东。相传秦始皇在这座小山下面开凿过放生池，叫绿水潭。晋刺史王恭在山上建了一座万岁楼。这座楼很出名，引来了无数骚人墨客，成为感怀时事、去国还乡的极佳去处，如唐孟浩然写《登万岁楼》：

万岁楼头望故乡，独含乡思更茫茫。
天寒雁渡堪垂泪，月落猿啼欲断肠。

同朝的名诗人刘长卿、王昌龄也有诗咏万岁楼，刘诗曰：

高楼独上思依依，极浦遥山合翠微。
江客不堪凭北望，塞鸿何事又南飞。

王昌龄号称“七绝圣手”、“七言之长城”，他的《登万岁楼》自是格调不凡：

江山巍巍万岁楼，不知经历几千秋。
年年喜见山长在，日日想看水独流。
猿猴何曾离独岭，鸬鹚空自泛寒洲。
谁堪登望云烟里，向晚茫茫发旅愁。

这些歌咏使得万岁楼名声大噪，以至于将月华山也改名为万岁山。后来山上又建了芙蓉楼、纯阳祠等著名建筑，这芙蓉楼又因王昌龄的一首《芙蓉楼送辛渐》而非常出名。一座小山，两座名楼，月华山在唐代的风光一时无二。到了宋代，已渐趋衰颓，名楼已倾，部分建筑改为月观，南宋文学家汪藻曾游后作《京口月观记》。到了近代，已到了“凤凰台上凤凰游，凤去台空江自流。吴宫花草埋幽径，晋代衣冠成古丘”的境况。宋代很有名的月观，也只剩下月台的遗址。孤零零的平台和空旷的山野，只有月光照旧。清人鲍皋有《月华山》诗感叹道：

月华山上月，月月一回圆。
明月有今古，青山无岁年。
楼台名士地，风露美人天。
今夜凭阑者，谁家不惘然。

现代人如果借着月光夜上月华山，一定会感到这种“江畔何人初见月？江月何年初照人？人生代代无穷已，江月年年只相似”的意味。

日精山在城内东南方向，现中山路三五九医院内。日精山是一座约 30 米高的小山，但山不在高，有贤则名。这座山在开启镇江儒学方面却有着祖师的地位。宋太平年间，日精山麓建了镇江第一家儒家学校。始建时规模不大，后来范仲淹任镇江地方官，范是宋代名臣，好学不辍，自幼就刻苦攻读。宋史载："扫一室，昼夜讲诵，未尝解衣就寝。夜或昏怠，辄以水沃面。往往薄粥不充，日昃始食。"他到了镇江，积极兴办教育，"请赐闲田具经史传疏诸子书，礼聘处士李靓以教士子"，把日精山儒学的入学人数扩大到25人。这与现时动辄几千人规模的学校不可相比，但在古代已算是一个大举措了。当时，在山上还建了启圣祠和文庙。到明代，知府张岩在日精山建大成殿。在古代，文庙和大成殿都是祭祀孔子的。至此，日精山在镇江已奠定了文宗的地位。清人应让有《日精山》一诗，专述此事：

日精对月华，儒风振贤路。
学人登此亭，悠然见尼父。

意思是说读书人上得日精山来，就仿佛拜见过孔圣人一样。如今，日精山上的儒学建筑已荡然无存，不过全民办学、全民兴学在镇江是蔚然成风了，"至今齐鲁遗风在，十万人家尽读书"。镇江人好学，学校也多，仅高校而言，就是江苏省内继南京之后数量最多的城市。

日精山上过去还有一座日观，与月华山上的月观正好呼应，两两相对。





寿丘山在正东路东段镇江师专的大院内。这是一座高20多米、长150多米的土丘。因为山上长着中草药何首乌，据说这味药能使白发变黑，延年益寿，所以此山称为寿丘山。光是这中草药不足以使这小小的土丘扬名四方，使寿丘山大放光彩的是这里曾是南朝开国皇帝宋武帝刘裕的宅基所在。辛弃疾《永遇乐·京口北固亭怀古》一词中说：

斜阳草树，寻常巷陌，人道寄奴曾住。想当年，金戈铁马，气吞万里如虎。

这寻常巷陌就是寿丘小山，这寄奴就是刘裕的小名。刘裕的一生颇具戏剧性，他少年孤苦，在镇江鹤林寺一带砍柴捕鱼，后来搬到寿丘山居住。在穷困潦倒、百般无奈的情况下，刘裕出山当兵，凭军功渐次上升，从一个衣食不周的市井贫民，成为封建统治者的御用打手，最后又自己登上皇位。他的这段历史，宋代林景熙游寿丘山时曾写道：

青衣梦破满林烟，一掷乾坤亦偶然。
僧屋翠微看月上，江山犹似永初年。

从推动历史进步的角度分析，刘裕的政治作为和个人品德确有可圈可点之处。他当了皇帝之后，在寿丘山上大兴土木，建“丹徒宫”。在宫内，珍藏着他早年种田用的农具，以示不忘根本，策励后代。刘裕的节俭，在皇帝中是出了名的，连公主出嫁，都没有锦绣之物。清诗人王士祯有诗记载寿丘山上的丹徒宫：

曲阿之北京口东，寄奴王者真英雄。
新洲伐荻斩龙子，大业遂建丹徒宫。

刘裕之后，南宋绍兴年间，有江淮名僧僧伽的弟子，奉僧伽像来到镇江。他们看中这块“龙兴之地”，在寿丘山上造普照寺，建僧伽塔，寿丘山又成为佛家净域。清代，僧伽塔移至宝塔山。

往事如烟俱已矣，如今的寿丘山，古建筑已不存踪迹，山上山下，成为莘莘学子的校园。

镇江城内的五岭，实际上是指低矮的岗坡，与平地相比，五岭高出5~10米。这五岭分别是：

凤凰岭，今城隍庙内；

乌凤岭，今东门坡上；

燕支岭，今演军巷内；

骆驼岭，今荷花楼巷内；

梅花岭，今磨盘巷内。

这五岭中以凤凰岭为最高，不到20米，现岭上有招待所、城隍庙。其城隍庙飞檐翘角，是市级文物保护单位。月华、日精、寿丘“三山”，因为较高，至今尚有踪迹可寻，而“五岭”已和街巷融为一体，漫浸不显，只能存在于老镇江人的记忆中了。

镇江城内的八大寺，其命运与五岭相似，除了寺名和流传民间的一些故事尚在老人们的口里说出外，其他有形的建筑已不存在。这八寺为：

青苔寺，今万古一人巷内，过去尚有“古青苔寺”四字刻嵌壁上，今已无存；

水陆寺，今水陆寺巷西端；

普照寺，今镇江师专学校内；

龙华寺，今镇江师专学校内；

惠安寺，今药师庵巷西端；

弥陀寺，今弥陀寺巷内；

罗汉寺，今中山路京口饭店院内；

灵建寺，今三五九医院东面。

这八大寺都曾经鼎盛过，有的具有相当规模，如龙华寺，寺内有大圣殿、正宗阁、慈云阁、华严阁、处士堂、大雄宝殿等，香火兴旺；再如青苔寺，是镇江城内典型的繁华所在，寺内朝拜香客熙熙攘攘，人流滚滚，寺外酒旗高挑，商贾云集。一贯风流俊雅的唐代诗人杜牧，也曾记载过青苔寺热热闹闹的场面：

向吴亭东千里秋，放歌曾作昔年游。
青苔寺里无马迹，绿水桥边多酒楼。
大抵南朝皆旷达，可怜东晋最风流。
月明更想桓伊在，一笛闻吹出塞愁。

曾经欢舞笙歌，曾经群雄竞起，曾经冠盖云集，曾经叱咤风云，昔年巍峨的古寺和车马的喧闹已杳无痕迹，“三山五岭八大寺”已湮没在岁月的风尘之中。“怅望千秋一洒泪，萧条异代不同时”，这些旧景成为老一辈镇江人慨之、叹之、惋之、惜之的话题，成为后人永远的追忆和凭吊。故地遗址，再没有三教九流的思想家咄咄逼人，再没有意气风发的大富商一掷千金，再没有打滚集市的愁苦小民汲汲营营。世间没有恒常永驻的事物，昔日种种的繁华，仿佛在电光火石般的刹那，便彩云易散琉璃脆了，每每老人们说起，便有一种“白头宫女在，闲话说玄宗”的感伤和落寞。由此我们也可以看到中外的显著区别。中国的寺庙和古建筑，主要以木材为构架，树木的生命和人的生命过程相呼应，人世界二十年为一代，木建筑二十年大修一次，因此，中国虽有上下五千年的厚重，但鲜有明代以前的古建筑保存下来。而世界上其他地域如欧洲，以石材为首选，就有大量精美的教堂及古典建筑保留下来，例如著名的巴特农神庙、古罗马竞技场，都建了几千年了，仍然还虎虎生气地耸立在那里。这是两种不同文化观念选择的结果。欧洲追求永久，欧洲的宗教也追求意义上的永恒。而中国的宗教讲轮回，中国的宗教追求生生不息、代代更新。这种不同的追求并无优劣之分，但客观上就有了像镇江“三山五岭八大寺”难以留存的现象。

与“三山五岭八大寺”可以相提并论的，还有“镇江二十四景”。这二十四景的名称之所以能完整地保留下来，完全是归功于清代镇江画坛的周镐。周是“京口画派”的殿军人物，他精心创作了《京江二十四景册页》，真实地再现了160年前镇江的山川城郭、村市关津、溪桥流水、昏晓阴阳。记得鲁迅先生最反对搞十景八景，他在《再论雷峰塔的倒掉》一文中说：“我们中国的许多人……大抵患有一种十景病，至少是八景病。”但各地的十景八景，还是如雨后春笋般地冒出来，直至今日，在旅游业如朝阳般兴起之际，还越来越有发扬光大的趋势。这也是有需要就有市场、不以人的意志为转移的吧。人们耳熟能详的就有“燕京八景”、“西湖十景”、“扬州二十四景”、“金陵四十八景”……下面将周镐绘就的镇江二十四景作一介绍，并附镇江博物馆刘伟先生的考证文字。

二十四景之一：林开古驿。画面是镇江的古驿站。古代驿站，是提供传递政府文书、转运物资的地方，“迎来送往，辙相结而舻相衔也”。现今何处已无法考证。

二十四景之二：山绕瓮城。画面是环山拥城。“瓮城”为城门外的小城。镇江地处丘陵，岗峦起伏，城在山中，山在城内，云雾缭绕，秀色迷人，它典型地表现了镇江城市的特色。现今青云门一带。

二十四景之三：蓉楼话雨。画面是芙蓉楼山水。芙蓉楼为镇江古代名楼。《元和郡县志》卷二十五记载，晋王恭为刺史，改建西南楼为万岁楼，西北楼为芙蓉楼。因王昌龄一首《芙蓉楼送辛渐》闻名遐迩，后毁于战火。现今重建于第一泉畔，原址在鼓楼岗的月华山上。

二十四景之四：京畿晓发。画面是京畿路街景。独特的过街楼、直立的牌坊，勤劳忙碌的人们披着云雾，早早踏上了一天的征途。后因开通马路拆除了过街楼及牌坊。现今京畿岭一带。

周镐《京江二十四景》之“京畿晓发”

二十四景之五：梦溪秋泛。画面是梦溪园山水。沈括晚年居住、撰写《梦溪笔谈》之地。秋天已至，渔翁泛舟溪水，别有一番诗意。现今梦溪园巷一带。

二十四景之六：范桥流水。画面是镇江的小桥流水。范桥为范公桥。公元1037年范仲淹任镇江“市长”后，为改善穿城关河上的交通修建而成，老百姓为纪念他，千百年来一直称之为范公桥。现今正东路、酒海街交会处。

二十四景之七：城南赛社。画面是镇江的都天庙会。镇江城的东南,古运河畔,宝塔山麓,有一座气势不凡的都天庙。逢社日,人们从水路、陆路赶到这里祭祀土地神,好不热闹。现今宝塔山公园。

镇江画家柳学健的《五月石榴照眼明》

二十四景之八:刁坞藏春。画面是镇江近郊山景。春天到了,大地苏醒,“春风又绿江南岸”。一位老者漫步山间正在寻春,一个“藏”字描绘出春的羞涩。现今中营刁家花园一带。

二十四景之九:浮玉观涛。画面是镇江金山的山水。金山有“浮玉”的美名,原为“江心一朵芙蓉”,从明显的林林桅杆,隐约的点点帆影,可以听到阵阵涛声。19 世纪 70 年代,金山开始与南岸相连,现已全部上岸,无浮玉之态。

二十四景之十:狮岩消夏。画面是焦山的山水。“狮岩”为焦山古名,炙热的盛夏,天高夜黑,一轮明月,倒映江中,阵阵江风带来了凉爽,此处是避暑消夏的好去处。现焦山位于市东北江中。

二十四景之十一:北固晚钟。画面是北固山的山水。滨临长江、居金焦之间的北固山,一向以险峻著称。寺庙、亭台,冠镇山顶,形成“寺冠山”的特色。七层铁塔高耸入云,晚钟阵阵,把人们带入佛教的净域。现在市区北面。

二十四景之十二:海门泛月。画面是镇江江面的景色。古代镇江的江面很宽阔,滚滚长江在这里入海,因而称之海门。以后由于长江夹带的泥沙冲积,入海口逐渐东移,形成长江三角洲。明月东升,普照宽阔的江面,一片茫茫,一片寂静,唯有一叶扁舟扬帆江上。现为北固山下的江滩。

二十四景之十三:西津晓渡。画面是镇江西津渡。扬子江上有三大名渡，西津渡是其中之一，又称为金陵渡。骚人墨客，常常在此待渡驻足，写下许多脍炙人口的名篇巨章。昔日的繁荣已不见，只留下待渡亭与石阶。现今西津渡街。

二十四景之十四：江上救生。画面为西津渡街救生会。它建于清代，为江上救护各种船只和渡江人的社会慈善机构。现今西津渡街。

二十四景之十五：半江红树。画面是镇江江面小景。一叶扁舟，从江边顺风扬帆。半江红树将人们带入秋高气爽的季节。现今是何处已无从确定。

二十四景之十六：招隐听鹂。画面是镇江招隐寺山景。“招隐”原名为兽窟山。因东晋末年艺术家戴颙隐居山中，所以叫“招隐山”。这里绿树葱郁，山深幽静，游人至此，独坐聆听鸟鸣鹂语，令人陶醉。现为南郊招隐寺。

二十四景之十七：竹林听泉。画面为竹林寺山水。竹林寺初名夹山禅院，明代经林皋重建并开林公泉，泉倚山崖，雨后听其如磬之滴漏声，乐而忘返。现今南郊竹林寺。

二十四景之十八：鹤林古木。画面是镇江鹤林寺山水。鹤林寺是南山最古老的寺院，原名竹林寺，刘裕即位后，改为鹤林寺，以古花木著称。现今南郊鹤林寺。

二十四景之十九：八公早梅。画面是镇江八公洞山水。“八公”相传是昭明太子的八个太监。昭明太子死后，八个太监便在八个洞内焚化，故名八公洞。八公洞位于回龙山北面，风景优美，人迹罕至，其梅花特别有名。现今南郊八公洞。

二十四景之二十：岘山策蹇。画面是镇江岘山山水。一条弯弯曲曲的小道，三位骑驴的人正沿着小道行进在岘山之中，一前一后两位行人更增添了气氛，给幽静的山平添了几分热闹。现今招隐寺山后的岘山。

二十四景之二十一：兽窟危亭。兽窟山即招隐山，因山中群兽聚集、洞穴较多而得名，洞外怪石林立，与高高的亭阁融为一体。山虽不高,但在南山风景区内最负盛名。现今南郊招隐山。

二十四景之二十二:龙洞吟秋。龙洞即白龙洞,在白龙山山腰。因明代有位和尚在洞内发现了许多龙骨而称之为白龙洞,又名莲花洞。洞内怪石奇巧,天然玲珑。现今南郊莲花洞。

周镐《京江二十四景》之“龙洞吟秋”

二十四景之二十三:九华层云。九华山与招隐山盘走珠连。画家“知白守黑”,运用大量的空白来表现层层云雾,衬托出九华山峰峦起伏之势。现今南郊九华山。

二十四景之二十四:五洲积雪。画面是五洲山雪景。五洲山在镇江西南方,这是二十四景中唯一的雪景图,也是周镐的压轴之作。阴霾满天,层层雪覆盖着五洲山,给人们以冰冷的感觉,寒气逼人,同时寓示着“冬天到了,春天还会远吗?”现今五洲山。

以上二十四景,当年应属镇江山水的精华。画家看景,入木三分,高出常人许多,这是不用怀疑的。但“悠悠岁月,欲说当年好光景”,由于沧海桑田的变迁,许多景物发生变化,有不少已不复存在,即使是余下一些断壁残垣,依稀可见当年的风采,却也尽是往日烟尘了。我们只能从画册中,从历史的记忆中去品味了,这也是一种人事代谢、景过境迁的无奈,一种引发无限想象的残缺美。这不由得使人想起了一些著名的文明遗址，如古希腊文明的著名遗址雅典卫城，坑坑洼洼、墙坍柱残，只有那几十根大理石柱依然擎天而立，但是这种种残损破旧却丝毫不带凄凉之意，反倒让人无端生出些许眷恋，让人感受到一种震撼人心的、历经苦难洗礼却留存下来的庄严、安祥之美。镇江的三山五岭八大寺及二十四景，今之不存，或面目全非，但在镇江人们的心目中，反而化无形为有形，代代相传，在与之相关联的山川人物故事中，还常常顽强地表现出来，自有其内在的灵魂在跳舞，其神韵反而更加令人回味不尽。本节的结尾，谨以金庸的大作《射雕英雄传》一书的起头诗，来纪念镇江的三山五岭八大寺和二十四景：

小桃无主自开花，烟草茫茫带晚鸦。
几处败垣围故井，向来一一是人家。

## 第四节　凄清乐府华山矶

坟上青青连理枝，行人争唱华山矶。
野棠花发当寒食，几度春魂化蝶飞。

明·金宗直《华山矶》





中国的诗歌，发展到汉代，出现了一朵艳丽的奇葩，叫乐府辞或汉乐府。这是一种出于现实主义传统，“感于哀乐，缘事而发”的新体诗歌。由于这种新诗体来源于民歌，根植于劳动人民的深厚沃土，所以产生了许多伟大的篇章。如北辞中的《木兰诗》，南辞中的《孔雀东南飞》等。其中，南辞中还有一首著名的《华山矶》，就记录了发生在镇江丹徒姚桥的一则殉情故事，这个故事令人掩泪千古，也倾倒了一代又一代的痴情男女。

故事的发生地在镇江丹徒的姚桥。姚桥有两个有名的古村落。一个叫儒里村，传说乾隆皇帝下江南，听说这里的羊肉是一绝，遂闻香而来，发现这里的人非常好学，户户诵读，于是饱啖羊肉之余，赐名“儒里”；另一个就是华山村，华山村草木郁郁葱葱，古志书记载，“此处草木葱郁而秀，古曰华山，取其光辉也”。华山没有皇帝为其扬名，但是这里发生了一个古今同悲的故事，由故事产生了凄清欲绝的南朝乐府《华山矶》，使得华山村声名超过了儒里，成为青年男女心目中的一方圣地。

在南朝刘宋时，镇江有一士子，到丹阳去走亲戚。经过华山客舍，见到一个十七八岁的美丽女子。士子始而惊艳，继而爱慕，但终于无法表达他的心曲，回到家中，得了严重的相思病。士子的母亲问出其中的究竟，抱着“心病还需心药医，解铃还需系铃人”的希冀，到华山去寻访到华山女。华山女知情后大为感动，遂脱下所着绣花小衣，交士子母亲拿回家去。按当时的风俗习惯，将这件绣花小衣放在士子床上的席子底下，相思病会不治而愈。

后来果不其然，士子的病一天比一天好了，但他同时也发现了这件绣花小衣。当他知道这是华山女的贴身之物后，士子乐极生悲，竟然将这件衣服一口一口吞进了肚里，结果不治而逝。死前请求其母，出殡时一定要用牛车载着从华山经过。

其母哀其情，依言用牛车载士子前往华山。车行至华山女门前，牛竟然再也不肯前行，任人鞭打也徒呼奈何，引来众人围观。华山女闻讯后分开众人，请士子母将车子在门前停歇下来。她淋浴更衣后跪在棺前痛哭了一番，然后对着棺柩唱出了一曲感人至深的《华山矶》：

华山矶，君既为侬死，独活为谁施，欢若见怜时，棺木为侬开。

棺柩居然应声而开。华山女跃入棺中，棺盖又合起来。尽管后来人们打开了棺盖，但是华山女拥着士子已死。于是两家求合葬，在华山村边的山岗上，堆起了华山矶，人们又称“玉女墩”。

昔有葛筠《华山矶》诗云：

可怜华山矶，郎自为侬死，侬生独何为？
父母不下堂，兄妹俱成行，何必恋阿侬，切切空悲伤。

启我黄泉道，换我新衣裳，古墓横路旁，阴阴松柏长。

下有同心草，上有双栖鸟。

上了央视镜头的华山村“太平泥叫叫”

昔人邈矣，风景成空。现在人进了华山村，虽然华山村的古建筑很有看头，华山村的工艺品太平泥叫叫也很有名，中央电视台还拍了电视专题片《华山泥叫叫》，但人们最想看的是两样东西：

一个是村口的千年古木银杏树。它高32米，径1.84米，风雨不动，冠盖如云。每当碧空如洗时，其巍巍雄姿几十里外可见。村里人对其非常敬重，因为随着一代又一代人的故去，只有它是当年士子和华山女悲情的见证。





一个就是村边的玉女墩。位于村口的大堡头，每年春天清明前后，都有青年男女在玉女墩旁供香、烧纸，祈求婚姻幸福美满。一个毫不显眼的小土堆，但其在爱情上显示出来的美学意义，毫不低于光绪皇帝思念珍妃的泪血瀛台、沙杰汗思念玛哈尔的泰姬陵。因为从这个小土堆上，我们相信了这世界上真有如此情深义重的男女，真有穿越时空的思念，真有生死相随的爱情。这对同命鸳鸯静卧在这里面，是苦，是甜，这就因人的不同理解而大相径庭了。

笔者以为他们做到了死后同穴，是幸福的。因为无论这个世界发生了什么变化，但什么力量也分不开他们了。人们站在华山矶前，为他们生前不能结合而一掬同情之泪，同时也为他们死后永远埋在一起而洒祝福之泪。“片时春梦，江南天阔。”生命和青春，财富和荣耀，都会随着光阴流逝，而士子和华山女的爱情却在岁月长河的流淌里，光彩夺目，永远流传……

华山矶的故事，也和中国几个著名的悲情故事相契合。如《孔雀东南飞》中，焦仲卿和刘兰芝双双殉情自杀后，诗中后两句是“两家求合葬，合葬华山旁”，这个华山，就和华山矶的地点相契合。又如“梁山伯与祝英台”，祝英台出嫁之期，彩轿经过梁墓，梁墓忽然大开，祝女跳入梁墓，这个生死相爱的情节，也与《华山矶》的情节相合。因此，千古的伤心、千古的绝唱如出一辙地具有千古的魅力。沈从文先生说过：“美，总是难免让人伤心吧。”华山矶的故事在镇江家喻户晓，华山村也成为后世骚人墨客不断咏叹的地方。

村头舞龙，挖掘一下也有源头故事

站在华山村口，风吹在脸上，虽是柔柔的，但在悲剧爱情引来的骤起愁绪中，风也寂寞，景也憔悴。

凄清的故事，至深的痴情，“问世间情为何物，直教人生死相许”。从华山矶出来，对爱情可以多一层理解：爱情不仅仅是玫瑰，是箫声，是月光下西楼上的一声叹惜，更有像华山女面对棺木的怆然一跃。这一跃就是华山村的魅力所在。

## 第五节　京岘山下慰忠魂

一对龙湖青眼开，乾坤倚剑独徘徊。

白云是处堪埋骨，京岘山头梦未回。

宋·宗泽《葬妻京岘山结庐龙目湖上》

始皇三十七年，秦始皇开始东巡，渡淮浮江，到江南来了。他后面跟着一大帮方士，专给他做望气的工作，即望见哪里有王者之气，就铲除到哪里，以保强秦天下子孙万世。方士们认为南京、镇江一带有王气，对秦大为不利，于是秦始皇在南京凿紫金山，断金陵的王气；到镇江来凿京岘山，断京口的王气。秦始皇派来了穿赭衣的囚徒三千人，将京岘山南面的山脉凿断。因为满山遍野都是红衣人，以至于当时的镇江就叫做丹徒。

京岘山不但自身有王气，山前还有一个湖泊，湖中有一道长岗，将湖一分为二，其形状极像龙的双眼。始皇又令丹徒们将长岗凿断，毁龙双目，断其灵性。但人算不如天算，秦始皇维系万世不坠基业未成，便中道驾崩，他的江山也短短二世便亡，凿断王气之说就成为历史笑柄了。明人齐元鸾讥秦始皇道：

金泉已涸鲍鱼枯，四海骊山夜送徒。

牧火燎原机械尽，祖龙空作万年图。

后来乾隆皇帝到京岘山来游玩，也作《京岘山》诗一首，嘲笑秦始皇：

凿京岘命赭衣徒，名家虽存迹久芜。

未及临洮东属海，长城筑罢竟亡胡。

京岘山因王气而吸引了这些王者，更因其好山好水而驻留了许多豪杰。有宋一代便有两位民族英雄在此息影田园，一个是北宋的宗泽，一个是南宋的陆秀夫。

京岘山就在镇江的东部，相距市中心不远，骑自行车去是最好。行进中只见路两旁叶尚未凋，草已添黄，茫茫的树影，寂寂的石桥，十几分钟的光景，宗泽墓就到了。

宗泽墓，忠良寂寂的栖身之处

宗泽的栖身处远离尘嚣，孤零零地躺在林荫里。顺着一条小路走进去，约百米长的墓道，墓道的尽头是赭色的石牌坊，上面镌刻着一副民国的楹联：

大宋濒危撑一柱，

英雄垂死尚三呼。

这是一副名联，它高度凝练，神形毕肖，将一代名将睚眦欲裂的愤怒状表达出来，痛快淋漓地宣泄了宗大帅拼命杀贼、三跃渡河之意。

临死前大呼“渡河杀贼”，三遍而卒的宗留守

宗泽就是《岳传》上大名鼎鼎的宗留守。《岳传》上说，岳飞进京考武举，枪挑小梁王。奸臣张邦昌要杀岳飞，幸赖宗泽慧眼识英雄，不但免了岳飞的死罪，而且一手提拔了岳飞。正史说法则有所不同，宋史载，岳飞原是宗泽帐下一个低级军官，因犯军规当斩。宗泽奇其状貌，考以兵法，确认岳飞是非常之才，想国家是用人之际，因此不但赦免了岳飞，还给岳飞以兵权，直至岳飞建立了不朽伟业。不管哪一种说法，宗泽对岳飞都有知遇之恩、提携之恩，这是可以肯定的。靖康年间，宗泽为河北义兵都总管，他纵横杀贼，屡战屡胜，金兵

闻之丧胆，背地里都称他为“宗爷爷”。后来，宗泽担任京城开封尹，硬是从金人的手中把开封给夺了回来，成为孤悬敌后的一个坚强的据点。他二十四次接连上疏，要求朝廷夺回二圣，还于旧都。但宋高宗别有所图，置之不理。急得宗泽忧愤交加，疽发于背，临死前挺身大呼“渡河杀贼”，连呼三遍而卒。

“我本将心向明月，无奈明月照沟渠。”历史如一把沉重的熨斗，在人们的心间烙下深深的不平之印。为什么忠良总是不得好死？为什么小人永远横行不绝？世上的事常常就是这样让人费解。念此怎不叫人仰天长啸，揾英雄泪。

过牌坊即见宗泽墓，坐南朝北，高 3 米多，周长约 30 米。墓前竖白色石碑，上刻“宋宗忠简公讳泽之墓”，墓的外郭背依京岘，面向田野，在松柏相依、岗峦环抱之中。

宗泽生前就看中了京岘山的山水。他曾在镇江居住过 4 年，走马群山，深深地被京岘山的美丽景色所吸引。他的妻子陈氏不幸去世后，宗泽就在京岘山择地安葬，本节的起头诗，就是他葬妻京岘山、并结庐龙目湖所作。同时，这也表达了他“白云是处堪埋骨，京岘山头梦未回”的愿望。宗泽死后，开封全城大恸，仅太学生就有 1 000 余人写了祭文哭他。岳飞报知遇之恩，和宗泽子宗颖扶其灵柩到镇江，将他与其妻子陈氏合葬，还在龙目湖建了一所功德院来管理祭祀，镇江县学里也建了宗忠简公祠。

“丘墓蔽山冈，万代同一时。”秋草苍黄，能无怅怅，伫立在宗泽墓前，心情颇不平静。整个京岘山，没有满山遍野的花团锦簇，也没有阳光下云蒸霞蔚的一片灿烂、芳草碧连天，它有的是肃穆和大气。这墓地是简朴的，但丝毫不减油然而生的敬意；这里的气氛是肃穆的，不容你大声说话，也不容你有观赏的闲情，因为你冥冥中会感到澎湃的、激越的意绪难平。曲生何乐？直死何悲？中国人是崇尚精神的，劈山的巨灵、填海的精卫、逐日的夸父、移山的愚公，他们身上都洋溢着豪迈古今的精神，宗泽就是和他们同一类的人。稍使人伤感的是，龙目湖、功德院今已不存，无人守护、无人管理的墓地有点孤零零的。风儿俯临墓茔，在树木之间飒飒响着，和暖的阳光覆盖着这片幽暗的土地，心头却淡淡地染上一抹人事不在的凄凉，但这种寂寞和凄凉都丝毫不影响长眠地下的英风凛凛。

清人张九徵有一首吊宗泽墓的诗道：

宋代园林秋草边，夕阳遗址尚依然。
松杉剥落精灵在，父老悲吟谏疏传。
弹指已成千古事，伤心莫话靖康年！
陆公居地还相望，两地忠魂泣杜鹃。

诗中的陆公，是指南宋赴海殉国的宰相陆秀夫。陆秀夫是江苏盐城人，他 3 岁随父迁居镇江，就住在离京岘山不远的汝山，与宗泽墓毗邻而居。陆秀夫的启蒙塾师是镇江的孟先生，陆少年即有大志，读书至夜不辍，孟先生向人夸他："此非凡儿也！"陆秀夫任丞相后矢志抗元，常常为山河的破碎而泪湿朝衣。公元 1279 年，元军攻破南宋最后一个据点崖山，陆秀夫以报国的必死决心，仗剑驱妻儿家小投入海中，然后登上小皇帝赵昺的大船说："国事至此，陛下当为国死，德佑皇帝受辱已甚，陛下不可再辱。"然后背负赵昺投海而死。元人姚燧有诗赞陆秀夫：

紫宸黄阁共楼船，海气昏昏日月偏。
平地已无行在所，丹心犹数中兴年。
生藏鱼腹不见水，死挽龙髯直上天。
板荡纯臣有如此，流芳千古更无前。

镇江人怜其忠勇，在金山造了陆祠，后移至鹤林寺，再移至青云门，现已不存。陆在京岘下的住所已离江滨不远，想不到大海最后成为他的归宿。

"死去原知万事空。"人死后留下的东西都是表层的，唯有精神能留存不灭。中国的皇帝留下了众多的陵墓，埃及的法老留下了众多的金字塔，但是人们将这些作景观赏，又有几人记得他们的名字。而真正许多世界级的伟人却是简单的、朴素的，甚至是不留痕迹的。

托尔斯泰的坟仅留下一块荒草地，爱因斯坦的墓已无处可寻。但是，他们的身体，化为青山之土，宇宙之尘。只要人类在，就不会忘记他们。而宗泽、陆秀夫这样的民族英雄，他们的英灵是永远地镌刻在镇江人民的心中了。

“陆相门前新海涨，宗丞墓上古松声。”古人是这样咏京岘山的，现在人也这样看京岘山。若每座山确有什么灵异，则京岘山的精魂必是这宗、陆二位。

坟墓，是灵魂安息的地方，也是人世的倒影。

回家的路上，远远的山影，疏疏的人家，郊野的暮霭，已是沉沉四合。

## 第六节　王位三让季子碑

逃位曾传泰伯风，那言高义子臧同。
江山未改仍公子，人物无凭只上中。
地僻似村烟月白，庙闲如社野花红。
伤心窟室铍交后，断送亡王泣甬东。

清·钱名世《题延陵季子庙碑后》





公元前3100年的一个月黑风高之夜，周太王长子太伯和弟弟仲雍，悄悄地逃出了镐京。因为周太王喜欢小儿子季历，想把王位传给季历，这是“立嗣以长”的封建宗法制度所不容许的。太伯为成全父王的心愿，便约了仲雍一同出逃。兄弟俩吃尽千辛万苦，来到了镇江一带，和当地荆蛮人一起“断发纹身”，以示不再继位。荆蛮人敬重他们礼让天下，尊拥他们为首领，这就是历史上有名的“太伯奔吴”。

时间过去了2 600多年，吴太伯的子孙中又出了一个十分贤能的季札，再一次将太伯的遗风发扬光大。

据《丹阳县志补遗》记载，季札是吴王寿梦的小儿子，太伯十九代孙。由于季札十分贤能，吴王想让季札继承王位，得到季札三个哥哥的赞同，商定王位采用“兄终弟及”的办法。从长子诸樊开始，然后次子余祭，三子余昧，最后季札。但季札有太伯遗风，轮到他时，他不顾父王的遗愿、兄长的苦心和吴人的拥戴，先后三让王位。为了彻底躲开这种禅让，季札甚至抛弃了家室财产，跑到当时地旷人稀的延陵，躬耕于鲜为人知的边区僻地，以达到“让王全志”的意愿。在封建社会，能当上皇帝是许多人梦寐以求的事情，为了能够黄袍加身，多少人兄弟阋墙、父子相残，上演了几千年的腥风血雨，所以，像季札这种举动，简直是石破天惊，世间少有。唐代陆龟蒙佩服极了，他甚至有点不相信，说：

故国城荒德未荒，年年椒奠湿中堂。
迩来父子争天下，不信人间有让王。

但事实确是如此，季札躬耕于镇江丹阳延陵后，给延陵带来了先进的生产方式；同时，又以高度的文化修养使百姓得到教化，促进了延陵地区经济文化的发展。老百姓非常尊敬他，在季札死后，为他建庙造墓、勒石铭文。历代的文人墨客也纷至沓来，顶礼膜拜，使得一个原本不起眼的小镇，长兴不衰，独领风骚数千年。“天地之间有杆秤”，这里倒是称出了季札在人民心中沉甸甸的份量。

从镇江到延陵去看季子碑，一直的大路，40 多分钟即到。据传过去的季子庙、季子墓是气势恢弘的，而且游客众多，香火极盛。来自苏浙沪的游客、香客，到茅山进香后，必到季子庙来烧回头香，据说这样才灵验，否则就不灵。季子庙还受到官方、百姓的双重保护，唐时狄仁杰大毁淫祠，但出于对季札的敬重，季子庙却是被保护的；宋朝还把季札封为嘉贤大帝；明朝专门造了纪念季札的季河桥。凡此种种都说明了，一个讲节义的人，一个为民造福的人，世世代代都会被尊崇的。但可惜现今庙已不存，只有一座古碑仍巍巍然树立在那里。这碑高 2.5 米，宽 1 米多，碑上的内容是孔老夫子亲书的文字，“呜呼有吴延陵君子之墓”，值得孔夫子出面“呜呼”的人，印象中是没有几个的。由于岁月久远，碑已经破损，后人不断修补，现在的碑文是唐人据拓本重摹刻石的。为保护好此碑，又砌了一座仿古四角亭加以遮护。当地政府还有复建季子庙的计划。

站在高大的季子碑前，抚碑思贤，敬意油然而生。古碑虽然很旧、很老，历经岁月的磨砺和冲刷，就像一个年过古稀的老者，满脸的沟壑和皱纹，但它深邃的生命仍在，它具有另一种美丽和另一种张扬蓬勃的气息。冷风过林，自协音律；凉月晖席，都成秋痕。每当黎明或黄昏时，淡淡的光线斜射进来，使古碑荡漾着圣洁的、脱俗的美感。在延陵，可以听到许多关于季札的传说，最著名的是两个。一个是“季札挂剑”，称颂季札对朋友不以生死易心的真挚友谊。《史记》载，季札出使鲁国时，途经徐国，徐君很爱他佩带的宝剑，季札心里知道，但因为佩剑是使臣的象征，不便相赠。待他完成使命返回时，徐君已死，他便解下心爱的宝剑，挂在徐君的墓上。随从人员说：“尚谁予乎？”季札说：“吾心已许之，岂以死背吾心哉？”

唐人周昙称颂季札的生死不易之心：

虽然只有一座古碑，但一个讲节义、为民造福的人，世世代代都被尊崇

吹毛霜刃过千金，生许徐君死挂林。
宝剑徒称无价宝，行心更贵不欺心。

司马光也大为叹赏，对季札的人品非常心仪：

延陵腰利剑，上国使初通。
待我周游遍，逢君遣奠终。
晶荧南高树，萧瑟动寒风。
谁敢欺生死，苍苍照尔衷。

还有一个就是“季札观乐”。季札交游极广且精通音乐。他游历各国，能从各国的礼乐民风中，分析得失，预言盛衰。在鲁国听到《周南》《召南》，他说美啊，周王朝的基础已经打好，但还未最后成功，曲中洋溢着虽辛苦但无怨言的情绪。在齐国听到《齐风》，他说曲调真是宏大深远啊，有大国之风，堪为东海一方表率，这是姜太公的遗风吧，齐国的前途不可估量。在秦国听到《秦风》，他说就叫夏风吧，秦声能演进为夏声，国家必会日益强大，大到极点，能达到周王朝创业的程度吧。他听了《郑风》《陈风》，却觉得歌声细琐，其国政令必定苛细，国无良君，人民难以忍受，他认为郑国、陈国怎能长久不亡呢？对照历史看，季札观乐的预言是非常准确的。

画栋雕梁已颓圮，苔痕斑驳绿阶前。人一生终其百年，只不过是青铜器表面上的一层薄薄的锈色罢了。纵然你威加四海、富甲天下，也逃脱不了“人生自古谁无死”的宿命。季札已死去千年了，但他虽死犹生，季子碑矗立延陵几千年，使这块方寸之地成为仰视才能见的思想高地，灵魂栖息且升华的地方。俗话说，一花一世界，一草一天国。长江白沙无数，可以一尘观之；大海浩瀚万千，可以一沤见之；群山巍峨绵延，可以一石知之。观季子庙，不是欣赏其建筑的大小，而是从季子身上去挖掘中华民族的伟大精神。有慕高洁、怀思古之幽情的人，千里迢迢到这里来抚季子碑。抚碑沉思，敬意油然而生，陡升出一份独具的清高和孤傲来。触摸古碑，就像触摸一个久远的年代，使我们忘掉了时间与空间。堂前的青砖，屋内的竹简，一翻便是中华千年。人类的历史像流水一样日夜不息，一切都俱往矣，只有人类创造出来的文明永恒不朽。此外，镇江延陵这个古镇也确实值得一去，季子碑附近，还有管仲、鲍叔牙的分金之桥；有董永、七仙女的好合之村；有包拯远祖的桑梓之地。这是一个充满古风、古义的古镇。

## 第七节　小巷深深深几许

十里长街市井连，赏心乐事谁家院。
小楼一夜听春雨，数椽小隐巷西偏。

张祜、汤显祖、陆游、李葂诗集句

镇江是个老城。因为古老，城区内小巷纵横交错，密如蛛网，曲里拐弯，巷中有巷。巷子之多，可以说不认识镇江小巷，就不认识镇江。不认识小巷的美，就难以全窥古城的美。

和国外的线条繁复相比，中国古建筑的轮廓则较为简单，因此容易陷于平板，“而是以救此弊者，实在装修能极变化之妙”。这是日本学者伊东忠太在其《中国建筑史》中对中国古建筑的评述。他又说：“世界无论何国，装修变化之多，未有如中国建筑者……硬山样式（指风火墙），日本仅有数种，中国之样式，殆多于日本数十倍。”要体会中国古建筑无限的趣味，那就到小巷去。

漫步在镇江的深巷之中，你能体会到，大街是城市的骨骼和肢架，而小巷才是城市的血管和神经。这种北方称为胡同，上海称做里弄，镇江称为巷子的人行通道，各有各的妩媚，各有各的风情。而镇江作为历史文化名城，除了厚重的历史积淀之外，小巷也增添了许多耐人咀嚼的独特韵味。

镇江小巷有一种复杂、亲和的美。地面上原来是没有巷子的，先人们居住下来，会留下很宽的地方作为行走和活动之用。但后来人口繁衍，豪强并起，公共的地方被蚕食鲸吞，广场变成狭路，通衢变成小巷。镇江城小人多，民宅鳞次栉比，百姓比屋群居，因此，比其他城市拥有更多逼仄狭窄的小巷。城里的解放路、南门大街；城外的大西路、中华路、人民街等处，都是小巷密布、多如牛毛。一条条的巷子，往往窗子对着窗子，门户连着门户，晾衣服的竹竿两边一搁，就可以横跨两边的窗子，只要手支一根短短的竹竿，就可以把菜篮轻易地伸到对面的人家。小巷里奉行"远亲不如近邻"，热热闹闹就像一个大家庭。一户娶媳嫁女，个个喜庆；一家烧菜，户户闻香。包馄饨、饺子，差不多有一半以上是送给左邻右舍的。底层的生活虽无亮色，却不失世间的真味。小巷里又是个小社会，诊所、浴室、幼儿园、水果摊，样样都有，既方便又实惠。油盐酱醋茶，样样都能买到。只要你去敲门，哪怕三九严冬，店主也会从热烘烘的被窝里爬起来，在一扇小窗子里递上你需要的东西。小巷里又是一个喧闹的舞台，逢夏日，狭小的屋子赛如蒸笼，于是男女老少，穿着短裤汗衫一起在外露宿。人们团团围坐在一起，打扑克、下象棋、讲故事、侃山海经。那凉席、凉床家家连在一起。这时在小巷里走路要跳来跳去的，女人们高耸的乳房、凸出的臀部，在乘凉的人浪里，难免会碰到男人的身上，也不会感到大惊小怪，由此也产生过许多浪漫的爱情和悲欢离合的故事。不少人家是几代人、几个世纪在一起做街坊邻居，"记得当年骑竹马，如今儿女忽成行"，小巷的沧桑，也就成为一代代人的生活史了。如今，像大西路一带的同德里、同鑫里、太和里；电力路一带的春江里、荣庆里；宝塔路一带的福安里、德仁里；新马路一带的新安里；小街一带的吉安里、同兴里；京畿路一带的瑞芝里、吉庆里、东长安里，

远亲不如近邻，热热闹闹的小巷

老房子精美的斗拱

依稀还保持着这往日的生活习惯和踪影。小巷还是一个包容并蓄的场所。镇江位处南北要冲，小巷里住的人也不分东南西北，可以说全国各地的人，镇江小巷里都能找到。听一听巷名，能知道居住的人来自何方，如北五省会馆巷、福建会馆巷、芦州会馆巷、广肇公所巷等。五方八处，各种习惯、各种特长，都在这窄小的弄道、窘迫的居室、寸土必争的公共用地上得到最充分的发扬。因此，镇江人的性格中，既有北方人的坦诚，又有南方人的精明，正是在这些狭窄的小巷中交融构成的。

镇江小巷有一种清幽高雅之美。这是一些做官经商，有身份、有地位的人，砌起了漂亮大院。大院与小院之间，留下了曲折幽深的小巷，巷子两边的房子是黑白的、素淡的，颜色似乎有些单调，但黑白世界另有一种勾魂摄魄的美，单纯中透着质朴，纯净中透着繁复，这就是黑白的灵气。古老的大门，飞翘的檐角，雕刻精美的门楣和斗拱，石雕的门墩，“粉墙黛瓦，曲径深巷”，写意般地勾勒出一幅幅简洁的木刻版画。这种清幽和高雅是一种隐隐然的气象，从每一扇花格窗溢出，从每一块青石板溢出，从每一道木雕纹溢出，从每一束老紫藤溢出，如江上里、四箴里、西德馨里、丁家巷、梅花巷、九如巷、登山巷、演军巷、牌坊巷、白莲巷、琴园巷、大小盛家巷、西荷花塘巷等。这些小巷，乌檐青瓦，清清幽幽，只容得下二三人并行，到了晚上更是人迹寥寥，只听见足履在青石板上跫跫的声响，那是一种静如亘古、深入骨髓的宁静。脚下是条形青石板，两侧是高高的风墙、简洁的石库门和那“庭院深深深几许”的古老民宅。这些宅子都是用青砖砌成，讲究的门楼，雕以花卉。那水磨砖的砌法极有学问，八方者为八卦纹，横斜者为象眼纹，半斧者为鱼鳞纹，参差者为冰裂纹，各种砌法让你领略到民间建筑艺术的真髓。砖木雕饰更是多姿多彩，或平雕、或浮雕、或镂空雕；或写意、或平实、或粗犷豪放、或精致细腻，让你眼花缭乱，啧啧称叹。这些都使得陈旧的老房子也活泼而灵动起来。有一首民谣这样唱道：

厢房配戏楼，木质穿斗，
廓房加阁楼，坡屋脊。
翘角飞檐马头墙，
青花瓦片嵌回廓。

雕饰的内容，无论是花草藤蔓，还是水纹云气，都不受自然形态的约束而任意接排，这也是中国民间艺术"花无正果，热闹为先"的创意，为的是构成热闹而丰富的画图。

隐隐约约，从巷子深处飘来咿咿呀呀的二胡声，让你依稀想起"良辰美景奈何天，赏心乐事谁家院"的曲词。有时候，对门的两户各坐一个白发老妪，嗑着瓜子，夕阳黄昏，那份淡泊与和谐，使人油然想到元稹的"寥落在行宫，宫花寂寞红。白头宫女在，闲坐说玄宗"诗句。如果是下点雨，打湿了青石板和黛色墙，黝黑的石头路面闪着幽暗的光，烟雨深巷，绿叶摇窗，细雨溅在石板上，跳跃如珠，灵动典雅可以入画。这时你走在曲曲折折的小巷里，戴望舒《雨巷》的音韵就会不期而至：

春意一枝，探出了马头墙

撑着油纸伞，
独自彷徨在悠长悠长

又寂寞的雨巷，
我希望逢着
一个丁香一样地
结着愁怨的姑娘……

那种唯美的情调和暗香浮动，如忧郁的清梦让你低回不已。

镇江的小巷有一种情节美和沧桑美。这是一些饱经世故、阅尽人事的小巷。那长长的院墙，一直伸向远处，像绵长的心事。分列两旁的八字门楼，诉说着往日的辉煌。那一蓬蓬衰草和一扇扇曾是朱红色的大门，使人顿觉时光倒流，仿佛回到久远的年代。或祖上高官，余荫子孙；或脂粉花香，风流蕴藉。不过由于岁月的冲刷，现已颓败中落，铅华洗尽，只有那一点点的威仪气象还在。走在城里的第一楼街、酒海街、白莲巷、西城里、道署街、观音桥巷、靳家巷、丁家巷，城外的王家巷、登山巷、小街、大巷等，看着老藓绿墙，二三老人坐阶石上，几缕阳光穿过石雕把美妙的花纹印在了对面的墙上，好似历史的叹息，凄清悠长。你就像翻开了一部厚重的线装书，处处都让你感受到一种沧桑和历练之后的厚重。徜徉在小巷里，你甚至是能够想象出情节的，墙脚孤井，累累绳结，似乎饱含岁月的艰辛，欲言而又无语。门头砖刻栩栩如生，仿佛阅尽春色，世故而又漠然。那墙头青青的茅草，墙根唧唧而鸣的秋虫，女人鬓边的花影，青瓦砌成的花窗，隐约现出院中的芭蕉或藤萝，这里面都有诉说不完的故事。更多的是一道高高的粉墙，把墙内墙外隔成了两个天地，“墙内秋千墙外道，墙外行人，墙内佳人笑”。墙内的精彩，墙外人是看不到了，但正好给你无限的

烟雨深巷，绿叶摇窗

遐想。郑板桥《有所感》云:“绿杨深巷,人倚朱门,不是寻常模样。”看多了这些高墙深院,你会被这深藏不露、隐逸不群的内敛美所吸引,你会突然感到历史并不遥远,是历史的老人一锤一凿、一砖一石,把小巷雕琢成这个模样。以至于眼前飞过一只苍蝇,也忍不住怀疑这并不卫生的昆虫身上,是有着汉时的模样还是有着唐代的标记。

要领略镇江小巷的风景线,最好是两三知己,骑自行车,恣意地往小巷里钻。镇江市区有名称记载的就有 1 000 多条巷子,不要地图,不要拟好的计划,那种随意和悠然,那种发现和意外,最是趣味无穷。

首先你会发现,1 000 多条的巷名,还是有规律可寻的。

有以姓氏为巷名的,如:

王家巷:宋代左丞、资政殿学士王存所居。

薛家巷:清代名道士、名医薛阆仙所居。

张家巷:清代宰相、文华殿大学士张玉书所居。

靳家巷:明朝宰相、武英殿大学士靳贵所居。

此外还有蒋家巷、尹家巷、马家巷、刘李巷、万家巷、何家巷、向家门、牟家门、娄巷、杨家巷、于祠巷、霍家弄、贺家弄、吴家巷、邹家巷等。

有的不仅是以姓氏为巷名,还有直接以人名命名的,如:

魏同兴巷:巷内有开鱼行的老板叫魏同兴。

王三园巷:巷内有王氏三兄弟种菜园。

吴先生巷:巷内清代住一位吴姓先生。

有以花卉为巷名的,如:白莲巷、桃花坞、松花巷、梅花巷、杏花园、荷花楼巷、花巷、花园巷。

有以飞禽走兽命名的,如:九龙巷、龙王巷、东麒麟巷、仙鹤巷、燕舞巷、鱼巷、蛤蟆院、狮子巷、灵鹫巷。

有以军营、官职、衙门所在命名的,如:宋官营、中营、小营盘、红旗口、演军巷、腰刀巷、磨刀巷、将军巷、太保巷、西府街、南府巷、道署街。

有以行业为巷名的，如：皮坊巷、招商巷、书场巷、水炉巷、西柴院、柴炭巷、粮米仓巷、簸箕巷、戥儿巷、篾篮巷、剪子巷、棒槌营、浴池巷、梳儿巷、银炉巷、盆汤巷、草巷、砖瓦巷、打索街、堂子巷、布业公所巷、石灰巷、冰仓巷、支水巷、醋巷、宰牛坊巷、磨盘巷、共舞台巷等等。这类巷子最多，从巷名即可看出是干什么营生的，几乎囊括了三百六十行，反映了镇江商业的兴旺。

有的是公益性质的，如果不作解释，现代人就不懂其含义所在了，如：

公估巷：清政府在巷内有公估局，专司鉴定纹银的成色，相当于现代的打假机构。

三善巷：清代时巷内有三个慈善团体，分别是老人堂、盲人救济处、育婴堂，故名叫“三善”。

牌坊巷：鸦片战争期间，英军攻入镇江，死难妇女甚多，清政府在此建节烈牌坊，因而取名牌坊巷。

互济巷：清代在此巷内专门收留被虐待的妓女、丫环，让她们互相教以书算女红，并为其挑选配偶，巷名取互相帮助之意。

还有一些带有时代色彩的巷名，离现在是比较久远的了。“文革”时期的不算，“文革”时期改的巷名基本已恢复原状，而这些主要是五六十年代改成，已成为地名录上的正式巷名了，如：增产巷、节约巷、生产巷、利群巷、经折巷、平安巷、安宁巷、勤俭巷。

还有一种以寺、庙、庵命名的巷子也特别多，多少体现了“南朝四百八十寺”的面貌，如：

山门口街：元代时街内有崇福观，废掉后街内唯存山门，巷名叫山门口街。

城隍庙街：宋代巷内有“忠佑城隍庙”，皇帝亲题，是供奉汉将军纪信的地方。纪信在荥阳突围后，伪装成刘邦吸引楚军，让刘邦逃逸，结果自己被项羽活活烧死。

清真寺巷：巷内有清真寺，其寺内大殿为江苏全省清真寺之最。

黑白世界另有一种勾魂摄魄的美

文昌宫巷:巷内有一庙,供文昌菩萨,是主宰功名、禄位的神仙。

弥陀寺巷:元代有张氏舍宅建寺,供奉弥勒佛,称弥勒寺巷。

万古一人巷:明代巷内建关帝庙,庙前有"万古一人"牌坊,称关羽为万古一人的伟丈夫。

药师庵巷:唐代巷内有惠安寺,明代巷东有药师庵。

水陆寺巷:宋代巷内有水陆寺,镇江的水陆法会是非常有名的。

南星巷:清代巷内有斗姥宫,供奉南极星君,故名南星巷。

此外还有地藏庵巷、观音桥巷、庙巷、火星庙巷、太平寺巷、节孝祠巷、会莲庵巷、东岳巷、江照庵巷等。

有人将镇江的小巷按数字排列起来,"一人巷、二马路、(三)门口、四牌楼、五条街、六摆渡、七里甸、八叉巷、九如巷、十浮桥"。巷子太多了,还可以再挑出几套从一到十的排列来。

镇江小巷名字还有一个特点,就是以讹错讹、将错就错,你切不可简单地望文生义。有的错得离奇,有的错得美丽,有的错得让人好笑不已。

如苗家巷,看巷名以为是苗姓族居镇江的住所了,其实不是。此巷靠南门外大街,清末这里是青青桑园一片,居民以种植桑苗为生,形成巷道后称苗家巷。

演军巷,有人认为是常有的大教场或演武场之类,事实上不是。演军巷应叫堰军巷,成名于宋代。宋代兵制分为禁军和厢军,禁军保卫京师,厢军保卫地方。厢军又分为马军、步军、水军,水军中筑堤坝的就叫偃军。因巷内是偃军的驻地,所以叫偃军巷,不知后来怎么改为演军巷了。

王通寺巷,听巷名会以为巷内肯定有一座寺庙,即使现在没有肯定古代是有的。实际上是巷内过去住过一位姓王的通事,即相当于现在的翻译。能当翻译过去是很了不起的,所以巷子也用他的职业来命名了,不知何时变成了王通寺巷。这个错有点啼笑皆非。

此外,还有袁郎巷错成现在的月郎巷;油炭巷错成尤唐巷;箍桶巷错成了古通巷。这些错得比较美丽,错后的巷名比原来更雅致、更好听了。实际上巷名也是一种文化，是集体的民间创作，好的流传下来了，不为群众喜闻乐见的就自然淘汰了。"文化大革命"破旧立新，什么"永红"、"灭资"、"兴无"、"东风"、"东方红"、"井冈山"等，一个也没有留下来，这就是最好的例证。

镇江小巷是个藏龙卧虎的地方。从某个小巷里走出来的人，看上去不显山、不露水，但可能就有不可等闲视之的来历。也许是名相名将的后代，也许是学富五车的大儒，也许是实业救国的巨商，也许是成就斐然的科技精英。范然先生专门研究名人与镇江，他提出的祖居、客居、官居的名人超过百人，如刘裕、葛洪、陶弘景、戴颙、萧统、刘勰、鲍照、何逊、江淹、徐陵、李德裕、李绅、辛弃疾、柳永、许浑、苏颂、王文治、马相伯、马建忠、刘鹗、陈庆年、赵伯先、柳诒徵、冷御秋、巴玉藻、茅以升等。所谓江山也要伟人扶，小巷更需名人扬。这些从小巷里走出来的名人，使小巷更加光彩烨烨。走近他们的故居，虽然已经是风云散尽，但你还是能感受到风流、风雅的蕴藉。

梦溪园巷，是北宋科学家、政治家沈括的居所。园内景物在"溪水入梦沈家院"中已作详细介绍。沈括在此居住八年，直至去世。八年中沈是靠"三悦"、"九客"度过的，三悦是他所景仰的三个名人，即陶渊明、白居易、李约；九客是琴、棋、弹、墨、丹、茶、吟、谈、酒。沈死后归葬杭州，其家属仍居梦溪园巷内。

道署街内，有宋书画家米芾的住宅。米在镇江还有两处住宅，一在鹤林寺，一在北固山，苏东坡称米芾"狡兔三窟"。他官至礼部员外郎，能诗文，擅书画，精鉴别。书法俊迈有"风樯阵马沉着痛快"之评，绘画独创"米氏云山"。米芾的轶事，已在"南山青翠湿人衣"一节中作过介绍。米芾怪僻多，苏东坡与其友善二十载，还是摸不透他的习性，说："文章奔逸绝尘之气，超妙入神之字，清新绝俗之文，相知二十年，恨知公不尽！"

南门大街南端的靳家巷，是明代大学士靳贵的住宅。靳贵是镇江丹徒人，生而聪颖，17 岁即考中举人第一名，18 岁中进士，以后官至宰相。他为人沉静简默，不轻易议论别人的是非短长，但在朝廷上却能侃侃正言,堂堂正正。他做过明武宗的师傅,皇帝对他也很敬重。靳贵告老还乡后,死于镇江,明武宗亲自到镇江靳家巷来致奠。明武宗的随臣写了几篇祭文,武宗均不满意,于是亲自动笔,写道:“朕居东宫,先生为傅;朕登大宝,先生为辅;朕今南巡,先生已矣。呜呼哀哉!”语约义丰,可称为奇文,也可看出靳贵被尊宠的地位。

南门大街西面的张家巷,是清代宰相张玉书的居所。张玉书官居文华殿大学士,做了二十年的太平宰相。他熟谙水利,对治理黄河、运河有很大贡献。他学识渊博,总裁修成的书籍有《康熙字典》《佩文韵府》等。难能可贵的是张玉书身居高官,却关怀乡里。疫病流行,他就施粥施药;弃婴太多,他就用自己的官俸办育婴堂;镇江地处江滨,溺水者众,他就设置了救生江船。镇江百姓深受其惠,关于他的民间故事也到处流传。

永安路东面的观音桥巷,有明代首辅杨一清的住宅。杨一清幼时即能写出好文章,以“奇童”得到明宪宗的垂青。14 岁中举,18 岁中进士。他懂军事,曾三次担任总制边关三镇的军务,多有建树,比为大唐的郭子仪。他一生经历了英宗、宪宗、孝宗、武宗、世宗五个皇帝,后升为武英殿大学士、华盖殿大学士,成为皇帝的首辅。杨一清才气过人,刚正不阿,常遭奸人算计。他 77 岁时,又被张璁等人攻击。他恨道:“我老了,想不到还为小子所构陷!”不久疽发背死。死后数年,皇帝恢复他的官职,并追赠太保的封号。

新马路上有个王家巷,巷内有宋代左丞王存的宅子。王存是镇江丹阳人,在扬州做过知府,元佑二年拜尚书右丞,后迁左丞,晚年回镇江定居,99 岁病故,葬于镇江五州山。王存崇尚自然,不事雕琢。他在王家巷造屋时,有人劝他添置假山石,他作诗辞谢:“乞得林泉就退闲,诛茅结宇即城湾。闭门自有林峦秀,不用辛勤作假山。”

西门桥西有一条西门大街,名为大街,实为一条小巷,巷内有明代大将徐达的住宅。徐达是明朝的开国元勋,他带领大军攻克镇江后,在镇江建了住房。朱元璋对徐达非常器重,称他“受命而出,成功而旋,中正无疵,昭明乎日月,大将军一人而已”。徐达被封为中山武宁王，因此，这条巷子明朝又称为武宁街。

正东路上有一个酒海街。酒海街是个宽宽的巷子，巷内有宋丞相陈升之的住宅。陈升之是宋代景佑年间进士，后官至右丞，封秀国公。据《梦溪笔谈》载，酒海街的陈宅极为宏丽，亭台楼阁，假山园林。完成后，陈得了重病，只好叫人用轿子抬他登楼一看而已。人们称这座房子为“三不得”，即住不得、修不得、卖不得。沈括曾有诗专指这酒海街的陈宅：“丞相旌旗久不归，虚堂宁止叹伊威。绿槐楼阁山蝉响，青草池塘野燕飞。”

中山路北有一条3米宽的巷子，叫第一楼街。楼称第一，是因为宋代镇江郡守史弥坚在巷内建了一座喜雨楼，诗人戴石屏赋诗祝贺，开头两句是：“京口画楼三百所，第一新楼名喜雨。”于是就成名第一楼街。清代江西巡抚，也是对镇江多有建树的名人笪重光就居住在此巷内。笪重光为人正派，做官有直声，得罪当朝权相明珠，就辞官居住在镇江。明珠曾派人到酒海街欲刺杀笪，但刺客到镇江后，一路听到的尽是笪重光的好话，于是不忍加害，回去虚言上报，笪就此在镇江隐居下来，为镇江的商贸、办学等做了不少好事。

此外，还有花山路上曾住过唐代名相李德裕，他家的花园很有名，人称“卫公园”。宋代李公异还为卫公园题诗云：“当年花草径，满目旧林亭。无复东山妓，空门苔藓青。”丁卯桥有唐代名诗人许浑的住所；檀山路有刘宋时期的京口名将檀道济的住宅；丁家巷内住过南唐名将、有“林虎子”之称的林仁肇，还住过宋代扬州知府刁约。刁约在丁家巷筑室定居，取名藏春坞。坞内临流为屋，四时开花，当时即以庭园之盛驰名天下。宋代欧阳修、司马光、苏东坡等都有题咏，苏诗题曰：

白首归来种万松，待看千尺舞霜风。
年抛造物陶甄外，春在先生杖履中。
杨柳长齐低户暗，樱桃熟烂滴阶红。
何时却与徐元直，共访襄阳庞德公。

果子巷内有宋高宗的驸马张培尚的住所;登云路有宋代右仆射曾布的住所;太保巷有清军将领、太子太保、在越南抗法取得谅山大捷的名将冯子材的住所;在大巷有慈禧太后的光禄大夫程炳的住所。还有一些过去有但现已消失的巷名,如章尚书巷、顾著作巷、雷太尉巷、吴司马巷、刘巡检巷、吕副使巷等,一看巷名就知道是官员、名人的住所。所以,无论如何不能小觑一个不显眼的陋巷,"林深出俊鸟,深山藏美人",寂寂无闻的巷内,冷不丁就会冒出一个名人来。

镇江小巷内不仅出名居,而且出名建筑,出建筑文化。

西津渡小码头街,除了元代石塔、砖砌券门、观音洞等引人观赏之外,其古色古香的店铺、古朴的民房也极具价值,其内容已在"沧海桑田西津渡"一节中详细介绍。

伯先路是镇江极富特色的老街,街道两侧的建筑多系清朝晚期至民国早期建造,而且是西洋风格和古典民族风格并存。有英国领事馆(现博物馆)、蒋怀仁医院、徐氏大院、广肇公所、浸礼会教堂、镇江商会、屠家骅公馆、内地会教堂、世界红十字会江苏分会旧址等,一路看过来,其杂糅的风格令人眼花缭乱。其中英国领事馆是西洋风格的代表,主楼是东印度式的,四幢副楼是哥特式的,其孔雀绿色彩的琉璃柱和赭红的砖墙,在阳光下色彩极其绚烂;而广肇公所和徐氏大院,则是中国民居的代表,其水磨雕花门楼、青砖墙缝的青苔、门外的石狮和木格的花窗,门内的柱檩、梁枋、斗拱的精巧组合,都显示出它厚重的文化和昔日的威严。

在仓巷69号,有著名的张云鹏故居,被联合国科教文组织评为2000年亚太地区文化遗产保护杰出项目奖。这是中国大陆第一次获此殊荣的古建筑。在一片拥挤的民宅中,你跨进了张宅,立马有"数椽小隐巷西偏,树散浓荫别有天"的感觉。张云鹏是镇江名医,清代宰相张玉书的后代。这座故居四进九间,进门有池水,左面是古物字画的雅室,右面有回廊与后院连。主建筑砖木结构,雕花门窗,刀法细腻,图案精美。后院是花园,种满紫藤、翠竹、月季、黄杨,青翠掩映之中露出了半亭、月洞门。一个精致的半亭与粗大的芭蕉组成

“听蕉小筑”，一株百年的香园树与布满苍苔的古井构成“橘井流香”的小景。尤为感人至深的是，张家后代为保持故居的原貌，尽了很大的努力。他们在家境困难的情况下，从不出租牟利；在拆迁大潮中，拒绝了150万元巨款的诱惑。有一次，围墙倒了要重砌，为达到“修旧如故”的目的，全家外出找清末民初的小青砖，一共找了15万块。从张云鹏故居中，不仅可以读出建筑历史文化，而且可以读出镇江人热爱家乡、珍视家乡一草一木的情愫。

演军巷16号有一处明清建筑群，叫“五柳堂”。五柳堂宅主陶蓬仙，凭“络丝”独家技艺成为丝绸业巨贾，在巷内建了住所，古民居特色鲜明。现存三进平房和藏书楼一座。第一进为楠木厅，明代建筑，立柱都是硕大的楠木；第二进为斜厅，清代建筑，屋身斜形而立，与楠木厅不在一条中轴线上。一条回廊，将斜厅与阁楼厅连接。藏书楼的存在，表明了主人手不释卷的雅兴。五柳堂里还有一个小花园，除绿化外还种了五棵柳树。陶氏主人系陶潜之后，而陶潜自称“五柳先生”，故题此名以示对陶渊明的尊崇。

此外，迎江路上英国税务司公馆旧址、苏北路上亚细亚火油公司及德士古火油公司的旧址、太古山巷里太古洋行旧址、劳动路上怡和洋行旧址，这些建筑带有西方殖民色彩，也是镇江当时被迫进入“五口通商”的写照。

镇江的小巷，还有许多故事和传说。

南门大街西有个尤唐巷，据《丹徒县志》载，巷内有尤、唐两家。尤家要大兴土木，唐家提出要让三尺滴水地，两家争吵不休。当时尤家有人在京为官，便写信去，欲借势压一压唐家。不料复信来了，尤家老爷只写了四句话：“千里家书只为墙，让他三尺又何妨。长城万里今犹在，不见当年秦始皇。”尤家遵从老爷的意见，让地三尺。唐家闻讯后也非常感动，在建房时也主动让地三尺。为褒扬这一相互谦让的佳话，此巷将原名油炭巷改成尤唐巷。

中山西路南有一条东岳巷。唐代时，一周姓人家建了一座小庙，庙内并无和尚。到宋朝时，周氏后裔中出了一个大官，就是宋代右丞周必大。周必大在小庙的基础上,仿金鸾殿建了一座大庙。有人奏报朝廷,说周有反意,周害怕极了。当时的皇帝特别尊奉泰山神,四年中两次加封泰山神为“仁圣天齐王”、“东岳天齐仁圣大帝”。周必大投其所好,将庙改为东岳大帝庙,巷子也就称为东岳巷。

山巷的北面,有一个东西走向的行宫巷。这个行宫,不是皇帝的临时住宅行宫,而是清朝光绪年间,有一个妓女,看破红尘,用自己的积蓄,在巷内建了一座都天行宫,并在宫内念佛修行。世上往往多蹊跷事,就像书生论剑、和尚酿酒、妓女读经一样,妓女捐庙,也很稀罕,而造都天行宫,就更稀奇了。妇女往往信奉观音,她怎么信奉都天菩萨呢,这都天菩萨民间有指黄帝的、炎帝的、祝融的,甚至是平定“安史之乱”的英雄张巡的,不过不管出于什么原因,其志可嘉,巷子遂改名行宫巷。

老北门西侧,有一个弧形的巷子,叫七星巷。清代时这里每户门前放置七星石。据传乾隆下江南,私访到这里时,调戏了巷内的一个美貌女子,吃了一个耳光。乾隆回去又气又恨,记得这女子门口有7个小石块,即派官府去捉拿。宰相张玉书是镇江人,得知此事,派人连夜将巷内每户门口都用石块嵌上七星,官兵来了无法辨认。此后巷内户户门口七星,巷子也就称为七星巷。





拖板桥北面,有一条得胜街,原叫湖北街。鸦片战争期间,英军攻进镇江,镇江全城人民进行巷战,将湖北街上粮米仓库中的黄豆遍撒路中。英军打到这里,马匹、士兵滑跌,死伤多人。后来巷子改名为得胜街。

义士路、同德里、三多巷、尚友新村则是古人讲究仁义道德的见证。义士路位于运河西侧,因为路边有一家桐油店失火,殃及四邻。救火中油桶爆炸,当场有义务消防员20多人重伤,其中马承群、贡松等5人遇难。为纪念这5个义士,遂改名为义士路。同德里是因为清初有谈、高、聂、王、陈五姓在此建房,为表示今后大家同心同德,取名同德里。三多巷相传是杨、童、完三家的火巷,翻盖房屋时,三家协商将火巷打通,形成更方便救火的巷道,并祈祷三姓人家都能多子多福,因此取名叫三多巷。尚友新村是3米多宽100多米长的巷子,民国初,镇江教育界著名人士赵吉士、张海澄、法度、包明叔四人在此建造宅院,四个文人根据《孟子·万章下》"以友天下之善士为未足,又尚论古之人,颂其诗,读其书,不知其人,可乎?是以论其世也,是尚友也",取这段话的"尚友"两字,名尚友新村。

有不少巷子,由于主人的素养深厚,巷名起得很有书卷气。如大市口北侧的四箴里,是民国初年国民党参议员陈玉书在此建房时,引用论语中《曾子·四箴》取名,四箴即"非礼勿言、非礼勿听、非礼勿视、非礼勿动"。宝塔路横街上,有一条九如巷,取自诗经《小雅·天保》,"天保定尔,以莫不兴。如山如阜,如冈如陵,如川之方至,以莫不增……如月之恒,如日之升,如南山之寿,不骞不崩,如松柏之茂,无不尔或承"。文中的九如,被作为巷名。双井路上有一德馨里,房主陶绍德建房时,以刘禹锡《陋室铭》中"斯是陋室,唯吾德馨",取名德馨里。大西路上有条三元巷,取状元、榜眼、探花三元及第的意思。中山路南面有一个三台栈巷,是因为清代时巷口有一个客栈,此客栈临近府学考场,考生赶考都住这里,为祝愿考生能够考中,日后青云直上,位列三台(汉代对尚书、御史、谒者的总称),取巷名为三台栈。中华路的西面,有一条日新街,清朝末年形成了一个宽宽的巷道,以《大学》"苟日新,日日新,又日新"句意,取名日新街。后连带附近的两条巷子,也分别取名又新街、老新街。

镇江人对小巷是怀有深厚感情的,小巷记录了镇江的历史,记录了一代又一代人的童年和梦想。稍上了一点年纪的人,从青苔苍颜的山墙,斑驳脱漆的大门,蓝底白字的巷名,皱皮打裥的老墙,宽敞亮丽的客堂,堆满花盆的天井,狭窄阴暗的走道,世事沧桑的过街楼里,读出了一幅幅美妙绝伦的画面,读出了过去的生命、昔日的感伤。曾经有过的欢乐和日月轮回,就在小巷里进行着,那旧痕遗梦、情意绵绵真是长呀。

小巷是儿时的自由天地。男孩子玩的游戏比较粗犷,如官兵捉强盗、斗鸡、老鹰捉小鸡、打弹子、飞香烟牌子、钉杏仁核,过道里充满了大呼小叫的欢乐；女孩子比较文静，玩的是跳橡皮筋、造房子、跳绳、挑绷绷等，小巷又充满了女孩子朗朗上口的童谣和银铃般的笑声……

难忘小巷里的叫卖声，旧时没有五星饭店和各种美食中心，小巷里从早到晚此起彼落的叫卖声，就是老百姓心目中的美食世界。有卖洋糖发糕、刨凉粉、五香烂蚕豆和一种叫“吱嘎嘎”野生果实的。斜插草捆上的冰糖葫芦和悠悠作响的风车，大街小巷都能看见。推着小车卖甜酒酿的，那一声声“甜酒酿——小圆子！”的叫卖声抑扬顿挫又透着悠长。卖糖粥的摊主，挑着骆驼担，担子上绑一个竹筒，很有节奏地敲出“笃笃笃”的声音，敲得你怦怦心动，恨不得一把夺过散发着桂花芋头香味的糖粥。炒爆米花的小贩，叫声高亢洪亮，“炸炒米噢”，那一个“噢”字，简直是响遏行云；伴随着“砰”的一声巨响，屁股后面总是跟着一批又怕又爱的孩子。卖豆腐花的，则是扯直了嗓子喊，“豆腐脑——哎”，那一声拖长的“哎”字，有一种哽咽浑浊的幽远感。小巷里从早到晚也飘荡着诱人心动的香味。当晨色熹微时，街景在白色的雾气里渐渐变得清晰，巷子里就飘荡着粢饭团、炸油条的香味。锅盖面，镇江人称之为伙面的几乎是全城飘香，因为镇江三大怪（香醋摆不坏，肴肉不当菜，煮面漂锅盖）中的伙面，便宜，实惠，方便，早晨到处是吃面的人影。中午及傍晚则是炕山芋、炕烧饼的香味，那香喷喷、甜丝丝的香味始终是那么绵长地、一丝半缕地钻进你的鼻尖，不去吃它的人真得要有非常人的克制力。晚上则是馄饨摊和回炉干的天下，那回炉干大概只有镇江有得卖，用黄豆芽汤煮了，卖时用剪子剪开，加一勺红辣椒糊糊，色香味都非常诱人。那油炸臭豆腐不知是臭气还是香气，透遍半城，真叫人禁不住口涎内咽。

小巷一天天、一年年就演绎着这样的历史，世界一天天、一年年地变化着。城市建设、小区改造已让镇江人到了与小巷告别的时代，一个个粉墙黛瓦、门楼蠡窗被拆除了，一条条狭窄的小巷已变成通衢大道。

但镇江人心中永远有挥之不去的小巷，它融入在镇江人的性格中，流淌在镇江人的血液里，镇江人不会数典忘祖，小巷是镇江通向新生活、新时代、新镇江的脐带。政府也制订了计划，要保护好一些价值颇高的旧街老巷。

到镇江游，想深切一点了解镇江，一定要去镇江的小巷。特别是当大城市、新型城市越来越成为一堆水泥和混凝土的时代。

## 第八节　西教东渐清真寺

他是真主，是独一的主；
真主是万物所仰赖的；
他没有生产，也没有被生产；
没有任何物可以做他的匹敌。

《古兰经·忠诚》

镇江市大西路西段，是颇为热闹的商业中心。但闹中也有取静之处，闪进一条叫山巷的小街，再拐进去不远，就看到了历史悠久、古意盎然的清真寺建筑。由于这个 2 000 多平方米的建筑群在此不可等闲视之的地位，所以这条巷中巷、街中街被命名为“清真寺街”。每当悠扬的唱经声从清真寺里传出时，整个街道都荡漾着一派安静祥和的气氛。

山巷清真寺，拥有全省最大的清真大殿

位于清真寺街上的这座清真寺，是镇江五个清真寺中的一个。由于地处山巷，伊斯兰教徒们称之为“山巷清真寺”；由于它拥有江苏省内最大的清真大殿，位于镇江西面，所以教徒们又称它为“西大寺”。

这一带的民宅古意犹存，是为数不多的、古旧建筑保存较好的地方，悠长的青石板路，高耸的封火墙，雕花的门窗。从车水马龙的商业街，一下子进入小巷，来到寂静的清真寺前，恍恍惚惚如同变换了时空，从喧闹一下子趋于宁静，从宁静再到虔诚。当看到“清真寺”三个金色大字和厚重的绿色大门时，甚至是从虔诚到有点敬畏了。

敬畏什么呢？伊斯兰教虽然在三大教中是最年轻的一神教，但是它所包含的丰富教义和深邃的哲理，至今仍然具有强大的生命力。这种生命力来自一种坚强的信念。看着这眼前的清真寺，很容易让人联想到麦加的大清真寺。伊斯兰教规定，每个成年穆斯林，凡身心健康且有交通条件者，一生中至少要去大清真寺朝觐一次。于是，每年都有200多万人，操着不同的语言，有的乘坐最现代化的喷气机和奔驰轿车，有的则骑着骆驼或毛驴，从世界每个角落云集麦加大清真寺。有不少贫苦人，不惜把自己一生辛勤劳动所积攒下来的钱财，全部变成路费去大清真寺，哪怕翻山越岭，横越半个地球，即使在路上困死、饿死也在所不惜。他们认为，到了大清真寺，就是返回到人的本原，回到了真主身边。全世界的穆斯林都拥有这样一个强烈的信念，到麦加的清真寺去，实现他们最崇高的理想。

清真寺与其他宗教寺院不同，它的建造，完全是出于穆斯林的自力更生。佛教寺观的建造，少量的是靠化缘募捐，主渠道是皇帝的支持和政府的拨款；基督教的教堂多系外资兴建。而清真寺的创建，全部由当地的穆斯林捐资修葺，是与当地的穆斯林人口状况、经济状况相适应的。因此，看一个地方清真寺的规模和水平，就可知道该地区穆斯林的经济状况和水平。

中国穆斯林的寺庙，全部都叫“清真”。“清真”一词，汉语中最早见于南朝刘义庆的《世说新语》“有清真寡欲，万物不能移也”。后来，中国的伊斯兰教学者在介绍教义时，就以“清净无染”、“至清至真”、“真乃独一”等词语称颂真主安拉,“清真”一词就为伊斯兰教专用,伊斯兰寺院全部称清真寺。清真寺既是穆斯林进行宗教活动的场所,又是穆斯林经济、政治、文化、生活的中心。

清真寺采用砖石材料,其平面布局、造型风格、结构类型均来自阿拉伯,一般有礼拜殿、沐浴室、讲经堂、后殿等。内外装饰均着意渲染,内部穹窿式,外部攒尖顶,但统一之中又有变化。镇江的西大寺就是具有独特的中国伊斯兰特色的建筑群,既有中国古典宫殿的建筑特征,又带有阿拉伯建筑艺术的色彩。如单体建筑外部采用中国传统的木构架、院落式,而内部则融入券洞等伊斯兰建筑手法,突出阿拉伯经文的书法艺术,让伊斯兰教的主要信条位于构图中心。手法的混合交叉使用,让清真寺既有明显的镇江地域特征,又有强烈的伊斯兰色彩。伊斯兰建筑形式上的基本特点之一就是发券的花色多,以马蹄形和火焰形为主,既实用又美观。伊斯兰寺庙还有一个特点,即它的装饰艺术十分突出,建筑师们不仅用石料、砖、木材建造了清真寺,而且在石头和砖木上进行雕刻、绘画、镶嵌,装饰图案覆满整个建筑表面。清真寺从里到外都充满了装饰,从建筑的外墙、立柱、门窗、天花到寺内铺着精美的地毯和摆放的家具,这些组成了装饰艺术的海洋。因此,有的学者认为,伊斯兰宗教的艺术,就是一种装饰艺术。

走进清真寺的大门,迎面是一块大长方形的照壁,照壁上嵌石,石上刻有图形的文字。据说每个穆斯林信徒家中都有这个图形文字横幅,是阿拉伯文,有四句话:“万物非主,唯有真主,穆罕默德,主的使者。”这四句话叫“伊妈尼”,是伊斯兰教的根本信仰。念不念这四句话,是区别信仰与不信仰的标准。真信仰就要时时念,甚至到临终时也要念“伊妈尼”这四句话。

走过大门门堂,是天井和前厅。天井南面是丧房,也就是伊斯兰教徒的殡仪馆。室内分礼堂、料理房和储藏间,整个殡仪馆都贴有洁白的瓷砖,门窗漆以白色的油漆,给人清爽利索之感。穆斯林丧俗规定,“我们来自真主,我们回归真主”,死了都要到这里来举行仪式。

他们将死称为“归真”，无论贫富贵贱，都用三块白布包裹，在三日内入土。入土前由阿訇洗遗体、站宰那、上山下坑念杜阿，然后再放入窑坑中。前厅上高悬一块朱漆阿文金字匾额，翻译成汉字是“认主独一”。

前厅后面又是一个小天井，推开小天井的便门，再转过六扇绿色屏门，就是清真寺的膳堂。膳堂即信徒吃饭的地点，对面即宰禽之处。伊斯兰教有食肉禁忌，禁食“自死物、血液、猪及诵非真主之名而宰的动物”，说它们不洁。镇江伊斯兰教徒的家禽都要到这里来宰杀，甚至在“文化大革命”期间也从未间断。

城东新建古润礼拜寺



过了膳房即是高大宽敞的水房，约有 100 平方米。水房有白瓷砖淋浴间 10 间，座位、储衣柜、烧水锅炉、冷热水管道、莲蓬头一应俱全。还有整容大镜，对联一副，上联是“铭盆净室沐身进德”，下联是

"虚堂悬镜涤虑洗心"。伊斯兰教是最讲卫生、最看重沐浴和洁净的宗教,没有哪一种宗教在沐浴上像伊斯兰教那样定了那么多规矩:一是要清洁的水;二是水从身上流过后即"不洁"了,所以必须淋浴;三是要从上而下流过全身。沐浴时,必须一人一室,必须按程序进行,必须念诵祈祷词。镇江清真寺的这座水房,是江苏穆斯林最大的沐浴室。

清真寺建筑的窗户装饰是颇具特色的。无论是尖券还是长方形窗,窗户上都满布花格,用细细的棂条组成不同的几何纹。这种极富变化的花格窗无论里外都具有强烈的装饰效果。每当阳光低斜,这些窗户投在地面上的花影更使寺内增添神采。

走完前厅就进二道大门,门内首先映入眼帘的是一大型四合院主体建筑,这就是清真寺的核心部分——礼拜大殿和对厅。前者为教徒共用,后者为教长专用。

大殿的基础较高,须拾级而上,拾阶而上的脚步自然变得小心翼翼,唯恐一不小心做了恶客,惊扰了伟大的真主安拉。大殿迎面是五开间殿堂的玻璃长窗 20 扇,有 5 个拱圆形门,正中高悬阿文横匾一块,意为"同鞠躬的人鞠躬"。进殿须脱鞋,向里走到大殿的中心。站在中心,可以详细观赏大殿的艺术装饰。

大殿是九架梁的结构,正梁高达 9 米。所有的大梁、托梁、横梁、横托梁、直柱、短柱等,都有五彩缤纷不同图案的彩绘。据阿訇们说,总共有近千个彩绘图案,这些图案有很高的艺术价值。以横托梁为例,大殿内有 12 根横托梁,底面有条纹形的彩绘。粗粗一看,这条纹是彩绘图案的一部分,实则不是,它是别出心裁,用高超艺术书法写的阿文"安拉乎艾克白尔",意为"安拉至大"。嵌文字似图形,与彩绘交错在一起,浑然天成,是清真寺常用的艺术手法,真是巧夺天工。由于伊斯兰教严禁偶像崇拜,所以装饰艺术中都是植物和几何纹,有四方形、套四方成八角形、圆形或套圆形,再加上阿拉伯文字本身就是一种造型艺术,用它写出的《古兰经》教义,能够构成具有形式美的图案,因此,各种花饰形态多样,千变万化,又组织得极有条理和秩序，它反映了伊斯兰世界所具有的动态美，以及在独一真主的支配下，世间万物的统一和秩序。20 世纪 80 年代，大殿曾进行过整修，仅油漆、彩绘、涂色就进行了 3 个月，动用油漆艺人 1 000 多人次，耗资几万元。因此，现在看来这些彩绘还是洁净如新，绮丽多姿。大殿内随处可见装饰性的阿文经典。如第三根梁上有一块朱漆金字大匾，上书阿文"台思迷"；大殿凹形圆顶墙砌有蓝底金字的阿文石碣，"我们是伊斯俩目"；凹形内阿文有"拜主的人要虔心诚意"、"万赞归于主"，还有其他赞主、赞圣的词句。有了这些经文高悬在上，大殿在雄伟之外又添了许多庄严肃穆。清真寺大殿内是不设神像的，因为安拉是没有形象的真主，所以伊斯兰教从一开始就反对偶像崇拜，在所有的礼拜堂内从不设偶像，只是在朝向圣地麦加方向的墙上设立壁龛。

大殿地面全部铺了地板，地板上又覆盖羊毛毯，夏季用蒲席，非常整齐清洁，绝对保证信徒们上殿礼拜时的安全和舒适。殿内有长窗六对，光线明亮，空气流畅，即使是酷暑严寒，也不会因天气而影响礼拜的进行。到了夜晚，大殿也保证充足的照明，殿中安装有六火大吊灯 1 盏，左右装有双火壁灯各 1 盏，各木柱上又装有各式壁灯 12 盏、普通电灯 5 盏，券棚内又有吸顶半圆罩灯 4 盏。每当夜晚来临即华灯齐明，近 30 盏灯齐放光彩，明亮的灯火衬着鲜艳的彩绘，那种无比柔和、慈祥的氛围，使人产生温馨宁静之感。



大殿面积有 440 平方米，可容 500 人同时礼拜，是江苏省内最大的一座礼拜殿。每逢开斋节礼拜时，气氛浩大，场面壮观，来会礼的回民多达 1 000 多人，大殿坐满了，天井坐满了，整个清真寺坐满了信徒。还有斋月拜，即在斋期间，于每晚开斋后一小时，由阿訇带领穆斯林礼拜，朗诵古兰经。凡亲见过穆斯林做礼拜的，无不被他们的虔诚和专注所深深地感动。在场那么多人，仿佛冥冥之中被强大的神秘力量所操控，神态端庄凝重，肃穆得体，齐刷刷地依次完成端立、举意、颂经、鞠躬、叩首、跪坐等一整套动作，站、躬、叩、跪、拜都是那么规范，甚至说是很完美。

对厅就在大殿的对面。对厅是教长室和办公室,有八仙大方桌、宝座大椅等,正中墙上挂有阿拉伯文的中堂和对联,中堂阿文的意思是“真主赐恩于行善的人”。上下联是:

真主喜爱施舍的人;
真主恼怒吝啬的人。

对厅中也有六火大吊灯和其他照明装置,厅内华贵大方,整洁雅致,体现出教长的地位和威仪。

对厅后面,是一个天井。天井别致清雅,实际上它是整个清真寺的一个后院,也是清真寺建筑群的尽头之处。

据阿訇介绍,在“文革”十年浩劫中,清真寺遭到严重破坏,寺内的文物、匾额、经书荡然无存。这一页历史翻过之后,穆斯林们决心恢复西大寺的辉煌。过去建西大寺,是采用“集腋成裘、聚沙成塔”的办法,收“日儿钱”,即信徒们每日每户出三文钱,或上门收集,或设一个竹筒,各户自投,称为“筒子捐”。这次仍然用信徒捐款的办法,在两年之内就修竣这座西大寺,以新的形象和面貌展现在镇江人民的面前。这也是穆斯林们对镇江的一大贡献。据夏容光先生考证,伊斯兰教进入镇江已有1 300多年,在镇江居住的伊斯兰穆斯林基本上是回族人。他们的祖先来自西域和阿拉伯,有杨、谈、童、金、马五大姓。这些姓是阿拉伯的姓氏改过来的,如“伊卜拉欣”改姓金、“马哈默德”改姓马等。唐代时,唐高宗借回纥兵平定安史之乱,回纥人信仰伊斯兰教,镇江人就认为伊斯兰教是回纥人的宗教,是“回教”,所以就将伊斯兰教等同于回教了。镇江的回民,对镇江的经济作出过很大贡献,特别是在兴旺商贸上功不可没。许多名店,如绸布业的恒源昌绸布号、酱醋业的谈森和酱园、饭馆业的九如饭店、面食业的杨大章火面店等;许多名点,如东坡羊肉、南煎丸子、京江茶、镇江桃酥等,都是镇江回民的创造。

西大寺修缮竣工以后,已成为开放场所。不仅有各地宗教团体来考察,还有不少国外游客和学者来参观访问,海外华人作家韩素音女士来此参观后，也给予了高度评价。

镇江的穆斯林建筑除了西大寺外，还有剪子巷清真寺、苗家湾清真寺、牌湾清真寺、新河街回教堂等。此外，镇江的辖市丹阳、句容也都建有清真寺。无论从地位、规模还是从艺术的角度来看，山巷的西大寺都是首屈一指的。

## 第九节　魂系大地赛珍珠

她把生命吹入她的知识与了解中，赠予了我们一部农民的史诗，而使得她名闻全球，这便是《大地》……

赛珍珠杰出的作品使人类的同情心越过遥远的种族距离，并对人类的理想典型作了伟大而高贵的艺术上的呈现，为此，瑞典学院把今年的诺贝尔文学奖颁给她。

《诺贝尔文学奖颁奖辞》

1938 年，诺贝尔文学奖授予了美国作家赛珍珠，瑞典文学院对她得奖评语的全文是："由于她对中国农民生活史诗般的描述，这描述是真切而取材丰富的，以及她传记方面的杰作。"

所谓史诗般的著作，是指赛珍珠的长篇小说《大地》；传记的杰作，是指她《战斗的天使》等三部著作。赛珍珠所写中国题材的作品，影响了西方几代人。美国波士顿大学教授汤姆森撰文说："在她40 年异乎寻常的多产作家生涯里，赛珍珠赢得了千百万忠实的美国及外国读者。她向美国提供的中国和中国人民的生动形象，一直延续至今。尽管政治气候在不停地变化，在很大程度上，正是由于有了赛珍珠，一代代美国人才带着同情、热爱和尊敬的目光来看待中国人。"美国前总统尼克松高度评价赛珍珠是"一座沟通东西方文明的人桥"。前总统老布什在访问中国时也告诉中国朋友，他当初对中国的了解，以至后来对中国产生爱慕之情，就是受赛珍珠的影响，这些都是从读她的小说开始的。中国人民的老朋友斯诺夫人也说过同样的话，她是读了赛珍珠的《大地》后才爱上中国、来到中国的。一位到镇江来旅游的美国客人艾伦·威廉斯先生在题词簿上写道："是赛珍珠的书让我们对中国镇江产生了好感,并向往整整58年,今日终圆中国梦,真是太棒了。"

赛珍珠,这位热爱中国的女作家,她把中文称为她的"第一语言",她在镇江生活了18年之久,把镇江称为她的"中国故乡"。

赛珍珠的"中国故乡",就在镇江的风车山上。

宽敞的中山西路上,横着一条风车山小路。沿着这条弯曲的小路走进去,就可以走进风车山里了。山不高,原本藉藉无名,80多年前,美国教会在山上办崇实女中,以风车为动力引水上山,这座30米高的土丘就有了"风车山"的名字。赛珍珠在镇江18年的生活,就在风车山上渡过了她的童年、少年和青年。赛珍珠的父亲赛兆祥,在中国生活了51年;母亲卡洛琳,在中国生活了41年,他们几乎是终生在中国工作和生活,并且最终埋骨于中国的青山绿水之间,卡洛琳的坟茔遗址,就在云台山牛皮坡下。赛氏一家长期居住在崇实女中的校园内,赛珍珠在风车山上生活、成长,可算是校园、家庭两位一体。她对山上的一草一木、一砖一瓦都怀有亲切深厚的感情,以至于她晚年身居美国宾夕法尼亚州,一面在夕阳的余晖中欣赏着绿色山庄的优美景色,一面深深地缅怀着她的中国故乡镇江,她曾说:"我一生到老,从童稚到少女到成年,都属于中国。"她多次提到,如果去世后愿将一半的骨灰埋在镇江,以表示她对父母和镇江的眷念之情。

东印度式的赛珍珠故居

赛氏的这一愿望最终虽然未能实现，但镇江人民却始终未忘记这位来自美国的女儿。就在离风车山不足百米，一座叫做登云山的小丘上，赛氏一家在镇江的最后寓所被整修一新，它的冠名是“镇江市友好交流馆”，又叫“中国镇江赛珍珠研究中心”，室前一方汉白玉石碑上刻着“赛珍珠故居”五个字。

从风车山小路拾级而上，绿荫掩映之中就看见了两层楼房，东印度式，青砖木制结构，南北均有露台，占地约400平方米，外观线条流畅，别致美观。宅前的一方绿化地带中，竖了一块小巧的汉白玉纪念碑，使整个故居在严整大方中又有一种玲珑剔透感。一楼是赛珍珠家的餐厅、会客室和资料陈列室。资料记载着赛珍珠在镇江的历史足迹。赛珍珠出生4个月就随父母来到中国，他们在镇江不是住在租界里，而是居住在中国人中间。因此，当她会说话的时候，首先说的是中国语言。她和中国的孩子一起游戏、玩耍，邻居们都非常喜欢这个美丽的小女孩。她的中国奶妈王妈，和赛珍珠感情非常深厚，从王妈身上体现出来的勤劳智慧、善良正直，使赛珍珠从小就培养起对中国妇女的敬爱之心。赛珍珠的母亲这样评价王妈：“我从未见过她对哪个孩子不好，也没听她骂过一句脏话。如果天堂里没有她的位置，我宁愿让出自己的一半给她。”赛珍珠的启蒙教师是一位清末的秀才孔先生，孔先生教她中国的文化思想，并向赛珍珠讲述镇江的人文荟萃，如葛洪和《抱朴子》、祖冲之和《大明历》、刘鹗和《铁云藏龟》、马建忠和《马氏文通》等。这些给赛珍珠日后精通中国文学打下了基础，并使她更加深深地热爱镇江。赛珍珠本名叫波尔·西登斯屈里克·布克，“赛珍珠”是她模仿清末名妓“赛金花”，给自己

少女赛珍珠
邻居都很喜欢这个女孩

起的一个中文名字。伪名儒不如真名妓，那时赛金花在中国是非常出名的。赛珍珠在崇实女中读完初中，15 岁去上海读高中，再赴美国读大学，毕业后又回到崇实女中教学。崇实女中是美国基督教会创办的学校，因校训为“崇俭务实”而取名崇实女中。它和同为教会办的妇幼医院组合在一起，大小 8 幢楼房，在风车山上，形成了一组占地 40 亩的西式建筑楼，现改为镇江市第二中学。赛珍珠当教师时，尽心尽力，教学有方，深受学生的欢迎和爱戴。有一位叫做尹维贞的女生，年逾古稀时，还激动地对镇江的赛学专家们谈起赛老师的迷人风采和讲授英语课的动人情景，她还将自己的名字改为尹珍珠，以表达对老师的永久纪念。崇实女中培养了不少有用人才，如第一位荣获美国博士“金钥匙”最高奖的中国女性王素义、国民党卫立煌将军的夫人朱韵珩女士、数学家周家澍教授的夫人蒋安乐等，都是在崇实女中毕业的。教学之余，赛珍珠就到镇江的乡村去旅行考察，了解农村和农民的情况。镇江的风土人情；镇江农村遭受旱灾、水灾、蝗灾、兵灾和匪灾的状况；特别是有一次江北严重水灾，灾民们蜂拥过江，在崇实女中和风车山上搭蓬栖身、饥寒交迫的场景，对赛珍珠的震动很大，成为她日后小说创作的原型和场景。她的最著名的作品《大地》，许多内容就取材于镇江的生活积累。

中年赛珍珠
深受学生的欢迎和爱戴

从一楼沿梯走上二楼，二楼有赛兆祥、卡洛琳夫妇的卧室，赛珍珠的卧室和故居的书房。赛兆祥夫妇的卧室整洁大方，简单的家具都按当年的原型陈列着。墙上挂着一件教士穿的长袍，点明夫妇俩的身份。赛兆祥具有德国血统，他思维敏捷，又富有坚忍不拔的毅力，大学毕业后获“神学博士”的荣誉称号，不久就成为美国长老会最早派驻中国的传教士之一。他的妻子卡洛琳出生于荷兰斯图宁家族,有较高的文学修养和绘画天赋,以新娘的身份随丈夫到中国传教。夫妇俩在中国可谓鞠躬尽瘁、以身殉职。我们实在应该感谢这对充满善意、对中国友好的夫妇,因为他们不但将自己的毕生精力献给中国,而且还生养了赛珍珠这样优秀杰出的女儿,从而构建了一座沟通东西方文明的人桥。赛珍珠的卧室就紧靠父母的房间,同样整洁大方的家具,唯有一座带椭圆镜子的梳妆台,显示着她女孩儿的动人风采。赛珍珠非常喜爱她的这间卧室,因为这里空气新鲜、环境安静,身处登云山的二楼上,可直接从窗户中欣赏到市区和长江的优美风光。赛珍珠在《我的几个世界》这本书中描述道:"当我走进新房时,我发现妈妈已经为我安排了舒适的房间,它面向远处的长江,可以看到翠绿的山谷深处……我以前的床也放在那儿。我童年时代的书籍放在墙壁上的书橱里,这里又成了我的家。"母亲在镇江去世后,赛珍珠和父亲迁往南京,临行前她恋恋不舍地告别故居,夕阳余晖,在山上她看到古城的青砖瓦房密密麻麻,房顶连绵像起伏的海洋。赛珍珠与生活了18年之久的镇江作深情话别:"站在山头可以鸟瞰北面大江和整个市容。那灰色衔接的屋顶,就像鱼背的鳞片一样,一片紧挨着一片,覆盖着整个城市。南面则是海拔不高的群山,还有那花园似的山谷和竹林。"可以想象,泪水当时一定盈满了她的眼睛。儿时的小伙伴,王妈和孔先生,拜年的礼物,元宵节的兔灯,清明节的风筝,都将永远不再。还有赛珍珠非常喜欢吃的镇江风味食品,米饼、糯粽、咸鸭蛋、炒花生,拿着几个铜板飞也似地去买的麦芽糖,这些想起来都让她口舌生津。以至于她回到美国后,总是吃不惯美国的炒花生,她指责那些花生都没有炒熟,哪有镇江的花生那样色香俱全、恰到好处啊。还有镇江黑桥的烧饼,赛珍珠一直难以忘掉那美妙的滋味,在她81岁去世前弥留之际,她还喃喃自语道:"能吃到一块镇江黑桥的烧饼,该多好啊!"

二楼上还有赛氏一家的书房,有东印度式的壁炉、赛珍珠喜爱的中国文学书籍,还点缀着她喜欢的二胡、风筝、花灯等。赛珍珠在这里读完了家中的全部藏书，她非常喜欢中国小说与平民百姓的亲缘关系，并萌发了文学创作和向西方介绍中国的意愿。在这张中式的书桌上，她开始了长篇小说《东风·西风》的创作。据“赛珍珠研究中心”干事王玉国先生考证，赛珍珠一生共创作了115部作品，其中小说50部、译作1部、诗集1部、剧本8部、传记5部、散文集24部、儿童读物26部。因此，说她是世界上最多产的作家之一，是一点也不为过的。1938年，赛珍珠因《大地》三部曲而获得诺贝尔文学奖。这部小说人物逼真，故事生动，取材于镇江的农村，真实地反映了军阀统治时期中国农村贫穷、落后的面貌，反映了农民苦难深重的命运。《大地》发表后，立即成为畅销书，据联合国教科文组织统计，《大地》三部曲是被翻译最多的文学作品之一，已经有60多个国家翻译出版。实际上，不仅仅是《大地》，赛珍珠凡中国题材的小说，从题材到人物，无不与她少儿时代的镇江生活发生千丝万缕的联系，从环境到习俗，无不闪现出镇江的影子和色彩。

纪念赛珍珠诞辰113周年，镇江建了珍珠广场

步出赛珍珠故居，我们也感到有一些遗憾。赛珍珠在美国及西方家喻户晓，在中国却未达到应有的知名度。好在镇江人民没有忘记这位美国女儿，1991年，镇江市举办了“赛珍珠文学创作讨论会”，30位学者到会研讨；2002年，镇江市又举办了“赛珍珠诞辰110周年暨镇江友好交流馆开馆10周年国际学术研讨会”，中外专家200多

人参加了该项活动。赛珍珠国际组织和赛珍珠的女儿也到会祝贺，赛珍珠的儿子为纪念赛珍珠的邮票揭牌。目前，镇江研究赛珍珠已出了4本专著，赛珍珠故居也成为对外交流的重要窗口和文化旅游的著名景点。

珍珠广场上门型书状构架，突出了赛珍珠的获奖作品《大地》

风微微，叶摇摇，登云山上荡漾着赛珍珠的微笑，九泉之下，赛珍珠会和父母到这儿来相会么？

# 后　　记

为什么我的眼里常含泪水?
因为我对这上地爱得深沉……
——艾青《我爱这土地》

每读过这发自肺腑的深沉诗句,我都禁不住泪湿眼眶。是的,谁不爱自己脚下的土地,谁不爱自己家乡的山水,况且,"他乡怎及家乡好,第一江山第一泉",镇江的山水又确实如同锦绣般地那样迷人心魄。

我出生在镇江,学习、工作、生活都未尝离开过镇江,镇江是我的衣胞之地、桑梓之乡。经过近半个世纪的相濡以沫,对镇江山水的挚爱已融入我的血液,深入我的骨髓,"天地有大美而不言",镇江有大美而声名不播,生为镇江人,就有责任和义务,将家乡的山水推介给更多的世人。适逢镇江市和苏州大学出版社要出一套《镇江文化丛书》,八个选题,我毫不犹豫地接过了"镇江山水"这一题目。

正应了一句老话,"无知者无畏",从搜集材料中我才惊讶地发现,今天来写一本关于镇江山水的书,其困难不是材料太少,而恰恰是材料太多了。从民国到现在,"江山代有才人出",编写镇江山水的专著,摞起来有几尺高,况且,还有那么多关于镇江的县志、府志、山志。就拿民国年间一位叫水青的作者来说,写了一本《京口漫笔》,其收罗之宏富,文字之老到,就让我心仪不已。还有不少前辈学者,如王骧的《镇江史话》、姚荷生的《镇江名胜》等,都是非常精采之作。前人关于镇江山水已经说了那么多的话,无论是学养或文采,我都很难望其项背,还有必要再来写一本镇江山水的书么?我整理了一下头绪,发现如果说有一点优势的话,我的全部优势就在于我是一位后来者,可以站在前人的肩膀上,解读心目中更新更全的镇江。有了那么一点点信心,于是,我在写作中倾心从以下三个方面彰显镇江山水的特色。

首先是凸现“大江风貌,城市山林”的特色。镇江山水是“雄、秀”兼而有之,既不是北方一味的沉郁,也不是江南一味的缠绵。“大江风貌”是沉雄,“城市山林”是明秀,这八个字,既是对镇江山水的凝炼概括,又分别代表雄、秀两个方面。这个定位,前人著作少有提及,特别是描述城市山林的多,而专章描叙镇江段长江和运河的比较鲜见。本书用了四分之一篇幅,在“大江风貌”上进行了不少着墨。

其次是体现爱国爱家乡的炽热之情。“归梦如春水,悠悠绕故乡”,乡情是无文字的文化,无课本的教育,无声息的影响;是渗进你的生命和血液,顽强地影响并伴随着你,直至你生命结束的一种感情。自从辛弃疾发出“何处望神州？满眼风光北固楼”的感慨之后,多少本邑的前贤,对家乡的山水写出了性情文字。作为后辈的我,更应该发扬光大,为养我育我的家乡山水,付出全部的感情和热忱。所以,我在撰稿时力戒说明书式的呆板,力戒导游图式的平面;力求赋予山水以生命和激情,力求做到“文章是案头山水,山水是案头文章”。俗话说,熟悉的地方无风景。但我认为,“万物静观皆自得”,有情处处皆是景,如写运河、写小巷,就有自己童年、少年的缩影,就倾注了对儿时的回忆和抹不掉的感情,这方面,本书作了积极的探索。

再次是显现图文并茂、视觉冲击的魅力。镇江的山水是如此的迷人,山川之美,古今共谈,印在纸上也足资养眼,况且现在已进入读图时代。所以本书精选照片130多帧,作为文字的配合,使读者对镇江的山水,见之于文字,品之于图片,犹如亲历、亲见、亲闻。

上述者三,愿望是好的,也力求去实现,但囿于本人的见识、学养、心性诸方面的不足,眼高手低,力不能逮,不能臻于理想的境界,还望读者见谅。况且镇江的山水博大精深，镇江的学人藏龙卧虎，本书谬误之处，还请方家教我，在此先行谢过。本书在成稿过程中，得到不少同志的帮助，尤其是图片上得到蒋光年先生等大力支持，在此也一并谢过。

本书仲夏接稿，正值苦雨兼旬，溽暑难耐，况又只能在工作之余写作，因此写作的过程颇为辛苦。为不辱使命，仍勤奋不辍，双休日也足不出户，历经四个月完成书稿。掷笔一快之时，想到光阴荏苒，已从五月鸣蜩忽而到了九月肃霜的季节，时光如白驹过隙，不能不让人有一点感慨。

谨以此书献给我挚爱的家乡，我心中的明月！

程天龙

**图书在版编目(CIP)数据**

镇江山水/程天龙著. —苏州：苏州大学出版社，2007.9
（镇江文化丛书/张甫雄主编）
ISBN 978-7-81090-939-6

Ⅰ. 镇… Ⅱ. 程… Ⅲ. 名胜古迹—简介—镇江市 Ⅳ. K928.705.33

中国版本图书馆 CIP 数据核字(2007)第 136525 号

**镇 江 山 水** 程天龙 著

**责任编辑** 周 敏

**出版发行** 苏州大学出版社
（苏州市干将东路 200 号 215021）

**经　　销** 江苏省新华书店
**排　　版** 镇江文苑制版印刷有限责任公司
**印　　刷** 丹阳市教育印刷厂
**开　　本** 880mm×1 230mm 1/32
**印　　张** 9 插页 4
**字　　数** 249 千字
**版　　次** 2007 年 9 月第 1 版 2007 年 9 月第 1 次印刷
**印　　数** 1—4 000册
**标准书号** ISBN 978-7-81090-939-6
**定　　价** 16.00 元